U0858406

第五辑

策　划：谢福文
主　编：徐鼎一
副主编：杨一家

國家圖書舘出版社

图书在版编目（CIP）数据

艺衡. 第5辑/徐鼎一主编. —北京：国家图书馆出版社，2011.4
ISBN 978-7-5013-4599-1
Ⅰ. ①艺… Ⅱ. ①徐… Ⅲ. ①传统文化－中国－文集
Ⅳ. ①K203-53
中国版本图书馆CIP数据核字（2011）第059596号

顾　　问　文怀沙　冯其庸　程大利　朱良志
编　　委　杨一家　徐鼎一　谢福文　赖洪喜
　　　　　潘建国

书　　名　**艺衡 第五辑**
策　　划　谢福文
主　　编　徐鼎一
副 主 编　杨一家
出　　版　國家圖書館出版社
发　　行　國家圖書館出版社 发行部
地　　址　北京市西城区文津街七号
经　　销　全国新华书店
责任编辑　耿素丽
执行编辑　李满意　蔡金存　樊　怡　南秀渊　董　芳
版式设计　箫　泉
印　　刷　深圳华新彩印制版有限公司
开　　本　787mm × 1092mm　1/16
印　　张　11
版　　次　2011年4月第1版第1次印刷
书　　号　ISBN 978-7-5013-4599-1
定　　价　48.00元

承继传统·研究古学·读书明理·陶养人物

悔过自新说

李 颙

天地之性人为贵。人也者，禀天地之气以成身，即得天地之理以为性。此性之量，本与天地同其大；此性之灵，本与日月合其明。本至善无恶，至粹无瑕；人多为气质所蔽，情欲所牵，习俗所囿，时势所移，知诱物化，旋失厥初。渐剥渐蚀，迁流弗觉，以致卑鄙乖谬，甘心堕落于小人之归，甚至虽具人形，而其所为有不远于禽兽者。此岂性之罪也哉？然虽沦于小人禽兽之域，而其本性之与天地合德、日月合明者，固未始不廓然朗然而常在也；顾人自信不及，故轻弃之耳。辟如明镜蔽于尘垢，而光体未尝不在；又如宝珠陷于粪坑，而宝气未尝不存，诚能加刮磨洗剔之功，则垢尽秽去，光体宝气自尔如初矣，何尝有少损哉！

世固有抱美质而不肯进修者，揆厥所由，往往多因一眚自弃。追其后虽明见有善可迁，有义可徙，必且自诿曰：“吾业已如此矣，虽复修善，人谁我谅耶？”殊不知君子小人、人类禽兽之分，只在一转念间耳。苟向来所为是禽兽，从今一旦改图，即为人矣；向来所为是小人，从今一旦改图，即为君子矣。当此之际，不惟亲戚爱我，朋友敬我，一切人服我，即天地鬼神亦且怜我而佑我矣。然则自诿自弃者，殆亦未之思也。

古今名儒倡道救世者非一：或以“主敬穷理”标宗，或以“先立乎大”标宗，或以“心之精神为圣”标宗，或以“自然”标宗，或以“复性”标宗，或以“致良知”标宗，或以“随处体认”标宗，或以“正修”标宗，或以“知止”标宗，或以“明德”标宗。虽各家宗旨不同，要之总不出“悔过自新”四字，总是开人以悔过自新的门路，但不曾揭出此四字，所以当时讲学，费许多辞说。愚谓不若直提“悔过自新”四字为说，庶当下便有依据，所谓“心不妄用，功不杂施，丹府一粒，点铁成金也”。

或曰：“从上诸宗，皆辞旨精深，直趋圣域，且是以圣贤望人；今吾子此宗，辞旨麤浅，去道迂远，且似以有过待人，何不类之甚也？”愚曰：“不然。皎日所以失其照者，浮云蔽之也，云开则日莹矣。吾人所以不得至于圣者，有过累之也，过减则德醇矣。以此优入圣域，不更直捷简易耶？”

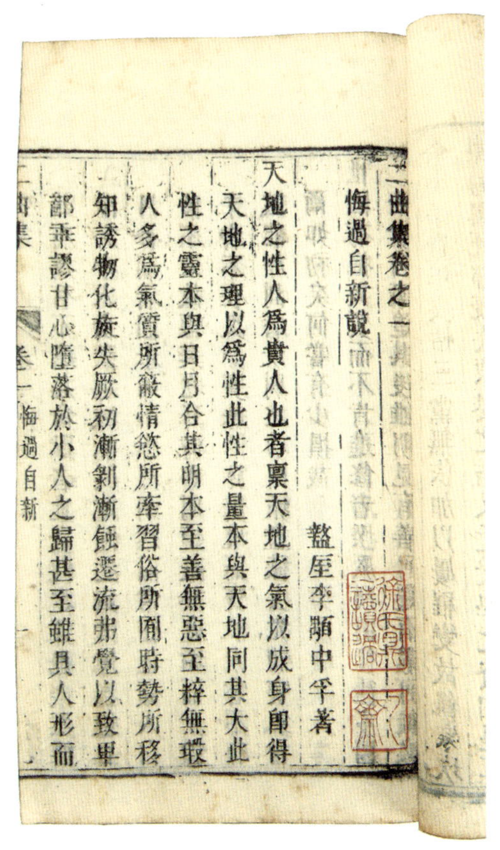
二曲集卷之一
悔過自新說
盩厔李顒中孚著
天地之性人爲貴人也者稟天地之氣以成身即得
天地之理以爲性此性之量本與天地同其大此
性之靈本與日月合其明本至善無惡至粹無瑕
人多爲氣質所蔽情慾所牽習俗所囿時勢所移
知誘物化旋失厥初漸剝漸蝕遷流弗覺以致卑
鄙乖謬甘心墮落於小人之歸甚至雖具人形而
二曲集 卷一 悔過自新

《二曲集》书影 清康熙刻本

疑者曰："《六经》《四书》，卷帙浩繁，其中精义，难可殚述。'悔过自新'宁足括其微奥也？"殊不知《易》著"风雷"之象，《书》垂"不吝"之文，《诗》歌"维新"之什，《春秋》微显阐幽，以至于《礼》之所以陶，《乐》之所以淑，孔曰"勿惮"，曾曰"其严"，《中庸》之"寡过"，孟氏之"集义"，无非欲人复其无过之体，而归于日新之路耳。正如《素问》《青囊》，皆前圣已效之方，而传之以救万世之病，非欲于病除之外，别有所增益也。曰："经书垂训，实具修齐治平之理，岂专为一身一心，悔过自新而已乎？"愚谓："天子能悔过自新，则君极建而天下以之平；诸侯能悔过自新，则侯度贞而国以之治；大夫能悔过自新，则臣道立而家以之齐；士庶人能悔过自新，则德业日隆而身以之修，又何弗包举统摄焉！"

杀人须从咽喉处下刀，学问须从肯綮处着力。悔过自新，乃千圣进修要诀，人无志于做人则已，苟真实有志做人，须从此学则不差。

天地间道理，有前圣偶见不及而后圣始拈出者，有贤人或见不及而庸人偶拈出者，但取其益身心，便修证，斯已耳。予固庸人也，懵弗知学，且孤苦颠顿，备历穷愁，于夙夜寐旦、苦搜精研中，忽见得此说，若可以安身立命，若可以自利利他，故敢揭之以公同志。倘以言出庸人而漫置之，是犹恶贫女之布而甘自冻者也。

前辈云："人生仕宦，大都不过三五十年，惟立身行道，千载不朽。"愚谓："舍悔过自新，必不能立身，亦非所以行道，是在各人自察之耳。"

今人不达福善祸淫之理，每略躬行而资冥福，动谓祈请醮谢，可以获福无量。殊不知天地所最爱者，修德之人也；鬼神所甚庇者，积善之家也。人苟能悔过于明，则明无人非；悔过于幽，则幽无鬼责。从此刮垢磨光，日新月盛，则必浩然于天壤之内，可以上答天心而祈天永命矣，又何福之不臻哉！

吾之德性，欲图所以新之，此际机权，一毫不容旁贷。新与不新，自心自见，譬如饮水，冷暖自知。久之德充于内，光辉发于外，自有不可得而掩者矣。厥初用功，全在自己策励。

性，吾自性也；德，吾自得也。我固有之也，曷言乎新？新者，复其故之谓也，辟如日之在天，夕而沉，朝而升，光体不增不损，今无异昨，故能常新。若于本体之外，欲有所增加以为新，是喜新好异者之为，而非圣人之所谓新矣。

同志者苟留心此学，必须于起心动念处潜体密验。苟有一念未纯于理，即是过，即当悔而去之；苟有一息稍涉于懈，即非新，即当振而起之。若在未尝学问之人，亦必且先检身过，次检心过，悔其前非，断其后续，亦期至于无一念之不纯，无一息之稍懈而后已。盖人之所造，浅深不同，故其为过，亦巨细各异，搜而剔之，存乎其人于以诞登圣域，斯无难矣。

众见之过，犹易惩艾；独处之过，最足障道。何者？过在隐伏，潜而未彰，人于此时最所易忽；且多容养爱护之意，以为鬼神不我觉也。岂知莫见乎隐，莫显乎微，舜跖人禽，于是乎判，故慎独要焉。

几者，事之微，而吉凶之所由以肇端者也。《易》曰："知几其神乎。"又曰："君子见几而作，不俟终日。"子曰："颜氏之子，其殆庶几乎。有不善未尝不知，知之未尝复行也。"夫"有不善未尝不知"，故可与几也；"知之未尝复行"，故无祇悔也。吾侪欲悔过自新，当以颜氏为法。

吾侪既留意此学，复悠悠忽忽，日复一日，与未学者同为驰逐，终不得力，故须静坐。静坐一著，乃古人下工之始基，是故程子见人静坐，便以为善学，何者？天地之理，不翕聚则不能发散；吾人之学，不静极则不能超悟。况过与善界在几微，非至精不能剖析，岂平日一向纷营者所可辨也。

悔过自新，此为中材言之也，而即为上根言之也。上根之人，悟一切诸过皆起于一心，直下便划却根源，故其为力也易；中材之人，用功积久，静极明生，亦成了手，但其为力也难。盖上根之人，顿悟顿修，名为“解悟”；中材之人，渐修渐悟，名为“证悟”。吾人但期于悟，无期于顿可矣。

圣人之学，下学上达，其始不外动静云为日用平常之事，而其究则必曰“穷理尽性，以至于命”。人苟有纤微之过，尚留方寸，则性必无由以尽；性既不能尽，则命亦无由以至，而其去圣功远矣。故必悔之又悔，新而又新，以至于尽性至命而后可。

悔而又悔，以至于无过之可悔；新而又新，以极于日新之不已。庶几仰不愧天，俯不怍人；昼不愧影，夜不愧衾；在乾坤为肖子，在宇宙为完人；今日在名教为圣贤，将来在冥漠为神明，岂不快哉！

昔人云：“尧舜而知其圣，非圣也，是则尧舜未尝自以为无过也；禹见囚下车而泣，是则禹未尝自以为无过也；汤改过不吝，以放桀为惭德，是则汤未尝自以为无过也；文王望道未见，武王儆几铭牖，周公破斧缺斨，孔子五十学《易》，是则文、武、周、孔并未尝自以为无过也。等而上之，阳愆阴伏，旱干水溢，即天地亦必且不见以为无过也。”然而两仪无心，即置勿论。至于诸圣，固各有其悔过自新之旨焉。但圣人之悔过处，及其自新处，与凡人自不同耳。盖必至于无一念之不纯于理，无一息之或间于私，而后为圣人之“悔过”；必至于“与天地合其德，与日月合其明，与四时合其序，与鬼神合其吉凶”，而后为圣人之“自新”。夫卑之虽愚夫妇有可循，高之至于神圣不能外。此悔过自新之学所为括精粗、兼大小、该本末、彻终始而一以贯之者欤！

横渠先生少喜谈兵，尝欲结党取洮西之地。康定中，闻范文正公仲淹为陕西帅，遂上书条陈兵务。仲淹异其气貌，又甚少，惜之，质责之曰：“儒者自有名教，何事于兵？”手《中庸》一编授焉，先生乃大感，归读之，遂翻然志于道。然未知所从入，溺于释、老者累年，后悟其非，始反求之《六经》。嘉祐初，至京师见程氏二先生，二先生于先生为外兄弟之子，卑属也，而学诣奥渊。先生与语道学之要，厌服之，因涣然信曰：“吾道自足，何事旁求！”于是尽弃异学，淳如也。

上蔡先生少博洽，见程子于扶沟，从受学，语次举书史无遗失。程子曰：“贤记忆何多也？抑亦可谓玩物丧志矣。”先生惭，汗浃背，面发赤，因请为学之要。程子告以静坐。于是遂时时静坐，又作簿自记日用言动礼与非礼以自绳。其言曰：“克己，须从性偏难克处克将去。患恐惧，旦旦于危阶上习之；得善笔爱之，患长爱欲，书令坏乃已；患喜怒，日消除令尽而内自省。大患乃在矜，痛克之。”与程子别，一年来见，问所学，对曰：“惟去得一‘矜’字。”曰：“何谓也？”先生曰：“怀固蔽自欺之心，长虚骄自大之气，皆此之由。”程子喜而告人曰：“是子为切问近思之学者也。”

晦庵先生初年学靡常师，出入于经传，泛滥于释、老。自云：“某年十五六时，留心于释，盖尝师其人、尊其道而笃好之。年二十四，始见延平李先生言及学禅。李先生只说‘不是’，某倒疑李先生理会此未得，再三质问。李先生为人简重，却不甚会说，只教看圣贤言语。某遂将那禅来权倚阁起，意中道禅亦自在，且将圣人书来读。读来读去，一日复一日，觉得圣贤言语渐渐有味，却回头看释氏之说，渐渐破绽，罅漏百出。自此悔悟力改，无复向来病痛矣。”

草庐先生五岁，日诵数千言，夜读书达旦。母忧其劳过，节膏火调适之。先生伺母寝，辄篝灯诵习，遂博通经传。行省掾元明善以文学自负，问经传奥义，服之，太息曰：“与吴先生言，如探渊海，不可测也。”所著《易》《春秋》，尽破传注穿凿，以发其蕴，精明简切。而《礼纂言》，于礼学为尤切。晚岁颇悔悟，遂专以尊德性为主，作《学基》《学统》二篇，使人知为学之本。其言曰：“天之所以生人，人之所以为人，以此德性也。然自圣传不嗣，士学靡宗。汉唐千余年间，董、韩二子，依稀数语近之，而原本竟昧昧也。逮夫周、程、张、邵兴，始能上通孟氏而为一。程氏四传而至朱，文义之精密，又孟氏以来所未有者，其学徒往往滞于此而溺其心。夫既以世儒记诵词章为俗学矣，而其为学亦未离乎言语文字之末，此则嘉定以后，朱门末学之敝，而未有能救之者也。夫所贵乎圣人之学，以能全天之所以与我者尔。天之与我，德性是也，是为仁义礼智之根株，是为形质血气之主宰。舍此而他求，虽行如司马文正，才如诸葛武侯，亦不免于行不著、习不察，况止于训诂之精，讲说之密，如北溪之陈，双蜂之饶，于记诵词章之学，相去何能以寸哉！圣学大明于宋，而踵其后者乃如此，可叹已！澄也钻研于文义，毫分缕析，每以陈为未精，饶为未密也，堕此科臼中垂四十年，而始觉其非。自今以往，一日之内子而亥，一月之内朔而晦，一岁之内春而冬，常见吾德性之昭昭，如天之运转，如日月之往来，不使有须臾之间断，则于尊之之道，殆庶几乎！”

敬轩先生初欲以诗文鸣世，后从魏、范二公讲周、程、张、朱诸书，叹曰：“此道学正脉也。”遂焚所作诗赋，专心于是，至忘寝食。尝曰：“吾奋然欲造其极而未能者，其病安在？得非旧习有未尽去乎，旧习最害事，吾欲进彼则止吾之进；吾欲新彼则旧吾之新。甚可恶，当刮绝之。”又曰：“一毫省察不至，即处事失宜，而悔吝随之，不可不慎。”

近溪先生年十五从新城张洵水学，洵水每谓：“人须力追古人，不当埋没于举业，自弃厥身。”于是一意以正学自任。一日，诵《敬轩语录》云：“万起万灭之私，乱吾心久矣，当一切决去，以全吾澄然湛然之体。”遂焚香叩首，矢心力行，数月而体未复。壬辰，闭关临田寺，几上置镜与盂水，对之令心与水镜无二。久之成疾，父忧之，授以《传习录》一编。循其言求之，病渐愈。庚子，入省赴大会，见颜山农，自述遘危病，生死得失，能不动心。山农不许，曰：“是制欲，非体仁也。”先生曰：“非制欲安能体仁？”山农曰：“子不观孟子之论‘四端’乎。知皆扩而充之，如火之始燃，泉之始达，如此体仁，何等直截。子患当下日用而不知，勿妄疑天性之息也。”先生是时如大梦得醒，遂于稠人中稽首师事焉。后忽遘重病，倚榻而坐，梦一翁来言曰：“君身病康矣，心病则未也。”先生不应。翁曰：“君自有生以来，遇触而气不动，当倦而目不瞑，扰攘而气不分，梦寐而境不昏，此君心痼也。”先生愕然，曰：“随物感通，原无定执，君以宿生操持太甚，遂成结习。君今漫喜无病，不悟天体渐失，岂惟心病，而身亦随之矣。”先生大惊，伏地叩谢，汗下如雨，从是执念渐消。

阳明先生之学凡三变，其为教也亦三变。少之时，驰骋于词章，已而出入二氏，继乃居夷处困，豁然有得于圣贤之旨，是三变而至道也。居贵阳时，首与学者为“知行合一”之说；自滁阳后，多教学者静坐；江右以来，始单提“致良知”三字，直指本体，令学者言下有悟，是教亦三变也。

南瑞泉大吉守绍兴时，从学阳明先生，时时请益焉。尝曰：“大吉临政多过，先生何无一言？”阳明曰：“何过？”瑞泉历数其事，阳明曰：“吾言之矣。”瑞泉曰：“何言？”曰：“吾不言，何以知之？”曰：“良知自知之。”阳明曰：“良知却是我言？”瑞泉笑谢而去。居数日，复自数过加密，来告曰：“与其过后悔改，不若预言无犯为佳也。”阳明曰：“人言不如自悔之真。”瑞泉笑别而去。居数日，复自数过益密，曰：“身过可免，心过奈何？”阳明曰：“昔镜未开，可得藏垢；今镜明矣，一点之落，自难住脚。此正入圣之机也，勉之！”瑞泉拜谢，由是得学问致力肯綮处。

董萝石沄，年六十有八矣，以能诗闻江湖间。与其乡之业诗者十数辈为诗社，旦夕吟咏，至废寝食，遗生业，以为是天下之至乐也。已游会稽，闻王阳明讲学山中，以杖肩其瓢笠诗卷访之。入门长揖，踞上坐。阳明异其气貌，且年老矣，礼敬之。又询知其董萝石也，与之语，连日夜。萝石退谓何秦曰：“吾闻夫子‘良知’之说，而忽若大寐之得醒，然后知吾向之所为，日夜弊精劳力者，其与世之营营利禄之徒，特清浊之分，而其间不能以寸也。幸哉，吾非至于夫子之门，则几于虚此生矣，吾将北面夫子而终身焉，得无以既老而有所不可乎？”秦起拜贺曰：“先生之年则老矣，先生之志何壮哉！”入以请于阳明，阳明喟然叹曰：“有是哉！吾未或见此翁也。虽然齿长于我矣，师友一也。苟吾言之见信，奚必北面而后为礼乎？”萝石闻之曰：“夫子殆以予诚之未积欤？”辞归两月，弃其瓢笠，持一缣而来，谓秦曰：“此吾老妻之所织也，吾之诚积，若兹缕矣，夫子其许我乎？”秦入以请，阳明子曰：“有是哉！吾未或见此翁也。今之后生晚进，苟知执笔为文辞，稍记习训诂，则已侈然自大，不复知有从师学问之事；间有或从师问学者，则哄然共非笑，指斥若怪物。翁以能诗训后进，从之游者遍江湖，盖居然先辈矣。一旦闻予言，而弃去其数十年之成业如敝屣，遂求北面而屈礼焉，非天下大勇，其孰能与于此？则如萝石固吾之师也，而吾岂足以师萝石乎！”萝石曰：“甚哉！夫子之拒我也！吾不能以俟请矣。”入而强纳拜焉。自是日有闻益，充然有得，欣然乐而忘归也。其乡党之子弟亲友，与其平日之为社者，或笑而非之，或为诗而招之返，且曰：“翁老矣，何自苦若是耶！”萝石笑曰：“吾方幸逃于苦海，方知悯若之自苦，而乃以吾为苦耶！去矣，吾将从吾之所好。”

杨庭显少精悍，视天下事无不可为者。居常自视无过，视人则有过。一日，自念曰：“岂其人则有过，而吾独无过，殆未之思也！”思之，遂知所过；旋又知二三，已而纷然，乃大恐，痛惩力改。读书听言必自省，每见过内讼不置，即梦寐中怨艾深切，至于感泣。念虑智识之差，毫无自恕。嘉言善行，不旷耳目，书之盈室，著之累帙。尝曰：“如有樵童牧子谓余曰‘吾诲汝’，我亦当敬听之。”其自刻责者，类非形见，独发明以示戒，检身严而安所止，取善博而知所择。人患忿懥，则容物若虚；人患吝啬，则捐财若无。或叹其不可及，庭显曰：“昔甚不然，吾改之耳。”

仇览为阳遂亭长，好行教化。有陈元不孝，其母诣览言元。览呼元责以子道，与一卷《孝经》，使读之。元深自感悟，到母床前谢罪，曰：“元少孤，为母所骄。谚云：‘孤犊触乳，骄子詈母。’乞今自改。”母子相向而泣。于是元遂修行孝道，究成佳士。

徐庶少好任侠击剑，尝乘忿杀人，白垩突面，披发而走，为吏所得。问其姓字，闭口不言。吏乃于车上立柱维磔之，击鼓以令于市廛，莫敢识者，而其党伍共篡解之得脱。于是感激，弃其刀戟，更练布单衣，折节学问，始诣精舍。诸生闻其前作贼，不肯与共止。乃卑躬早起，常独扫除，动静先意，听习经业，义理精熟。与诸葛亮相友善，俱为一时名士。

周处性凶狠，纵情肆欲，州里患之。一日，问父老曰：“今时和岁丰，何苦而不乐耶？”父老叹曰：“三害未除，何乐之有！”处曰：“何谓也？”答曰：“南山白额猛兽、长桥下蛟，并子为三矣。”处曰：“若此为患，吾能除之。”乃入山射杀猛兽，因投水搏蛟。蛟或沉或浮，行数十里，而处与之俱，经久之不出。人谓处已死，皆相庆贺。处果杀蛟而反，闻乡里相庆，始知人恶己之甚，乃入吴寻二陆。时机不在，见云，具以情告，曰：“欲自修而年已蹉跎，恐将无及。”云曰：“古人贵朝闻夕改，君前途尚可，且患志之不立，何忧名之不彰。”处遂励志好学，志存义烈，言必忠信。期年，州府交辟，卒为节义名臣。

子张，鲁之鄙家也，颜浊聚，梁父之大盗也，学于孔子；段干木，晋国之大驵也，学于子夏；高何、县子石，齐国之暴者也，指于乡曲，学于子墨子；索卢参，东方之巨狡也，学于禽滑黎。此六人者，刑戮死辱之人也，今非徒免于刑戮死辱也，由此为天下名士显人。而吾曹乃多以一眚自弃，惜哉！

（本文选自《二曲集》，中华书局 1996 年 3 月第 1 版）

《明夷待访录》解读之商榷

李广柏

小　引

上个世纪90年代，我为台北三民书局《古籍今注新译》丛书译注黄宗羲的《明夷待访录》，并撰写《导读》。在工作中，我发现当今学界对《明夷待访录》有这样那样的误读及不恰当之解说，似应予以辨析。于是，不揣浅拙，就若干问题作了力所能及的研讨与考索。愚者千虑，亦有所得，遂乃撰成此文，以就正于研究明清思想史的专家和广大读者。

黄宗羲，字太冲，号南雷，一号梨洲。浙江余姚人。生于明朝万历三十八年（1610），卒于清朝康熙三十四年（1695）。宗羲的父亲黄尊素，是东林党重要成员，天启年间被阉党害死于狱中。崇祯年间，年青的黄宗羲坚决同阉党余孽作斗争，声名传遍朝野。清军南下时，黄宗羲组织义兵在浙江地区抗击清军。鲁王朱以海以监国的名义在浙东建立政权，先后任命黄宗羲为兵部职方司主事、监察御史，又任命为左佥都御史、左副都御史。失败后，黄宗羲辗转藏匿，清朝政府四处悬赏缉拿他，屡屡濒临于危境。顺治十年（1653），鲁王朱以海逃到厦门，移居金门，被迫取消监国称号。顺治十八年（1661），永历帝在缅甸被俘。各地抗清的战争逐渐平息，清朝统治的基础稳定了下来，饱受战乱幸存下来的民众，也希望有和平安宁的生活。这时候，黄宗羲已年过半百。孔子曰：“五十而知天命。”黄宗羲看到恢复明朝再也没有希望，历史的变迁非人力所能扭转，于是停止了实际的反清复明活动，转向讲学著书的学术事业。他早已有了经学、理学、史学的深厚根基，并广泛研读过天文、地理、历法、佛教、道教、数学、音乐等百家之书。讲学著书是他的本色。

顺治十年，黄宗羲还在东躲西藏的时候，就写了一本有关治国安邦的著作——《留书》。《留书》好像是《明夷待访录》某些篇章的初稿。“留书”的意思是留给后人去实行，同“待访录”的意思很相近。顺治十八年，黄宗羲陪母亲返回余姚黄竹浦故居。第二年，即康熙元年（1662），黄宗羲着手撰著《明夷待访录》。中间曾因家中失火暂时停笔。康熙二年完成《明夷待访录》一书。

《明夷待访录》是黄宗羲构想的一部治国大纲，包括政治、经济、法律、军事、教育、文化等等方面的规划与建议，也有关于政治上最高原理的阐发。黄宗羲明经通史，又经历了社会的大裂变、大动乱，这本书是他研究历代“治乱之故”和明代亡国教训之后写成的。书中既闪耀民主启蒙思想的光辉，也发挥了儒家圣贤的社会理想。清朝末年，这本《明夷待访录》成为宣传民权共和的思想武器，对于近代中国“思想之骤变”起了有力的推动作用。

书名的“明夷”二字怎么讲

书名《明夷待访录》，“待访”的意思是留待以后的明主圣君来访求并采用。黄宗羲处在“天崩地解”的乱世，对未来却没有绝望。他相信天运终会好转，那时自己虽然老了，也会“如箕子之见访”，他设计的治国纲领，将交给明主圣君去践行，天下将会转为治世。箕子是商纣的大臣，纣王的亲属，曾因劝谏纣王，被纣王囚禁。周武王灭商以后，释放箕子，并亲自访问箕子，向箕子请教治国大法。箕子向武王陈说《洪范》。[1] 孔子说：“殷有三仁焉。”[2] 箕子是其中之一。黄宗羲以箕子自况，他所期待的君主，当然不是秦汉以后的那种专制皇帝，而是如同周武王、周文王、商汤、夏禹、尧舜那样的圣君。

《明夷待访录》的“明夷”二字，是什么意思呢？《中国哲学史教学资料选辑》这样解释：

“明夷”：《周易》卦名，其卦象是䷣，坤上离下，象征日在地中，有智慧但被压制。此卦彖辞说：“利艰贞，晦其明也。内难而能达其志，箕子以之。”黄宗羲乃明朝的遗民，自比于殷朝的箕子，等待开国之君的来访，故称此书为《明夷待访录》。[3]

新版《辞源》有两处解释：

“明夷，利艰贞。”《周易集解》注引郑玄：“夷，伤也，日出地上，其明乃光，至其明则伤矣，故谓之明夷。”后因以喻主暗于上，贤人退避的乱世。《宋书·龚颖传》陆徽表：“臣闻运缠明夷，则艰贞之节显；时属栋挠，则独立之操彰。”清黄宗羲撰《明夷待访录》即取此为义。

《易·明夷·爻》：“箕子之明夷。”意谓箕子身有明德而逢纣之恶，乃以明为暗。宗羲当易代之际，自感不遇，又不欲出仕，因取明夷为名。[4]

新近出版的由张岂之先生主编的《中国思想学说史》（明清卷），所作的解释是：

《明夷待访录》之“明夷”二字，乃取自《周易》卦名，卦辞为“利艰贞”，《彖辞》解释说：“利艰贞，晦其明也，内难而能正其志。”以喻君子贤人处于艰难困苦的环境而志气不衰，坚持正道。[5]

以上这些解释大同小异，反映了当今学界的一般看法。

“明夷”是《易经》的卦名，卦象为离下坤上（䷣）。卦辞是“利艰贞”。这都是对的。但学界从“明夷”卦的卦辞入手，将《明夷待访录》这个书名中的“明夷”二字，解读为“有智慧但被压制”，“君子贤人处于艰难困苦的环境而志气不衰，坚持正道”云云，并不符合黄宗羲的本意。《明夷待访录》一书的前面，黄宗羲写有《题辞》，除交代写作经过之外，着重说明了他著书的意图，也对“明夷待访录”这个书名作了解释。

为了说清楚《明夷待访录》这个书名的涵义，这里将黄宗羲在书前写的《题辞》全文引出来（广柏标点）：

余尝疑孟子“一治一乱”之言，何三代而下之有乱无治也？乃观胡翰所谓“十二运”者，起周敬王甲子以至于今，皆在“一乱”之运，向后二十年交入“大壮”，始得“一治”，则三代之盛犹未绝望也。前年壬寅夏，条具为治大法，未卒数章，遇火而止。今年自蓝水返于故居，整理残帙，此卷犹未失落于担头舱底。儿子某某请完之。冬十月，雨窗削笔，喟然而叹曰：昔王冕仿《周礼》著书一卷，自谓“吾未即死，持此以遇明主，伊吕事业不难致也”，终不得少试以死。冕之书未得见，其可致治与否，固未可知，然乱运未终，亦何能为？“大壮”之交，吾虽老矣，如箕子之见访，或庶几焉，岂因夷之初旦，明而未融，遂秘其言也。癸卯梨洲老人识。[6]

从《题辞》可以看到，黄宗羲著《明夷待访录》的时候，相信胡翰的“十二运”之说，以为二十年后天运开始转入“大壮”，天下会由乱转治。他这本“条具为治大法”的著作，就是等待交入“大壮”以后的明主圣君来访求并采用的。“大壮”是《易经》六十四卦之一，卦象（䷡）为阳隆盛之象。黄宗羲写道：“……然乱运未终，亦何能为？‘大壮’之交，吾虽老矣，如箕子之见访，或庶几焉，岂因夷之初旦，明而未融，遂秘其言也。”意思是：在乱运没有结束的时候，再好的治国方略也是不能起作用的。过二十年以后，天运转入“大壮”，就会出现治世。到那时候，自己虽然老了，或许同箕子差不多吧，会有明主圣君来访问，怎么能因为当今处于“夷之初旦，明而未融”之时，就隐秘自己的主张呢！“如箕子之见访，或庶几焉”，是“待访”的意思。“夷之初旦，明而未融”，就是《明夷待访录》这个书名中“明夷”二字的意义。

“旦”，平旦，破晓。“融”，明亮。“夷”的意思是处在黑夜。“夷之初旦，明而未融”的意思是：黑夜刚破晓，太阳没有出来，天还没有明亮。换成我们现在的说法，就是处于黎明前的黑暗。这句话来自《左传》，黄宗羲稍为作了点变动。《左传·昭公五年》：“庄叔以《周易》筮之，遇明夷之谦，以示卜楚丘。曰：……明夷之谦，明而未融，其当旦乎！”孔颖达疏：“离下坤上为明夷。离为日，坤为地。彖曰：‘明入地中，明夷。’夷者，伤也。日在地中，光不外发，则为明伤也。”“明而未融，则融是大明……日明未融，故曰其当旦也。”[7]

黄宗羲说“岂因夷之初旦，明而未融，遂秘其言也”，译成现代语就是，怎么能因为当今处于黎明前的黑暗，就隐秘自己的主张呢！

《明夷待访录》这个书名完整的涵义是：在黎明前的黑暗时期所写，等待黎明后的明主圣君来访求的著作。

黄宗羲因为相信二十年后天运交入“大壮”，有希望恢复“三代之盛”，他才“条具为治大法”（著《明夷待访录》）。我们将《明夷待访录》的“明夷”二字，理解为黎明前的黑暗，便与《题辞》里“向后二十年交入‘大壮’”一句相照应，又与“‘大壮’之交，吾虽老矣”一句相照应。这样解释“明夷”，其“待访”“如箕子之见访”，就是期待黎明后（治世）的明主圣君来访。如果把“明夷”二字简单地理解为“君子贤人处于艰难困苦的环境”云云，不仅不能与《题辞》里“交入‘大壮’”“‘大壮’之交”相照应，而且“处于艰难困苦的环境”却又“待君主来访”，就是不甘寂寞、希求闻达的心态。这岂是黄宗羲的为人！请读者注意，这是一个很重要的分歧。过去确有学人误解黄宗羲的“待访”，笔者在后面会详细讨论这个问题。

黄宗羲以为“二十年后交入大壮”的想法，是读了胡翰的“十二运”理论以后才有的。胡翰为元末明初的著名学者，字仲申，号仲子，浙江金华人，著有《春秋集义》《胡仲子集》。《胡仲子集·衡运》篇交代，“十二运”的说法是从广陵人秦晓山那里听到的。[8] 黄宗羲八十多岁在《破邪论·题辞》中写道：“余尝为《待访录》，思复三代之治。昆山顾宁人见之，不以为迂。今计作此时，已三十余年矣，秦晓山十二运之言无乃欺人。”[9] 黄宗羲期盼“大壮”之交，过去三十年了，“大壮”之交的“治世”并没有出现。晚年的黄宗羲认识到，由秦晓山传给胡翰的“十二运”理论是欺人之谈。

20 世纪 80 年代，对黄宗羲深有研究并点校过《明夷待访录》的吴光先生，提出《明夷待访录》这本书“原名《待访录》”，“‘明夷’二字，当系后人所加”。其根据是：黄宗羲在《破邪论·题辞》中说“尝为《待访录》”，顾炎武给黄宗羲的信中用的书名是《待访录》，黄百家的《梨洲府君行略》和邵廷采的《黄文孝先生传》也只用《待访录》之名。[10]

吴光先生的说法，学界有表示赞同者。笔者以为，吴光先生的推断是不能成立的。虽然黄宗羲及黄百家等人用过《待访录》这样的书名，但不能证明这本书原名《待访录》；因为古人举书名常用简称，黄宗羲及黄百家等人所说《待访录》，不过是《明夷待访录》的简称而已。顾炎武在与人论学的书信中，曾说到“今为《五书》以续三百篇以来久绝之传”，“《五书》之刻”，“《五书》改正约有一二百处”；而全祖望所撰《亭林先生神道表》，谓顾炎武（亭林）有著作“曰《音学五书》”。[11] 如果我们不加留意，还以为顾炎武的著作原名《五书》，“音学”二字是全祖望加上去的。

实际上，《音学五书》是本来的书名。再说，黄宗羲的《破邪论·题辞》中，不仅《明夷待访录》用简称，其他提到的书，包括《破邪论》，都是用简称：

……方饰巾待尽，因念天人之际，先儒有所未尽者，稍拈一二，名曰《破邪》。夫论之美者，《酌古》《美芹》，彼皆战争经略之事；顾余之所言，遐幽不可稽考，一炭之光，不堪为邻女四壁之用，或者怜其老而不忘学也。[12]

《酌古》，指陈亮的《酌古论》；《美芹》，指辛弃疾的《美芹十论》。像这样用简称，可说是古人的习惯，并不意味着另有一个书名。

事实上，《明夷待访录·题辞》中，“‘大壮’之交，吾虽老矣，如箕子之见访，或庶几焉，岂因夷之初旦，明而未融，遂秘其言也”，正是书名的破解。既包含有“待访录”的意思，也包含有“明夷”的意思。黄宗羲定的书名，应该就是《明夷待访录》。另外，现今所传黄宗羲为《留书》写的跋文中说：

癸巳秋，为书一卷，留之箧中。后十年，续有《明夷待访录》之作，则其大者多采入焉，而其余弃之。甬上万公择谓尚有可取者，乃复附之《明夷待访录》之后。是非余之所留也，公择之留也。[13]

黄宗羲本人两次使用《明夷待访录》这个书名，更表明黄宗羲所题书名中，本有“明夷”二字。

至于顾炎武给黄宗羲的信，是由黄宗羲传出的。在黄宗羲的《思旧录》中引顾炎武信作“大著《待访录》，读之再三”[14]；而附刻于《南雷文定》之后由黄宗羲手订的交游尺牍中所收顾炎武信作“大著《明夷待访录》，读之再三”[15]。黄宗羲两次提供顾炎武信，文字小有出入。顾炎武信中究竟是《待访录》，还是《明夷待访录》，现在难以确定；但黄宗羲手订的交游尺牍中所收顾炎武信作“《明夷待访录》”，则可以表示《明夷待访录》是黄宗羲本人认可的书名。

黄宗羲卒后四十余年，全祖望应黄宗羲的孙子黄千人之请，撰《梨洲先生神道碑文》。全祖望认为黄百家的《行略》“固嗛嗛多未尽者”，乃“捃摭公遗书，参以行略”，而后成文。全祖望此篇文字，不仅为了“勒之丽牲之石”，也“以为上史局之张本”，因而十分严谨。[16] 碑文中著录黄宗羲的著作，如《明儒学案》《易学象数论》《律吕新义》《孟子师说》《明史案》《汰存录》《南雷文案》《吾悔集》《子刘子形状》《南雷文定》《南雷文约》

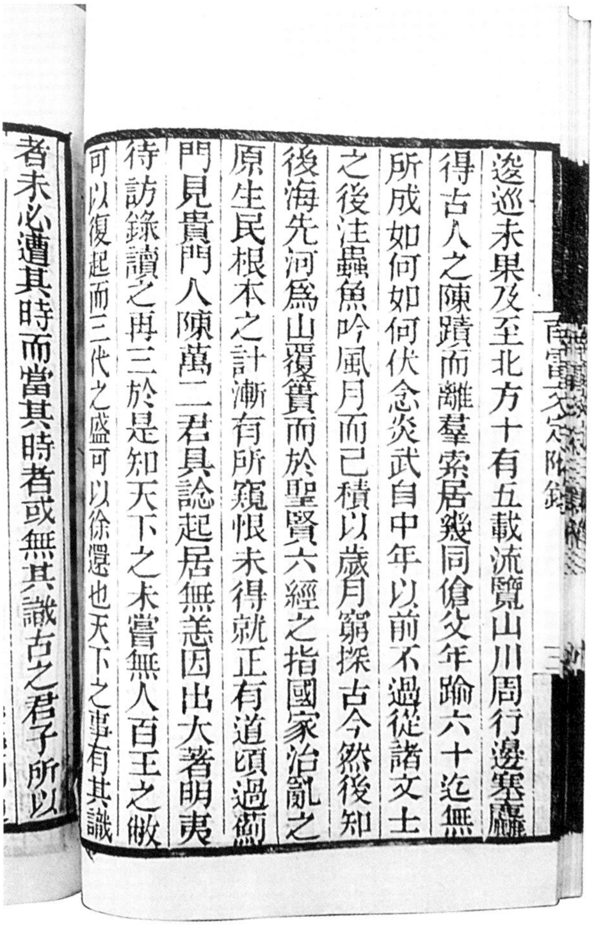
逡巡未果及至北方十有五載流覽山川周行邊塞靡
得古人之陳蹟而離羣索居幾同傖父年踰六十迄無
所成如何如何伏念炎武自中年以前不過從諸文士
之後注蟲魚吟風月而已積以歲月窮探古今然後知
後海先河爲山覆簣而於聖賢六經之指國家治亂之
原生民根本之計漸有所窺恨未得就正有道頃過薊
門見貫門人陳萬二君具諗起居無恙因出大著明夷
待訪錄讀之再三於是知天下之未嘗無人百王之敝
可以復起而三代之盛可以徐還也天下之事有其識
者未必遭其時而當其時者或無其識古之君子所以

《粤雅堂丛书》内《南雷文定》书影 咸丰三年刊本

《思旧录》，等等，皆为准确的原书名。其所著录的“《明夷待访录》二卷”，肯定也是根据黄宗羲遗书并作过认真考究的。这一著录，进一步证明《明夷待访录》是本来的书名。

现代学人句读之误

上海中华书局早年编印《四部备要》，所收《明夷待访录》（据《海山仙馆丛书》本校刊）没有标点。新中国成立以后，陆续出版的《明夷待访录》标点本，主要有：1955 年古籍出版社（社址在北京）出的标点本，1981 年中华书局（地址在北京）出版的标点本，1985 年浙江古籍出版社《黄宗羲全集》第一册内的点校本。浙江古籍出版社《黄宗羲全集》第一册内的点校本（以下简称《全集》本），是吴光先生负责点校的。吴光先生在调查版本、校勘文字方面下了功夫，但在断句和标点方面因袭了古籍出版社和中华书局标点本的一些错误。不言而喻，凡是断句错误的地方，即表明点校者没有完全弄明白原文的意义，当然也会妨碍广大读者对原文的解读。

笔者曾在安徽《古籍研究》2002 年第 4 期发表《〈明夷待访录〉标点本拾误》，指出《全集》本存在的十多处断句的错误。《明夷待访录》全文不过两万字，通行的标点本竟有十多处断句的错误，其误读所占的比例也够大了。《〈明夷待访录〉标点本拾误》已收入华中师大出版社 2010 年出版的《文史丛考——李广柏自选集》（“华中师大文学院教授文库”之一）。这里不拟将《全集本》十几处断句的错误一一列举出来，仅选择几处略加分析。

《明夷待访录》共二十一篇，即《原君》《原臣》《原法》《置相》《学校》《取士上》《取士下》《建都》《方镇》《田制一》《田制二》《田制三》《兵制一》《兵制二》《兵制三》《财计一》《财计二》《财计三》《胥吏》《奄宦上》《奄宦下》。

《田制一》论述井田制破坏以后天下的赋税一代比一代加重，百姓一代比一代贫困。有一段文字在《全集》本中是这样：

儒者曰：井田不复，仁政不行，天下之民始敝敝矣。孰知魏晋之民又困于汉唐，宋之民又困于魏晋？则天下之害民者，宁独在井田之不复乎！[17]

从 1955 年古籍出版社的本子以来，这一段话都是这样标点的。因为断句有误，魏晋与唐的顺序被颠倒了。其中“儒者曰”所引儒者的话，见胡翰的《胡仲子集·井牧》[18]，本是胡翰的原文，应该打引号；不打引号，便把胡翰的话与黄宗羲的议论混淆了。这一段文字的正确标点应是：

儒者曰：“井田不复，仁政不行，天下之民始敝敝矣。”孰知魏晋之民又困于汉，唐宋之民又困于魏晋，则天下之害民者宁独在井田之不复乎！

《田制三》有一段文字在《全集》本中是这样：

三代之贡、助、彻，止税田土而已。魏晋有户、调之名，有田者出租赋，有户者出布帛，田之外复有户矣。[19]

贡、助、彻，相传是夏商周时代的税法，见《孟子·滕文公上》。“止税田土”，即只征收土地税。魏晋的所谓“户调”，是按户征收的税，即“有户者出布帛”。“田之外复有户矣”，意思是在土地税（田赋）之外又加了户税。“户调”二字，不能用顿号隔开；犹如“田赋”一词，不能在“田”与“赋”之间打个顿号一样。《晋书·食货志》记载：曹操在邺都时，除每亩地收四升粟的田赋外，另每户征收绢二匹、绵二斤。晋武帝司马炎统一全国后，“制户调之式，丁男之户，岁输绢三匹、绵三斤”。[20] 这每户征收的绢绵，就是魏晋时期的“户调”。

《田制三》又有一段文字在《全集》本中这样标点：

有明两税，丁口而外，有力差，有银差，盖十年而一值。[21]

如照这样标点，读者便会认为明朝的

“两税”包括“丁口”和“力差”“银差”。这就大错了。“丁口”是按人丁征收的赋税。“力差”“银差”，是劳役负担，应役户亲身充役的谓之力差，缴银代役的谓之银差。至于明朝的“两税”，则是沿袭唐宋的制度，即按土地征收的夏税、秋税。《明史·食货志二》：“（太祖）即位之初，定赋役法，一以黄册为准。册有丁有田。丁有役，田有租。租曰夏税，曰秋粮。”[22]“丁有役”即人丁的负担，“田有租”是按土地征收夏税、秋税（秋粮）。由此可见，“丁口”是“两税”以外的负担。明朝既征丁口税（按人丁征税，相当于唐初的“庸”），又有按人丁摊派的劳役负担（力差、银差），即黄宗羲说的“重出之差”。这一段文字的正确标点应是：

有明两税、丁口而外，有力差，有银差，盖十年而一值。

《财计一》有一段在《全集》本中这样标点：

宋元丰十二年，蔡京当国，凡以金银丝帛等贸易勿受，夹锡钱者以法惩治。[23]

先要说明，这里“元丰十二年”，是黄宗羲的笔误。“元丰”是北宋神宗的年号，共八年，没有“十二年”。据《宋史·食货志》，这里应作“政和二年”。《全集》本在这里的断句有较大的错误。正确的标点应是：

宋元丰十二年，蔡京当国，凡以金银丝帛等贸易，勿受夹锡钱者以法惩治。

这段话译成现代语是：“宋朝元丰十二年，蔡京主持朝政，规定凡是用金银、丝绸、布帛等物进行交易，不肯接受夹锡钱的人，依法予以惩治。”“勿”在此是表示否定意义的副词，相当于“不”。《史记·廉颇蔺相如列传》：“欲予秦（和氏璧），秦城恐不可得，徒见欺；欲勿予，即患秦兵之来。”其中的“勿”就作“不”讲。“夹锡钱”是蔡京推行的一种钱币，用铜夹锡铸成。因为这种夹锡钱比铜钱轻，老百姓不愿意接受，所以蔡京要采用强制手段，规定“凡以金银、丝帛等物贸易有弗受夹锡、须要铜钱者，听人告论，以法惩治”[24]。

《取士下》有一段文字论唐代用士较为严格，不是一考中就有官做。《全集》本是这样标点的：

唐之士，及第者未便解褐入仕，吏部又复试之。韩退之三试于吏部无成，则十年犹布衣也。[25]

“解褐”，即解下平民所穿的布衣，换上官服。这里正确的标点应是：

唐之士，及第者未便解褐入仕，吏部又复试之。韩退之三试于吏部无成，则十年犹布衣也。

意思是：唐朝的读书人，考试及第的，并不立即脱下平民的布衣入仕做官，必需又经过吏部复试，才能入仕。韩退之在吏部三次考试都没有成功，过了十年还是布衣。

《取士下》节引《礼记·王制》中的话来说明古代的取士用士制度。《全集》本却作这样的标点：

《王制》论秀士，升之司徒曰选士；司徒论选士之秀者，升之学曰俊士。[26]

《王制》这几句，记述的是古代的“乡举里选”（一种推荐制）。“论，谓考其德行道艺。”[27]陈澔对于这几句的注是：“大司徒命乡大夫论述乡学之士，才德颖出于同辈者而礼宾之，升其人于司徒；司徒考试之，量才而用之，为乡遂之吏，曰选士。选者，择而用之也。其有才德又颖出于选士，不安于小成而愿升国学者，司徒论述其美而举升之于国学，曰俊士。”[28]大意是：考核乡学里才德颖出于同辈者，推荐给司徒，司徒量才而用之，称为选士；司徒考核选士中才德颖出者，推荐给国学，称为俊士。《王制》这几句的标点应是：

《王制》：论秀士升之司徒，曰选士；司徒论选士之秀者升之学，曰俊士。

古籍出版社、中华书局的《明夷待访录》标点本以及《全集》本，在《题辞》里都有一处重大的断句错误。这里引《全集》本的标点为例：

冕之书未得见，其可致治与否，固未

可知。然乱运未终，亦何能为“大壮”之交！吾虽老矣，如箕子之见访，或庶几焉。岂因“夷之初旦，明而未融”，遂秘其言也！[29]

黄宗羲的意思是说，王冕书的效用固然不可知，但在乱运没有结束的时候，是不可能有作为的。古籍出版社、中华书局的标点本和《全集》本都断成“亦何能为‘大壮’之交”，这不仅不成句，而且使下面的“吾虽老矣，如箕子之见访”变成黄宗羲期待当前有君主来访问他。这在思想涵义上，就同黄宗羲的本意大相径庭了。历来有人认为黄宗羲的“待访录”是等待清朝皇帝的下问，恐怕与此处句读之误有关系。

《题辞》中这一断句错误，不是始于1955年古籍出版社的标点本。笔者看到，宣统二年（1910）上海时中书局印行的《梨洲遗著汇刊》内的《明夷待访录》，有断句的圆点，其中即断为“亦何能为大壮之交”。又，笔者在本校图书馆看到光绪二十四年（1898）丰城余氏宝墨斋据《海山仙馆丛书》本校刊的《明夷待访录》，上面有人用朱笔断句，也是断为“亦何能为大壮之交”。此朱笔圆圈很陈旧，估计也是六十年以前的人所为。

笔者为台湾三民书局译注的《明夷待访录》，对《题辞》这一段的标点是：

冕之书未得见，其可致治与否，固未可知，然乱运未终，亦何能为？“大壮”之交，吾虽老矣，如箕子之见访，或庶几焉，岂因夷之初旦，明而未融，遂秘其言也。

笔者在“亦何能为”处断句，“吾虽老矣，如箕子之见访，或庶几焉”，则是对“大壮之交”以后的期待。这符合黄宗羲的本意。黄宗羲是期待天运交入“大壮”以后会有明主圣君来访问他。

“亦何能为？”这种句式，为疑问代词宾语前置，在古汉语中很常见。如《隋书》卷六十三《赵绰传》内引隋文帝语：“世略年未二十，亦何能为！以其名将之子，为人所逼耳。”[30] 又如，清初刘献廷《广阳杂记》卷二记郑成功与隆武帝语：“臣从陛下行，亦何能为？臣愿捐躯别图以报陛下。此头此血，总之已许陛下矣。”[31]《明夷待访录·题辞》中，“然乱运未终，亦何能为”，这样读，文义畅达，前后贯通，无疑是正确的。拙稿《＜明夷待访录＞标点本拾误》于2002年发表以后，未引起学界的注意。我看到此后的著作文章，在引用《明夷待访录》的《题辞》时，仍然是“亦何能为‘大壮’之交”这样不成句的话。如张岂之先生主编的《中国思想学说史》（明清卷）里，就是这样。[32] 笔者于此甚为困惑，为什么如此明显的误读，学者们不能纠正呢？

黄宗羲所“待”之明主

黄宗羲著《明夷待访录》。他的所“待”，是很明确的。然而，历来有不同的解读。

全祖望的《黄丈肖堂墓版文》，记黄肖堂对《明夷待访录》的评论：

是经世之文也，然而犹有憾。夫箕子受武王之访，不得已而应之耳。岂有艰贞蒙难之身，而存一待之见于胸中者，则麦秀之悯荒矣，作者亦偶有不照也。[33]

黄肖堂认为黄宗羲存在“待访”的念头，是不甘寂寞，淡忘了亡国之痛。在全祖望文集上作评注的杨凤苞，于黄肖堂此语后评曰：“肖堂知言哉！”

清朝末年，梁启超等人借《明夷待访录》宣传民权及君主立宪。主张以革命手段推翻清王朝的章太炎，认为黄宗羲是“立宪政体之师”[34]，对黄宗羲及《明夷待访录》大加批判。章太炎说：

黄太冲以“明夷待访”为名，陈义虽高，将俟虏之下问。[35]

章太炎认为黄宗羲著《明夷待访录》是等待清朝皇帝的下问。1923年，梁启超在《中国近三百年学术史》中反驳章太炎：

章太炎不喜欢梨洲，说这部书是向满洲上条陈。这是看错了。《待访录》成于康熙元二年，当时遗老以顺治方殂，光复有日，梨洲正欲为代清而兴者说法耳。他送万季野北行诗，戒其勿上河汾太平之策，岂有自己想向清廷讨生活之理。[36]

梁启超之后，中国学界对于章太炎的说法多不能认同。然而，陈寅恪先生在《柳如是别传》中却有与章太炎相近的说法。陈寅恪写道：

永历延平倾覆亡逝，太冲撰《明夷待访录》，自命为殷箕子，虽不同于嵇延祖，但以清圣祖比周武王，岂不愧对“关中大儒”之李二曲耶？惜哉！[37]

陈寅恪先生认为黄宗羲是期待康熙皇帝（清圣祖）来访问他。由于《柳如是别传》到1980年才由上海古籍出版社出版，许多研究黄宗羲的学者似乎没有见到陈寅恪先生关于《明夷待访录》的这几句评语，所以学界对此几乎没有什么反应。

笔者以为，黄肖堂和近代几位大师错会了黄宗羲“待访”的意思。

在《明夷待访录》的《题辞》中，黄宗羲称“三代”以下“有乱无治”，称他所处的时代是“乱运未终”，“在一乱之运”；但他相信二十年后，天运好转，还有恢复“三代之治”的希望。黄宗羲写道，“向后二十年交入‘大壮’，始得一治，则三代之盛犹未绝望也”；“‘大壮’之交，吾虽老矣，如箕子之见访，或庶几焉”。这说得多么清楚！他这部“条具为治大法”的书，是等待天运交入“大壮”以后交给来访的明主圣君的。

儒家从孔子、孟子开始，就把“三代之治”当做他们追求的理想。尽管他们谁也没有亲身经历或亲眼见到过“三代”，实际的“三代”也不是他们想象的那么美妙；但他们的理想是真心诚意的。黄宗羲在《破邪论·题辞》中明确地说：“余尝为《待访录》，思复三代之治。”他著《明夷待访录》的目的是“复三代之治”，他书中各种规划与建议是向理想的“三代之治”靠拢，他又以“箕子之见访”相比拟，那他所期待来访的君主，当然是他理想中的如同三代以上的“二帝”（尧、舜）、“三王”（夏禹、商汤、周文王和周武王）那样的圣君，如同访问箕子的圣君。

《明夷待访录》中，处处将“三代”以上的明主圣君与后世的专制皇帝对立起来进行论述。如《原君》里写道：

古者以天下为主，君为客，凡君之所毕世而经营者，为天下也。今也以君为主，天下为客，凡天下之无地而得安宁者，为君也。是以其未得之也，屠毒天下之肝脑，离散天下之子女，以博我一人之产业，曾不惨然！……其既得之也，敲剥天下之骨髓，离散天下之子女，以奉我一人之淫乐，视为当然……然则为天下之大害者，君而已矣！……古者天下之人爱戴其君，比之如父，拟之如天，诚不为过也。今也天下之人怨恶其君，视之如寇雠，名之为独夫，固其所也。[38]

《原法》里写道：

三代以上有法，三代以下无法。何以言之？二帝、三王，知天下之不可无养也，为之授田以耕之；知天下之不可无衣也，为之授地以桑麻之；知天下之不可无教也，为之学校以兴之；为之婚姻之礼以防其淫；为之卒乘之赋以防其乱。此三代以上之法也，固未尝为一己而立也。后之人主，既得天下，唯恐其祚命之不长也，子孙之不能保有也，思患于未然以为之法。然则其所谓法者，一家之法而非天下之法也。是故秦变封建而为郡县，以郡县得私于我也；汉建庶孽，以其可以藩屏于我也；宋解方镇之兵，以方镇之不利于我也。此其法何曾有一毫为天下之心哉，而亦可谓之法乎？

《学校》篇写道：

学校，所以养士也。然古之圣王，其意不仅此也；必使治天下之具皆出于学校，而后设学校之意始备……盖使朝廷之上，闾阎之细，渐摩濡染，莫不有诗书宽大之气；天子之所是未必是，天子之所非未必非，天子亦遂不敢自为非是，而公其非是于学校……三代以下，天下之是非一出于朝廷。天子荣之，则群趋以为是；天子辱之，则群擿以为非。

黄宗羲向往“三代之治”，他所期盼来请教治国大法的当然不会是“敲剥天下之骨髓，离散天下之子女，以奉我一人之淫乐”的专制皇帝，不会是“何曾有一毫为天下之心”的“后之人主”。

黄宗羲于康熙二年完成《明夷待访录》时，从抗清前线回到四明山黄竹浦不久，反清的情绪还在胸间澎湃起伏，怎么可能想到写一部书呈献给清朝的皇帝呢？至于说黄宗羲寄希望于康熙皇帝（玄烨）的来访，更是不可能有的想法。玄烨生于顺治十一年（1654），即位时才八岁，朝政先由索尼、遏必隆、苏克萨哈、鳌拜四位辅政大臣掌管。不要说黄宗羲远在浙江的四明山，就是在京城，他也不会知道这位小皇帝将来的作为及贤愚，怎么可能把希望寄托在这个孩童身上呢？

康熙十五年，顾炎武在致黄宗羲的信中说：

顷过蓟门，见贵门人陈、万二君，具谂起居无恙，因出大著《明夷待访录》，读之再三，于是知天下之未尝无人，百王之敝可以复起，而三代之盛可以徐还也。天下之事，有其识者未必遭其时，而当其时者或无其识。古之君子，所以著书待后，有王者起，得而师之。[39]

顾炎武真是黄宗羲的知音。顾炎武读了《明夷待访录》以后，认为黄宗羲著此书是“待”后来的“王者”，若付诸实践，“而三代之盛可以徐还”。顾炎武就不认为黄宗羲的书是向当代的皇帝上条陈。

梁启超说“梨洲正欲为代清而兴者说法”，《中国哲学史教学资料选辑》说黄宗羲“等待开国之君的来访”，这样说也不准确，也不符合黄宗羲的本意。《明夷待访录》的主旨，不只是反清，而是反对君主专制，要求建立“以天下为主，君为客”的国体，要求有为天下万民谋利益的“王者”。“代清而兴者”的“开国之君”，并不是黄宗羲的理想所在；因为“代清而兴者”，可能如同“代秦而兴者”“代汉而兴者”“代唐而兴者”“代元而兴者”……仍然是“其未得之也，屠毒天下之肝脑，离散天下之子女，以博我一人之产业……其既得之也，敲剥天下之骨髓，离散天下之子女，以奉我一人之淫乐”。

民主启蒙思想与儒家圣贤理想的发挥

君主专制，是中国几千年根本的政治制度，也是中国历史上多灾多难的根源。《明夷待访录》开宗明义就是批判君主专制。它的批判，不是停留在帝王的昏庸、吏治的腐败那样的层面上，而是从根本的合理性上予以否定，要求进行彻底改造。开头三篇——《原君》《原臣》《原法》，是全书立论的基础。按照黄宗羲的论述，人类社会最初的君主，是为兴公利、除公害而设立的；所以那时候的君主，比天下一般人要勤劳千万倍，而又没有任何私利可图。后世历代君主，违背设君的本意，凭借权势，肆无忌惮地谋求私利与个人享乐，从而给天下造成无穷祸患，成为天下的大害。“古者以天下为主，君为客”；“今也以君为主，天下为客”。君主与天下万民的主客关系被颠倒了。

与君主的职分密不可分的是臣道和法律制度。黄宗羲说，古代做臣子的，“为天下，非为君也，为万民，非为一姓也”；后世专制政体下的为臣者，专为君主一人一姓效命，而无视天下万民的祸福，君主以臣为仆妾，做臣子的也甘愿做君主的仆妾。至于法律制度，黄宗羲认为，三代以前的法律制度，是为天下万民制定的；三代以后的法律制度，是君主为个人的私利而制定的，是“一家之法而非天下之法也”。

《原君》《原臣》《原法》，从说明君、臣及法律制度的本原入手，论证国家的主人应是天下万民，不是君主；要求为君者、为臣者以及一切法律制度，都要为天下万民谋福利。书中从这个基本要求出发，全方位地设计了国家的各种制度和办法。其重要主张有：宰相与天子同立于朝，实行天子、宰相及众官共同议政；设立既培养人才又具有议政和监察作用的学校，国家的礼法制度由学校酝酿产生，政事听学校师生评议；恢复土地公有的井田制，平均分配土地给民户；引导百姓尽力于农事和工商，革除各种侈靡的习俗，禁绝各种蛊惑人心、劳民伤财的活动；等等。

《明夷待访录》的政治理念和治国的具体规划，带有民主的倾向，也有利于商品经济的发展和社会的进步。在那极端专制、黑暗的时代，这部书的出现就像是讨伐旧制度、呼唤新政的春雷。然而，书中处处以“复三代之治”为理想。所谓“三代”，即夏、商、周三个朝代。黄宗羲的意思，是恢复三代以前“二帝”“三王”时期的盛世。这似乎是“复古”，怎么理解？当今学界强调黄宗羲的民主启蒙思想，对他的“复古”，则少有论及。

古今中外许多启蒙思想家和改革者，在努力推动社会前进的时候，往往要标榜自己的主张是“复古”“复兴”。究竟是他们的本意如此，还是假借古人名义以减少阻力，这要具体分析，各人的思想状况不同。黄宗羲作为一个儒家学者，他的“思复三代之治”，应当是诚心诚意的。他的本意就是如此。

黄宗羲研究历代“治乱之故”和明代亡国教训之后，对君主专制的弊端痛心疾首。他寻找的出路，就是以儒家圣贤的政治理念来改造社会，希望实现孔、孟以来未能实现的崇高理想。《明夷待访录》是充分发挥儒家圣贤理想的书。

孔子说：“大哉尧之为君也！巍巍乎！唯天为大，唯尧则之。荡荡乎！民无能名也。巍巍乎其有成功也，焕乎其有文章！”“周之德，其可谓至德也已矣。”“大道之行也，与三代之英，丘未之逮也，而有志焉。”[40]《礼记·中庸》记云：“仲尼祖述尧舜，宪章文武。”[41]《礼记·礼运》又记述，孔子以“大道之行也，天下为公”的尧舜时代为“大同”，称“礼义以为纪”的禹、汤、文、武、成王、周公的时代为“小康”。这是孔子理想的层次。其性质属于空想，但儒家学者把它当做崇高的社会理想。黄宗羲从儒家经典中“大同”“小康”的理想、民本思想，受到启迪，更加以发挥，形成自己的愿景。黄宗羲的贡献在于通过发挥儒家圣贤理想，绘制具有民主色彩的社会蓝图，提出通向近代文明的启蒙思想。

黄宗羲反对传统的“重农抑商”“农本商末”的观念，认为工商业和农业皆为国家之本。现代学人多把黄宗羲的这一思想，视为明代商品经济的发展和资本主义萌芽的反映。其实，黄宗羲提出“工商皆本”，主要也是来自儒家圣贤的理念；虽然明代后期商品经济的发展对黄宗羲这一思想的确立不无影响。黄宗羲说：

世儒不察，以工商为末，妄议抑之；夫工固圣王之所欲来，商又使其愿出于途者，盖皆本也。[42]

黄宗羲说“工固圣王之所欲来，商又使其愿出于途者”，是有根据的。《礼记·中庸》记孔子论“文武之政”，“为天下国家有九经”（治天下国家之道有九种常行之事），“九经”之一即“来百工”（招徕百工），孔子并且说“来百工则财用足”。《孟子·梁惠王上》记孟子语：“今王发政施仁，使天下仕者皆欲立于王之朝，耕者皆欲耕于王之野，商贾皆欲藏于王之市，行旅皆欲出于王之涂，天下之欲疾其君者皆欲赴诉于王。”[43]这可见孔、孟对工、商业的重视。黄宗羲由此得出工商“盖皆本也”的结论。

相传箕子向武王陈述的《洪范》，其中“八政”，即“一曰食，二曰货”。《汉书·食货志》解释说：

《洪范》八政，一曰食，二曰货。食谓农殖嘉谷可食之物；货谓布帛可衣，及金刀龟贝，所以分财布利通有无者也。二者，生民之本……食足货通，然后国实民富，而教化成。[44]

看来，儒家经典是把农业和工商业都视为生民之本的。所谓“农本商末”，只是后世俗儒“不察”的“妄议”。在农业和工商业的关系问题上，黄宗羲是回归儒家圣贤的理念。

黄宗羲发挥儒家圣贤理想，达到民主启蒙思想的高度。而由于他立足于儒家圣贤的理想，也决定了他思想的局限性。尽管《明夷待访录》在近代曾被引申作为宣传民主主义的工具，但黄宗羲的民主启蒙思想属于近代之前的思想形态。

黄宗羲要求“以天下为主，君为客”，要求有“为天下”的君主，他期待“二帝”“三王”那样的明主圣君，甚至赞成汤、武革命；但是，黄宗羲不懂得让人民群众推选这样的君主，也不懂得让人民群众制定为万民造福的“天下之法”。从《明夷待访录》书中去体会，黄宗羲期待的明主圣君，是天运好转之后应运而生的王者，天下万民无权去选择。这同近代的民主、民权思想就有着质的差异。孙中山说：“今以人民管理政治，便叫做民权。”[45]中山先生一句话说明了近代民主、民权的真谛。黄宗羲的政治理念远远达不到这样的水准。

黄宗羲设想的学校，是要按古代圣王办学精神设立的学校，但他并不知道古代圣王办的学校是什么样子。所以他关于文化教育以及取士制度的设计与构想，也是在旧有的模式中作些改革，如任用名儒担任教职，改变八股考试，拓宽选拔人才的途径等。而他构想的教育内容、考试内容仍是以儒家经典为中心，甚至要求烧毁小说、词曲，禁止“违礼之祀，非法之服”以及市井间流行的“优歌”“鄙语”。

在朝廷和地方政权的权力分配问题上，中国历史上有过“封建制”和“郡县制”两种形式。黄宗羲主张恢复“三代”实行过的“封建制”，即帝王把爵位、土地分封给诸侯，让诸侯在封地内建立邦国。但黄宗羲也觉得封建制和郡县制都有弊病，要取二者之长，又同顾炎武主张的“寓封建之意于郡县之中”的精神相近。黄宗羲有关封建制的主张，或许带有以地方分权制约君主行使集权的意义，但真要实行起来，也必然会造成分裂割据的局面。这是黄宗羲作为儒家学者的迂腐的一面。当然，“史不可灭”，《明夷待访录》留在历史上的思想光辉，将永远为后人所瞩目，为后人所珍视。

注释：

[1] 见《尚书·洪范》（中华书局1987年影印《十三经注疏》第187页）、《史记》的《殷本纪》与《宋微子世家》（中华书局1982年版《史记》第108、1609、1611页）。

[2]《论语·微子》，《四书章句集注》，北京：中华书局1983年版，第183页。

[3] 北京大学哲学系中国哲学史教研室选注《中国哲学史教学资料选辑》下册，北京：中华书局1982年版，第260页。“达其志”，应为“正其志”。

[4]《辞源》第二册，北京：商务印书馆1980年版，第1409、1413页。“栋挠”，《辞源》误作“棟挠”。

[5] 张岂之主编《中国思想学说史》明清卷（上），桂林：广西师范大学出版社2007年版，第271页。

[6]《明夷待访录》，道光十九年金山钱氏刊本，第一叶。《新译明夷待访录》（李广柏注译），台北：三民书局1995年版，卷首。

[7]《十三经注疏》，北京：中华书局1987年影印本，第2040—2041页。

[8] 文渊阁《四库全书》，台北：台湾商务印书馆1985年影印本，第1229册第5页。

[9] 黄宗羲《破邪论·题辞》，《黄梨洲文集》，北京：中华书局1959年版，第382—383页。

[10] 吴光《黄宗羲遗著考》，《黄宗羲全集》第一册，杭州：浙江古籍出版社1985年版，第425—427页。吴光《清初启蒙思想家黄宗羲》，《浙江十大文化名人》，杭州：浙江人民出版社1990年版，第209页。按：黄百家为宗羲子，“文孝”为黄宗羲卒后门人的私谥。

[11]《顾亭林诗文集》，北京：中华书局1983年版，第76、78、99页。《全祖望集汇校集注》（上），上海：上海古籍出版社2008年版，第227页。

[12] 黄宗羲《破邪论·题辞》，《黄梨洲文集》，北京：中华书局1959年版，第383页。

[13] 黄宗羲《留书·跋》，《黄宗羲诗文选》，上海：华东师范大学出版社1990年版，第196页。

[14] 黄宗羲《思旧录·顾炎武》，《黄宗羲全集》第一册，杭州：浙江古籍出版社1985年版，第390页。

[15] 咸丰三年刊《粤雅堂丛书》第十九集《南雷文定》附录之三、四叶。又，康熙二十七年刻本《南雷文定》附录之顾炎武信，“明夷”二字用䷣代替。

[16] 全祖望《梨洲先生神道碑文》，《全祖望集汇校集注》（上），上海：上海古籍出版社2008年版，第212—213页。按：杨凤苞评注认为《梨洲先生神道碑文》作于乾隆元年（丙辰）。

[17]《黄宗羲全集》第一册，杭州：浙江古籍出版社1985年版，第24页。

[18] 文渊阁《四库全书》，台北：台湾商务印书馆1985年影印本，第1229册第7—8页。

[19]《黄宗羲全集》第一册，杭州：浙江古籍出版社1985年版，第26页。

[20]《二十五史》，上海：上海古籍出版社、上海书店1987版，第1333、1334页。

[21]《黄宗羲全集》第一册，杭州：浙江古籍出版社1985年版，第27页。

[22]《二十五史》，上海：上海古籍出版社、上海书店1987版，第7982页。

[23]《黄宗羲全集》第一册，杭州：浙江古籍出版社1985年版，第37页。

[24]《宋史·食货志》，《二十五史》，上海：上海古籍出版社、上海书店1987年版，第5740页。

[25]《黄宗羲全集》第一册，杭州：浙江古籍出版社1985年版，第16页。

[26]《黄宗羲全集》第一册，杭州：浙江古籍出版社1985年版，第16页。

[27]《礼记·王制》：“凡官民材，必先论之。”郑玄注：“论，谓考其德行道艺。”《十三经注疏》，北京：中华书局1987年影印本，第1327页。

[28]（元）陈澔注《礼记集说》（《四书五经》第八种），北京：中国书店2007年版，第75页。

[29]《黄宗羲全集》第一册，杭州：浙江古籍出版社1985年版，第1页。

[30]《二十五史》，上海：上海古籍出版社、上海书店1987版，第3426页。

[31] 刘献廷《广阳杂记》，北京：中华书局1997年版，第57页。

[32] 张岂之主编《中国思想学说史》明清卷（上），桂林：广西师范大学出版社2007年版，第271页。

[33] 全祖望《黄丈肖堂墓版文》，《全祖望集汇校集注》（上），上海：上海古籍出版社2008年版，第399页。

[34] 章太炎《王夫之从祀与杨度参机要》，《章太炎政论选集》（上册），北京：中华书局1977年版，第427页。

[35] 章太炎《衡三老》，原载《民报》第九号（1906年11月15号），后收入《太炎文录初编》之《说林》上，《章太炎政论选集》（上册），北京：中华书局1977年版，第325页。

[36] 梁启超《中国近三百年学术史》，北京：中国书店1985年版，第48页。

[37] 陈寅恪《柳如是别传》（下），上海：上海古籍出版社1980年版，第844页。

[38]《明夷待访录》，道光十九年金山钱氏刊本，第二、三叶。以下两段见第六、七、十一叶。

[39] 咸丰三年刊《粤雅堂丛书》第十九集《南雷文定》附录之三、四叶。

[40]《论语·泰伯》《礼记·礼运》，北京：中华书局1987年影印《十三经注疏》，第2487、1413页。

[41]《礼记·中庸》，北京：中华书局1987年影印《十三经注疏》，第1634页。

[42]《明夷待访录》，道光十九年金山钱氏刊本，第四十七叶。

[43]《十三经注疏》，北京：中华书局1987年影印，第1629—1630页、第2671页。“行旅”可包括在外经商的人。“涂”同途。

[44]《汉书》卷二四，北京：中华书局1962年版，第1117页。

[45]《孙中山全集》卷九，北京：中华书局1986年版，第254—255页。

（作者系华中师范大学文学院教授）

国文研究法

——治古

钱基博

学为文者，要以宣情达意能抒所见而著之篇章为归，然必自治古人文入手。而治古人文，有看，有读。看者，览之于目而已，而读则不仅览之于目，且讽之于口者也。湘乡曾国藩尝譬之富家居积，看书则在外贸易，获利三倍者也；读书则在家慎守，不轻花费者也。譬之兵家战争，看书则攻城略地，开拓土宇者也；读书则深沟坚垒，得地能守者也。看书与子夏之日知所亡相近，读书与无忘所能相近，二者不可偏废。然博则以为所能不能无忘，则日知之所亡必非真知。何者？以其随得随忘，譬之无底之桶，注水随泄，终无盛满之日也。宋黄庭坚曰："读书先务精而不务博，有余力乃能纵横。"又曰："古人有言，并敌一向，千里杀将，要须心地收汗马之功，读书乃有味。弃书册而游息时，书味犹在心中，久之乃见古人用心处。如此则尽心一两书，其余如破竹，数节皆迎刃解也。"而朱子则以为，观书先须熟读，使其言皆若出于吾之口；继以精思，使其意皆若出于吾之心，然后可以有得尔。安溪李光地曰："读书要有记性，记性难强，某谓要练记性。须用精熟一部书之法，不拘大书小书，能将这部烂熟，字字解得道理透明。诸家说俱能辨其是非高下，此一部便是根，可以触悟他书。如领兵十万，一样看待，便不得一兵之力。如交朋友，全无亲疏厚薄，便不得一友之助。领兵必有几百亲兵死士，交友必有一二意气肝胆，此外皆可得用。何也？我所亲者，又有所亲，因类相感，无不通彻。"此言看书功夫不可不植根于熟读，用意甚精。则且先与论读。

第一项　读

读亦多术矣。湘乡曾国藩谓非高声朗读则不能得其雄伟之概，非密咏恬吟则不能探其深远之韵。其言诚然。然所谓读者，非即此足尽能事也。此外正大有事在，则且就博所见及者与同一人商榷之。

（甲）读书宜识字（略）

（乙）读宜明句读而符识之（略）

（丙）读宜审篇法而符识之（略）

（丁）读宜体会古人神理，以因声求气

桐城刘大櫆谓行文多寡、短长、抑扬、高下无一定之律，而有一定之妙，可以意会而不可以言传。学者求神气而得之于音节，求音节而得之于字句，则思过半矣。其要只在读古人文字时，便设以此身代古人说话，一吞一吐，皆由彼而不由我，烂熟后，我之神气即古人之神气，古人之音节都在我喉吻间，合我喉吻者便是与古人神气音节相似处，久之自然铿锵发金石声。而武昌张裕钊则曰："古之论文者曰：文以意为主，而辞欲能副其意，气欲能举其辞。譬之车然，意为之御，辞为之载，而气则所以行也。欲学古人之文，其始在因声以求气，得其气则意与辞往往因之而并显，而法不外是矣。是故契其一而其余可以绪引也。盖曰意、曰辞、曰气、曰法之数者，非判然自为一事，常乘乎其机，而绲同以凝于一，惟其妙之一出于自然而已。自然者无意于是，而莫不备至，动皆中乎其节，而莫或知其然，日星之布列、山川之流峙是也。宁惟日星山川，凡天地之间之物之生而成文者，皆未尝有见其营度而位置之者也。而莫不蔚然以炳，而秩然以从。夫文之至者亦若是焉而已。观者因其既成而求之，而后有某者之可言耳。夫作者之亡也久矣，而吾欲求至乎其域，则务通乎其微，以其无意为之而莫不至也。故必讽诵之深且久，使吾之气与古人诉合于无间，然后能深契自然之妙，而究极其能事。若夫专以沉思力索为事者，固时亦可以得其意，然与夫心凝形释，冥合于言议之表者，则固有间矣。故姚氏暨诸家因声求气之说为不可易也。吾所求于古人者，由气而通其意以及其辞与法而喻乎其深。及吾所自为文，则一以意为主，而辞气与法胥从之矣。”

（戊）读宜熟，熟必以背诵为度

治国文无他谬巧，惟古人所谓“文入妙来无过熟”，又曰 “熟读百遍，新意自生”。此理不易。即如初学作文，非无一二意思，苦于说不出。何者？以肚子中记得古人句式不多，无相当之语句表之也。实则中国虽文无定法 ，而其习惯用句式，长短不逾五六十式，号称能文者，不过能颠倒搭配，介以承转字而活用之耳。果能于古作者之文，熟读而强探，长吟而反覆，记得古人句式，悟其参差搭配之法，火候到时，自然汩汩其来。要之读古人文，非熟无以生巧。安邱王筠称，乡有一秀才，家贫须躬亲田事，暇即好樗蒲，然其作文则似手不释卷者。或问其故，曰：我有二十篇熟文，每日必从心里过一两遍。此以见读文之不必多而必不可不熟也。孔子以斯文自任而读《易》至韦编三绝，则其熟读可知也。古人读必兼诵，诵即背诵。《说文·言部》“讽，诵也”，“诵，讽也”，“读，籀书也”。许君以讽与诵转注，是合讽诵为一，与《周礼·大司乐》“国子讽诵”注“倍（同背）文曰讽，以声节之曰诵”微异。又许君叙云：“尉律学僮十七已上，始试讽籀书九千字，乃得为史。”段玉裁亦引《周礼注》“倍文曰讽”，谓能背诵尉律之文。《竹部》“籀，读书也”，《毛诗传》“读，抽也”，《方言》“抽，读也”，抽即籀，籀读为转注，谓能取尉律之义，推演发挥至九千字之多。太史公“读秦楚之际”“读秦纪”，诸读字皆谓 绎其事以作表也（均本段玉裁注）。然则读必熟，熟必能讽诵，自《周官》国子以来未有之改也（《教育杂志》载杨君仲达恩湛译英文教育家司密斯原著《教授诵读法》一则所云，教学生练习各种诵读法，以能脱口而出为度。杨君有案语，“此论固专指西文而言，西文字以字母而组成，华文字以象形音义而构造，西文横行，华文直行，中西文字构造组织虽不同，而适用其理法则无异。读者试以所论按之华文，确能语语中的”云云，与此相证极合）。惟是所熟这部书，安溪李光地谓：“要实是丹头，方可通得去。倘熟一部没要紧书，便没用。如领兵却亲待一伙极作奸犯科的兵，交友却结交一班无赖的友，如何联属得来。”此言读之不可不择也。据鄙意衡之，莫如曾国藩《经史百家简编》矣。何也？是编有三善：（1）

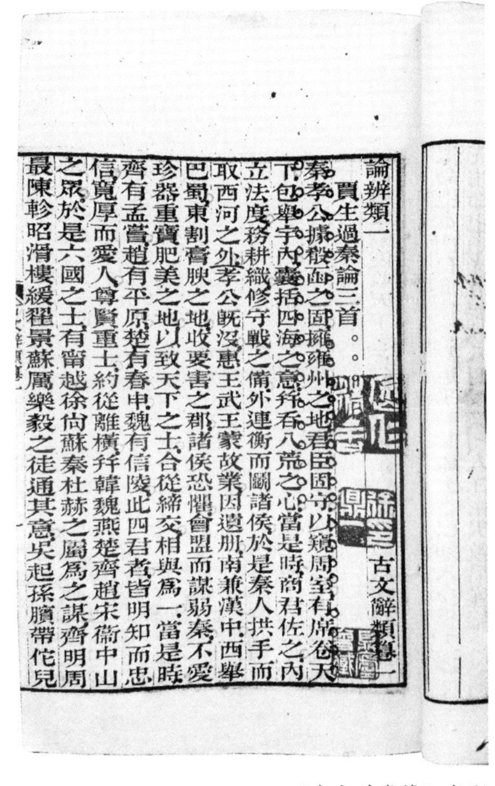
論辨類一　　古文辭類纂一

賈生過秦論三首

秦孝公據殽函之固擁雍州之地君臣固守以窺周室有席卷天下包舉宇內囊括四海之意并吞八荒之心當是時商君佐之內立法度務耕織修守戰之備外連衡而鬬諸侯於是秦人拱手而取西河之外孝公既沒惠王武王蒙故業因遺册南兼漢中西舉巴蜀東割膏腴之地收要害之郡諸侯恐懼會盟而謀弱秦不愛珍器重寶肥美之地以致天下之士合從締交相與爲一當是時齊有孟嘗趙有平原楚有春申魏有信陵此四君者皆明知而忠信寬厚而愛人尊賢重士約從離橫幷韓魏燕楚齊趙宋衛中山之眾於是六國之士有甯越徐尚蘇秦杜赫之屬爲之謀齊明周最陳軫昭滑樓緩翟景蘇厲樂毅之徒通其意吳起孫臏帶佗兒

《古文辞类纂》书影
清光绪廿七年李氏求要堂刊本

选文导源经史，正李安溪所谓丹头也；（2）体类明备（综合各体，分为著述、告语、记载三门，每门又分若干类）；（3）约而易守。曾氏自序其书云：余选经史百家之文，都为一集，又择其尤者四十八首，录为简本，以备朝夕讽诵。约而易守，收温故知新之益。其用心可知也。惟读书如炊火，而熟则其火候也。炊火可以着力，火候着力不得，只久久纯熟，待其自至。然炊火亦有法，火力断续，则难于熟，此孟子之所谓忘也。火力大猛，则易至焦败，此孟子之所谓助长也。勿助勿忘，会有熟之一日。熟矣，尤必时温，譬之烧肉，用武火煮过，尤必用文火细煨，乃能透烂。邢懋循尝言其教师之读书，用连号法，初日诵一文，次日又诵一文，并初日所诵诵之，三日又并初日次日所诵诵之，如是渐增，引至十一日，乃除去初日所诵，每日皆连诵十号，诵至一周，遂成十周。人即中下，亦无不烂熟矣。

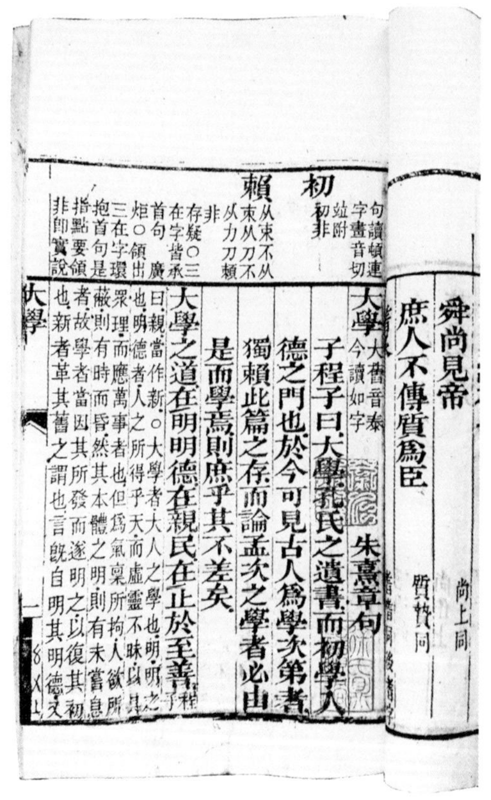
舜尚見帝 尚上同
庶人不傳質為臣 質贄同
句讀頓連字畫音切竝附
初 初非
頼 从束从刀不从束从力刀頼非
存疑○三在字皆承首句廣炬○領出三在字環抱首句是指點要領非即實說
大學 大舊音泰今讀如字 朱熹章句
子程子曰大學孔氏之遺書而初學入德之門也於今可見古人為學次第者獨賴此篇之存而論孟次之學者必由是而學焉則庶乎其不差矣
大學之道在明明德在親民在止於至善
程子曰親當作新○大學者大人之學也明明之也明德者人之所得乎天而虛靈不昧以具衆理而應萬事者也但為氣稟所拘人欲所蔽則有時而昏然其本體之明則有未嘗息者故學者當因其所發而遂明之以復其初也新者革其舊之謂也言既自明其明德又

《四书集注》书影 清光绪庚寅孟夏桂垣书局刊本

斯五者读之大要也。朱子教人读书曰“虚心涵泳，切己体察”，二语尤扼要。何谓“切己体察”？平湖陆陇其教子，称读书做人不是两事，所读之书不能句句体贴到自己身上理会，则读书不亲切有味。何谓“虚心涵泳”？曾国藩谓“涵泳”二字最不易识，尝以意测之曰：涵者，如春雨之润花，如清渠之溉稻。雨之润花，过小则难透，过大则离披，适中则涵濡而滋液；清渠之溉稻，过小则枯槁，过多则伤涝，适中则涵养而勃兴。泳者，如鱼之游水，如人之濯足。程子谓鱼跃于渊，活泼泼地。左大冲有“濯足万里流”之句。善读书者，须视书如水，而视此心如花如稻如鱼如濯足，则涵泳二字庶可得之于意言之表。此固善喻。而博则谓虚心涵泳者，毋意毋必毋固毋我，而加之以毋欲速毋强记之谓也。

第二项　看

治国文之道，两言尽之，曰积理，曰养气。积理富则言有物，养气盛则辞毕达。读，养气之事，而看则积理之事也。曾国藩谓读书宜熟宜专，看书宜多宜速。然四部书籍之浩浩，著述者之众，若江海然，非一人之腹所能饮也，要在慎择焉而已。兹拟，经看朱子《四书集注》，史看乾隆御批《通鉴辑览》，子看武进李宝泾辑《诸子文粹》，集看桐城姚鼐、长沙王先谦编《正续古文辞类篹》。取足于此，不必广心博骛，而斯文之传，诚以为莫大乎是也。看书之要道有四。

（甲）看书须以我看书

李光地论读书博学强记曰：“记诵所以为思索，思索所以为体认，体认所以为涵养也。若以思索、体认、涵养为记诵带出来的工夫，而以记诵为第一义，便大差。必以义理为先，开卷便求全体大用所在。至于义理融透浃洽，自然能记。”故朱子曰：“以我看书，处处得益，以书博我，释卷茫然。”何谓“以我看书”？曰看古人书处处须切近理会作现世观，不读死书以应现世之需要而已。《春秋左氏传》所载赋《诗》凡二十五，引《书》据义二十二，言《易》十有七。当时经学昌明，君卿大夫泽躬尔雅，举动有占，酬答有赋。穆姜以一淫妇人，而占《易》知筮史之非，赋《诗》拜大夫之辱，类皆援据经义以剖析时事，即当时之现世观也。后来说经者往往亦有此旨趣。但笺注之体谨严，不溢出于经义之外，如郑笺《桑扈》《小宛》诸诗多感伤时事之语是也。何休注《公羊》率举汉律，郑君注三《礼》亦举律说。此以知汉儒穷经无不作现世观者。至先儒读书札记，如王深宁《困学纪闻》、顾亭林《日知录》，则古称先，无非规切时敝。而今日欲不读死书，尤须有全世界眼光，仅拘拘于邦域之内，尚不足以尽之也。

（乙）看书须首尾贯通，虚心静虑

朱子曰："读书之法，须是从头至尾，逐句玩味。看上字时如不知有下字，看前句时如不知有后句，看得都通透了，又却从头看此一段，令其首尾通贯。然方其看此段时，亦不知有后段也。如此渐进，庶几心与理会，自然浃洽。至于文义有疑，众说纷错，则亦虚心静虑，勿遽取舍于其间。先使一说自为一说，而随其意之所之，以验其通塞，则其尤无义理者，不待观于他说而先自屈矣。复以众说互相诘难，而求其理之所安，以考其是非，则似是而非者，亦将夺于公论而无以立矣。大抵徐行却立，处静观动，如攻坚木，先其易者而后其节目；如解乱绳，有所不通而徐理之。此读书之法也。"

（丙）看书须作数过尽之

宋苏轼曰："书富如入海，百货皆有，凡人之精力，不能兼收尽取，但得其所欲求者耳。故愿学者每次作一意求。如欲求古人兴亡治乱圣贤作用，但作此意求之，勿生余念。既讫，又别作一次求，事迹故实典章文物之类亦如之。他皆仿此。虽迂钝，而他日学成，八面受敌，与涉猎者不可同日语也。"

（丁）看书须札记

朱子谓："看书小有疑处，即便思索，思索不通，即置小册子逐日抄记，以时省阅，久久自悟。"而李光地《摘韩文公读书诀课子弟》则曰："'口不绝吟于六艺之文，手不停披于百家之言，记事者必提其要，纂言者必钩其元，贪多务得，细大不捐。'此文公自言读书事也，其要诀却在纪事纂言两句。凡书目过口过，总不如手过，盖手动则心必随之。虽览诵二十遍，不如抄撮一次之功多也。况必提其要则阅事不容不详，必钩其元则思理不容不精。若此中更能考究同异、剖断是非，而自记所疑，附以辨论，则浚知愈深、着心愈牢矣。"近年美国《科学月报》载有盎特鲁博士之《读书法》，其言有曰："读书时，既须辨别精粗，尤宜随时自加诠注。或摘录精华，加以短评，以发抒己见。一所以专其心志，不致过目即忘；一所以稍留记录，备日后检查之用。至一书之中，某篇可以摘录，或某节须加诠注，则不特无标准之可言，即读者亦往往难于自解，此盖纯系心灵之作用。故吾人所摘之笔记，骤观之若未必有补实用，然而新知识一入脑际，即能随其他旧有之思想而融合无形，亦犹食物入胃即化成血液，其滋益为非浅鲜也。惟摘记文字宜简尽，而标题不可不明析，以便检阅。为时既久，记载渐多，则偶一翻阅，必自惊其记录之富，觉前此之评论不尽妥切，而思有以增加或删改之矣。前此之仅事摘录未加评论者，亦以为未尽惬怀，非加论判不足当吾意者矣。因旧感而触发新思，殆鲜有不濡笔吮墨而情不自禁者也。读书多而摘记富，则异日有人以论文见属或应演说之请，即不难以平时摘录加以修饰，融会而贯通之，施诸实用，便尔蔚成巨著。"其言尤足与李安溪之言相参证。

斯四者看书之通则也。抑盎特鲁博士尤有一言曰："某文学家尝谓生平从未卒阅一书。设其书无特著之佳处，则舍弃之，不再研究。苟读有心得，则虽未窥全豹，已能洞然于作者之意旨，而从事发抒己见，详为评论，更无须阅竟全书也。此其人虽天禀极高，非常人所能企及，然而心思缘练习而愈益活泼。吾每见多数之书籍，苟读者能取其序文或例言而细味之，再详阅其目次，即不难了然于其内容之大略，然后读其全书，直可于一分钟竟三四页之多。此尤看书之捷诀也。”虽然，一书有一书之看法，兹请申论《四书》《通鉴辑览》《诸子文粹》以及《古文辞类篹》之看法。

（子）《四书》之看法

1. 次第　朱子注《四书》，以《学》《庸》《论》《孟》为序，当有用意。然如有志治文字，据博意，当先《大学》，次《孟子》，次《论语》，而以《中庸》殿焉。何也？《大学》是极有绳墨文字，看他头绪尽纷繁，却如网在纲，有条不紊，读一过，于古人谋篇成章，必有多少悟入处。然后读《孟子》，长篇大论，局阵迷离，如五花八门，忽觉得另换一副眼光，须看他如何神明变化于规矩绳墨，而不离规矩绳墨，所谓用法能得法外意也。次取《论语》读之，却三言两语，以少许胜《孟子》多许，绚烂极而归平淡，又是一番境界。而终之以《中庸》者，姑无论其说理之精迥莫与京，即文字亦程子所谓“其书始言一理，中散为万事，末复合为一理，放之则弥六合，卷之则退藏于密。其味无穷，天下之至文也。善读者玩索而有得焉”，于文章之道思过半矣。此统合《四书》而论看之先后次序也。如以看一书言之，平湖陆陇其曰：“作文须以看书为急，每日应将四书一二章潜心味玩，不可一字放过。先将白文自理会一番，次看《本注》，次看《大全》，次看《蒙引》，次看《存疑》，次看《浅说》。”如此做工夫，一部四书既明，读他书便势如破竹矣。

2. 通大义　《四书》每一书中皆有大义百数十条，宜研究详明，会通贯串，方为有益（新会梁启超有《读孟子界说》，载《清议报》；新城王树枏有《中庸大义》，载《中国学报》。皆甚佳）。若仅随文训解，一无心得，仍不得为通也。

3. 明界说　读《四书》既通大义，然后分类体玩，以观其异同处。如《论语》问孝为一类，而答各不同，知其所以异，即知其所以同。此外问政、问仁、问知及一切言行，均当如是观。孔子教人，随时指示，本甚明了。如曰“是闻也，非达也”，及君子小人泰骄、和同、比周之类，又论楚子文之忠、陈文子之清、臧文仲之知，皆丝毫不少假借，有一界线存乎其间。故读经之必有界说，犹治井田者之经界不可不正也。孟子更处处有界说，指不胜屈，举一反三，要不能无望于善读者。

（丑）看《通鉴辑览》之法

1. 就事论事　（1）切己体察　宁都魏禧称伊川先生每读史到一半便掩卷思其成败，然后再看，有不合处又更思之。期间有幸而成、不幸而败者，不得徇其已然之迹与众人之论。南丰谢文洊曰：“学，明理于经，而习事于史。史于学居十之六，而阅历锻炼又居其四。事变无穷，莫可究诘，然能举古人之成案，精思而力辨之，置身当日，如亲受其任，而激挠冲突于其间。如是者久之，则阅历锻炼已兼具于读史之中矣。”(2)参考地图　太仓陆世仪曰：“人欲知地利，须是熟看《通鉴》，将古今来许多战争攻守去处一一按图细阅。天下虽大，其大形势所在亦不过数项。如秦蜀为首，中原为脊，东南为尾。又如守秦蜀者必以潼关、剑阁、夔门为险，守东南者必长江上流荆襄为险。此等处俱有古人说过做过，只要用心理会，其或因事远游，经过山川险易，则又留心审视，以证吾平日书传中之所得。久之贯通，胸中自然有个成局。”

2. 得其会通　（1）贯穿读法　中国断代为史，不能得其会通，然非无一二公例可籀也。即如春秋之时，所号为中国者，王畿以外，不过齐、晋、鲁、宋、卫、郑、蔡、陈、许中原数千里之地，山戎长狄，类皆错处中土。又其时荆、蔡、吴、越诸邦，其受封之始，虽皆神明之胄，然以僻处边陲，后通中国，亦皆摈诸蛮服之列。然《春秋》之义，诸夏用夷礼则夷狄之，夷狄进于中国则中国之。是当日修史者具有世界观而不存排外之成见。嗣后吾国历经五胡六代、五季及女真、蒙古、满洲相继狎主。然其始以武力屈服我，而卒亡不渐渍我礼教以期自进于中国，受我同化者。则《春秋》之教然也。即此一端，自黄帝战败蚩尤以迄今日，凡关于种族战争之历史，均应通五千年，作贯穿读法，方知我国民性爱和平，能以一视同仁之世界观，禀《春秋》夷狄进中国则中国之之教。一旦为异族武力所屈服，亦能以礼教之同化胜之，不自今日始，亦不自今日止也。举此为例，其余治乱兴亡之成迹，无不当以贯穿之法读之矣。（2）比较读法　非比较不能贯穿。司马温公《资治通鉴》、朱子《通鉴纲目》皆号称能观其会通，然以司马公、朱子生于两宋之时，其眼光亦只能作当日之现世观，而借鉴于历代为得失之比较。帝魏帝蜀之纷纷，亦以两人之身世不同也。王船山生在明季，其《读通鉴论》与温公时有抵牾，亦其所处之时尤不同也。故博所谓比较读法者，亦应切于今日之情形而以前者为比较。犹之三代以前，河北势力极盛（尧都平阳，舜都蒲坂，禹都安邑），其后浸移河南（汤都亳，周公营洛邑）。春秋时晋楚争伯，必有事于郑。秦汉之际刘项逐秦鹿，日喋血荥阳、成皋，又后移于江北，则三国之争荆、襄是也。自是以后，江南亦骎骎有事焉（三国之吴以及东晋、宋、齐、梁、陈皆都南京，而京口号称北府兵，尤为天下雄）。而自汉迄今，全史之大部分皆演于黄河长江间之原野。彼龙拿虎掷，甲兴乙仆，殆未有出山东、安徽、江苏、河南、湖北数省外者也。自唐以前，湖南、浙江、两广、云南诸省曾未尝一为轻重于大局。自宋以后，而大事日出于此间矣。宋之南渡在浙，其亡也在广东。明之亡也，始而江，继而浙而闽而粤而滇而桂，此亦地运由南而北，由黄河、长江而渐趋于西江之明证也。湘中，古之南楚，

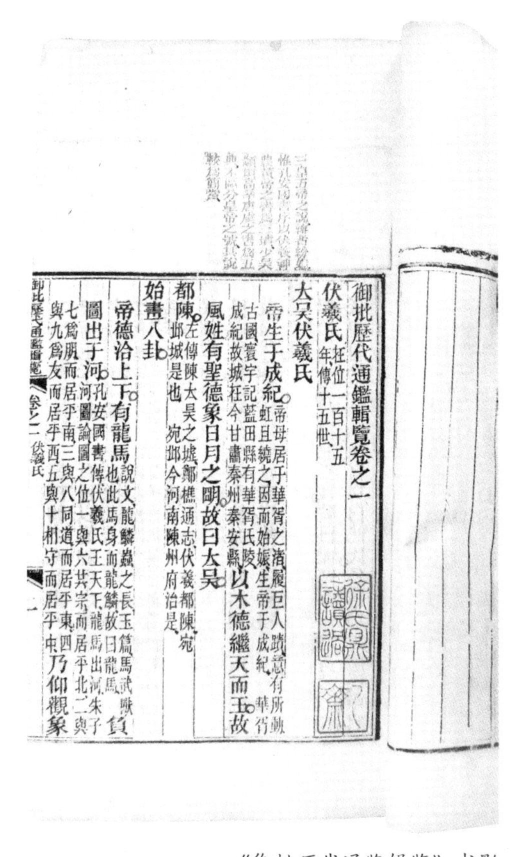
御批歷代通鑑輯覽卷之一

伏羲氏在位一百十五年，傳十五世

太昊伏羲氏

帝生于成紀。帝母居于華胥之渚，履巨人跡，意有所動，虹且繞之，因而始娠，生帝于成紀。華胥古國，寰宇記藍田縣有華胥氏陵。成紀故城在今甘肅秦州秦安縣。以木德繼天而王，故風姓，有聖德，象日月之明，故曰太昊。

都陳。左傳陳太昊之墟，鄭樵通志伏羲都陳，宛邱城是也。宛邱今河南陳州府治是。

始畫八卦。

帝德洽上下。有龍馬說文龍鱗蟲之長，玉篇馬武獸也，此馬身而龍鱗，故曰龍馬。負圖出于河。孔安國書傳伏羲氏王天下，龍馬出河，朱子河圖論圖之位，一與六共宗而居乎北，二與七為朋而居乎南，三與八同道而居乎東，四與九為友而居乎西，五與十相守而居乎中。乃仰觀象

御批歷代通鑑輯覽　卷之一　伏羲氏

《御批历代通鉴辑览》书影
清同治甲戌年两仪堂朱墨套印刊本

号称大国，而二千年间用之者惟一萧铣（隋末）一马殷（唐末）。乃清咸同以来，曾胡骤起，湘军之声誉，东至东海，南逾岭南，西辟回部，西南震苗疆，至今尚赫赫在人耳目。近日南北争峙，且以是为刘项之荥阳、成皋，三国之荆襄，日事喋血焉。湖南之有大影响于全国不过五六十年以来也。两广亦然。畴昔唯有尉佗（秦汉之际）、刘隐（五代）等之羁縻。及洪杨发难，乃裹五岭之民，凌厉蹴踏半天下，而今陆荣廷用之以抗衡北政府，俨分天下半壁。故两广之有大影响于全国亦不过五六十年以来也。云南亦然。自古为蛮瘴之乡，去中原绝远，无与于利害之数。乃袁世凯僭帝自娱，方以东南剧镇大藩，皆门生故旧，莫余毒也，不意蔡锷用偏隅之滇发难，袁氏遂震仆不起。今唐继尧袭其余威，为东

南连帅。夫滇固西江之上流，而两广其中下流也。故我国自周以前以黄河流域为历史之代表，自汉以后以黄河长江两流域为历史之代表，近五六十年以来乃以黄河长江西江三流域为历史之代表。此皆以现世之情事比较而知其变迁者也。举此为例，其他治乱兴亡之成迹，更无不当比较之法读之而求其贯穿矣。

（寅）看《诸子文粹》之法

诸子选本，古罕流传。唐初魏徵奉敕撰《群书治要》，经史并录。其先后则有庾仲容《子钞》、马总《意林》、高似孙《子略》，斯为最著。或其书已亡，或篇帙寥寥，割裂什九，致足惜也。近人武进李宝淦辑录是编，专主鸿篇巨著，而零珪碎璧亦不轻弃，虽取之本书仅十之三四，然精言奥旨，虽有遗焉者寡矣。

诸子道术不同，体制各别，然读之亦有法。首在先求训诂，务使确实可解，切不可空论其文，臆度其理。即如《庄子》寓，谓其事多乌有耳，至其文字名物，仍是凿凿可解，文从字顺，岂有著书传后，故令其语在可晓不可晓之间者乎？以经学家实事求是之法读子，其益无限。大抵天地间人情物理，下至猥琐纤末之事，经史所不能尽者，子部无不有之。其趣妙处，较之经史尤易引人入胜。故不读子不知瓦砾糠粃无非至道，不读子不知文章之面目变化百出莫可端倪也。此其益人又有在于表里经史之外者矣。

（卯）看《古文辞类篹》之法

1. 分类看　学文之道，首在辨体。桐城姚氏是篹分文体为十三类，曰论辨，曰序跋，曰奏议，曰书说，曰赠序，曰诏令，曰传状，曰碑志，曰杂记，曰箴铭，曰颂赞，曰辞赋，曰哀祭。长沙王氏因之，而其行文之得失不可不依体为断，每体各有一定格律，凛然不可侵犯。宁都魏禧论苏明允《上田枢密书》："开口便云'天之所以予我者岂偶然哉？'竟是作论。古来书札中不见有此。书虽文，要与面谈相似。"此实不易之论，虽老泉复起不能为之辞也。姚氏亦称韩愈《伯夷颂》似太史公论赞，非颂体。而曾国藩论文章之美分阳刚与阴柔，曰："阳刚者气势浩瀚，阴柔者韵味深美，浩瀚者喷薄而出之，深美者吞吐而出之。"论著、词赋、奏议、哀祭、传志、叙记宜喷薄，叙跋、诏令、书牍、典志、杂记宜吞吐。其一类中微有区别者，如哀祭虽宜喷薄，而祭郊社祖宗则宜吞吐；诏令虽宜吞吐，而檄文则宜喷薄；书牍虽宜吞吐，而论事则宜喷薄，亦各有所宜也。此外如曾氏评韩愈《殿中少监马君墓志铭》云："志墓之文，惧千百年后谷迁陵改，见者不知谁氏之墓，故刻石以文告之，语气须是对不知谁何之人说话。此文少乖，须于此等处细意着眼。"乃知一体有一体之格。

2. 分代分人看　文章，一代有一代之风尚，一人有一人之面目。孟子论诵诗读书必推极于知人论世，然不分代分人看亦无以知人论世也。读姚王二氏书，既分类看，以明文之因体而殊，尤不可不分代看，以知文之代殊，而一代之中，风尚攸同，然作者性情不能无异，尤必分人看，以体认各家面目。曾国藩所谓"初学揣摩古人文惟当先认其貌，后观其神，久之自能分别蹊径"是也。

3. 注意圈点　宜兴吴德旋曰："《古文辞类篹》其启发后人处全在圈点，有连圈多而题下只一圈两圈者，有全无连圈而题下乃三圈者，正须从此领其妙处。末学不解此旨，好贪连圈而不知文品之高乃在通篇之古淡，而不必有可圈之句。知此则于文思过半矣。"此看古人圈点也。然安邱王筠教学子看古人文，皆使圈之抹之，以为总须自己拿出眼光去别择古人好丑，方是切实工夫。工夫有进，即不妨圈其所抹、抹其所圈，曰不是圈古人抹古人，乃是圈我抹我也。其用意尤精。

（本文辑自民国七年（1918）钱基博、薛凤昌合著《戊午暑期国文讲义汇刊》）

怀念国学大师谢无量先生

——谢无量先生文集序

冯其庸

引　言

谢无量先生离开我们已经44年了，从1956年到1964年，我与谢无量先生共事九年。1956年，中国人民大学的吴玉章校长把他请到人大任教。人大当时还没有中文系，只有一个语文教研室，向全校各系开大一国文和语言课。教研室人数不多，一共不到20个人，都是年轻人，只有一位教语言的老师富强年龄稍大一点，讲课特别受学生欢迎。

谢无量先生到来后，吴老亲自把他安排到语文教研室，并嘱咐因谢老年纪大了，有病（谢老虚岁73岁，有心脏病），不向全校学生开课，最多与教研室青年教师座谈座谈教学和研究的经验。那时，教研室的年轻人都对谢老不大了解，连主任王食三同志也对谢老不甚清楚。但1946年我在无锡国专时，就听一门文学史的课，老师是自编的讲义，叫《文学史类编》。我是贫困学生，就分配给我刻写这部讲义。拿到这部稿子，我就有点不大理解，文学史怎么可以类编，这不等于是诗歌史、散文史等等的合编吗？但我是刚上一年级的学生，也不敢怀疑，就到书店找参考书，一下就买到了谢无量先生早年编的《中国大文学史》和《中国妇女文学史》两种。我看了很受启发，觉得谢先生的编法，在当时来说，是贯穿了史的线索，是很科学的。但这只是我自己的想法，老师让我刻的讲义，我还是认认真真地照刻，并且受到了老师的夸奖。不过，我从此时起，却对谢无量先生非常倾佩，也有自己的一些想法，觉得史应该按史的线索。想不到恰好是在十年以后，我竟能见到谢无量先生，并且与之共事，这真是有缘。教研室因为我对谢老略有了解，且又同住铁狮子胡同一号的红一楼，他住丙组三层，我住丁组五层，只隔一个门洞，较为方便，所以就把联系和照顾谢老的事交给了我，谢老也非常高兴。因此，我每个月总得去看望谢老两三次，或者是谢老写个便条叫保姆送来，让我去办有关的事。这样，从1956年一直到1964年（从1963年起，他就开始有病）这九年间总是用这种方式联系着，我手上也积了他写给我的不少便笺，我都珍藏着。直到“文化大革命”才基本被抄光。

这九年间，有三件事是值得我回忆的。有一次是谢老和他的夫人陈雪湄女士到我家里来看我，因为我不断为他办事，表示致谢。当时，谢老忽然问我喜欢不喜欢他的字，我马上就说当然喜欢谢老的字，对谢老的字哪有不喜欢的！他就说那你为什么不向我要字？我说谢老这么大年纪了，应酬也很多，我哪敢再开口增加谢老的麻烦。谢老就说，那不要紧，我一定给你写。过不了几天，他就给我写了一幅四尺对开的整幅，内容是写黄山谷的山芋汤诗。书法可说是谢老晚年的精品，我高兴极了。之后，谢老又为我写了两把扇面，内容是他自己填的词，我还是第一次读到他的词作，实在可以说是第一流的作品。另一次是我到他家里去，他给我看他的诗稿，诗稿写在一个又大又厚的大本子上，青麻布封面，像一本老式的账簿，合起来是方形。我打开诗卷一看，整部诗稿已快写完了，仅从书法和行款来看，就漂亮得不得了，雅秀而又朴拙的小行书，书卷气扑面而来。我真是佩服得不得了，里面的诗当时也没有来得及多读。他案上放着刚用过的小毛笔，他让我试试他的笔，我拿起他的笔简直是无法下笔，因为他用的是纯鸡毫笔，这种笔，纯用鸡毫上细毛，所以毫无弹性。以往用笔，要讲究健毫，所谓健毫，就是笔毛有弹性，这样写起来抑扬顿挫而有力。但谢老的鸡毫却完全相反，拿在手上像一团棉花，毫无弹性可言。然而谢老拿起来，却是抑扬顿挫，婉转自如，这可见他腕上的功力。还有一次是他应朱总司令的邀，去看菊花赋诗回来，我在校门口遇上他，我向他问候，他告诉我刚从朱总司令处回来。此外，我后来编注了《历代文选》，这本书的签条也是请他题的。

到了1964年秋天，我被派往陕西长安县参加"四清"工作，临行前我向他辞别，告诉他要过了年才能回来，没有想到这年的12月，他就患心脏病去世了，所以这一别，竟成了永别。等到我第二年回来，已经是人去楼空了。

现在人民大学出版社要出版谢老的文集，我觉得这是一件大好事，但承他们还有谢老的孙女谢德晶女士要我为文集写序，我实在觉得担当不起，况且我又长期患病，但我又无法推辞，只得勉强应承，就算是我对谢老的一点怀念吧。

一、时代先驱

谢无量先生于光绪十年（1884）生于四川省乐至县，父亲是科举出身，当过知县。谢无量出生的时代已经是清朝末年，离辛亥革命只有28年了。所以他从小就接触到经世致用的学识，他幼年的读书也重在经、史、子、集的实学而不再用力于八股科举。据记载，他在戊戌政变那年（光绪二十四年，1898年），认识了浙江著名学者汤寿潜，并与汤的女婿马一浮结为终生好友，那年他15岁。后来，他与马一浮在上海合作创办《翻译世界》，发表西方进步的学识，传播革命思想。到晚年，马一浮还请谢老为他的诗集作序。

谢无量于17岁那年到北京，正碰上八国联军入侵北京，屠杀人民，火烧圆明园，他看到各地人民强烈的反帝斗争，激动得写了"酒酣泼地起高歌，意气直与山嵯峨"的豪壮诗句。

1901年（18岁）他在上海参加了章太炎、章士钊、邹容等主办的《苏报》《国民公报》《国民日日报》等进步报纸的编辑工作，为他们撰稿。谢无量写了文章，宣扬邹容的《革命军》的进步思想，介绍章太炎驳斥康有为的改良主义，骂光绪皇帝为"载湉小丑"的，清廷逮捕了章太炎等人，《苏报》被封，造成了轰动中外的"《苏报》案"。谢无量因隐藏起来，得免于难。后来，谢无量回忆说："1901年，即20世纪之第一年，我颇受新潮流之影响，结识上海一班维新派如章太炎、邹容、章士钊诸人，参加《苏报》《民国日报》等组织，并与乡人杨玉詹、苏人、廖世勷谋发起四川革命，当时我已醉心革命，所谓革命团体如'同盟会'等，尚未发生。未几，邹容因著《革命军》入狱，我遂逃往日本。（《谢无量自传》抄稿，以下简称《自传》）"谢无量恰好在日本遇到了从美国来日本的马一浮，马一浮赠给谢无量英文版的《资本论》第一卷。这段时间，谢无量在日本刻苦学习日文、英文、德文、俄文，为日后的学问打下了坚实的基础，特别是他开始接触了马克思主义，读到了《资本论》。

1907年谢无量应章太炎、于右任之邀，到北京任《京报》主笔，这年他24岁。第二年，恰逢镇压义和团的刽子手陆军第三镇统制段芝贵以一万二千两银子，买天津歌妓杨翠喜献工部尚书载振，以谋升黑龙江巡抚之职，谢无量即将此事在《京报》上披露，朝野为之震惊。清廷不得不将刚升任黑龙江巡抚的段芝贵撤职，载振因受贿而辞去工部尚书之职，造成轰动一时的"《京报》案"。《京报》因之被封，并暗中逮捕谢无量等人，谢无量随即逃到上海。谢无量回忆说：“1907年，我重游北京，为《京报》馆主笔，每日著文攻击政府，未及半年，《京报》停止出版，我复回上海。（《自传》）”

此后，谢无量即致力于教学事业和学术研究，开始学术著述，并任四川存古学堂的监督（校长）。办学卓有建树，为士林所称道。

1911年，清廷又将民间自办之铁路收归国有，然后又出卖给英、法、德、美四国银行团体，于是激起了声势浩大的“保路运动”，他与成都的蒲殿俊、罗伦、张澜等一起参加了这场运动，后来罗伦、蒲殿俊被捕，谢无量即离开四川。1912年武昌起义胜利，清廷被推翻，孙中山在南京宣誓就任临时政府大总统。谢无量又回上海，任《民权报》《神州日报》主笔,并发表文章支持孙中山。1913年袁世凯窃国，孙中山被迫下野，政治形势非常紧张，谢无量已无法参加社会活动，就继续从事学术著述，为中华书局编书。在此期间，他写成《伦理精义》《中国妇女文学史》《中国六大文豪》等书，并加入了陈去病、柳亚子、马君武、苏曼殊等组成的南社，柳亚子任南社主任。1915年1月18日，日本向袁世凯提出了《二十一条条约》，让袁世凯出卖全东北的领土，激起了全民的愤怒，谢无量三次发表文章，反对“二十一条”，说“炎黄领土，岂容出卖”，“血肉同胞，誓与争还”。1917年（34岁），孙中山看到了《神州日报》《民权报》等发表的谢无量的文章，又读到他的《中国妇女文学史》《中国哲学史》《中国六大文豪》等著作，于1917年6月6日，写信给谢无量，约谢见面，信说：

无量先生大鉴：

国家多难，全仗贤豪群策群力，方能济事。望先生每日（旁注：本礼拜）下午四时，驾临敝寓，会议进行，是所切祷。手此，敬请

大安

孙文

谢无量接信后，即按时拜见了孙中山先生，“谈论颇洽，孙先生方著孙文学说，我颇参加意见”（《自传》）。谢无量感到孙中山真正是“雄才大略，高瞻远瞩”，十分倾佩，感到中国的前途有望。从此他投身革命，意志更为坚决。1918年，“蔡孑民先生为北大校长，陈独秀为学长，数次邀我到北大教书，我不愿离沪，托辞推谢”（《自传》）。同年，孙中山到广州，号召“护法”，9月成立护法军政府，孙中山为大元帅，谢无量则不时参赞机务。同时，蔡锷在云南起义讨袁，全国反袁护国斗争声势浩大，袁世凯在一片讨袁声中死去。

1919年（36岁），“五四运动”爆发，反对巴黎和会上对中国战胜国地位的蔑视，在政治上提出了“民族平等”“民族独立”的口号，在文化上提出了科学和民主，提出了文学的大众化。谢无量无疑是这场运动的积极参与者。

1923年3月（40岁），谢无量去广州，正值孙中山在广州成立陆海军大元帅大本营，并筹划北伐改组国民党等事，孙中山安排谢无量在广东大学任教，以培养革命青年。1924年，孙中山任谢无量为大本营特邀秘书，后又改任参议。据陆海军大本营公报：

命令

中华民国十三年九月十二日

任命谢无量为大本营参议

此令

中华民国陆军大元帅印

当时，北方奉、直、皖军阀混战，曹锟、吴佩孚又暗投英美，企图南下消灭广州革命政府，情况危急。孙中山特派谢无量、孙科、陈剑如秘密转辗至沈阳，说服张作霖，继而又到天津说服段祺瑞，又与冯玉祥、胡景翼商讨了联合协议，终于组成了孙、张、段的三方联盟，北方暂时平静。

1924年，谢无量由天津到上海，恰好孙中山由广州到上海。同年冯玉祥电邀孙中山北上，孙中山派谢无量先行，作北

上的准备。孙中山于1924年12月4日到天津，“当晚肝病发作，谢多次在孙中山病榻房晤谈，孙中山先生嘱谢先到北京相候”（谢祖仪《回忆我的父亲谢无量》）。12月31日，孙中山扶病到北京，病势日趋严重，谢无量多次去探候他，1925年3月12日孙中山先生病逝北京，灵柩停于中山公园。送葬时，谢无量与陈毅并列而行，他与陈毅说，“光靠这些人不行”（指走在前面的国民党高官），陈毅深善其说，可见谢无量对孙中山以后的这些国民党高官，早已有清醒的认识。谢无量在京时，与北大教授李大钊、张奚若等往还，陈毅、刘伯承曾往访谢无量。

孙中山去世后，政权落到了蒋介石这批人的手里，谢无量深为中国的前途忧虑，但又无能为力，更不屑与蒋、汪等同流，于是重新回到教学和学术著作上来，他先后在南京东南大学、上海中国公学、四川乐山复性书院等教书。

1927年，谢无量任东南大学历史系主任时，教历史研究法，“即以唯物史观为主，痛驳梁启超之历史研究法，是唯物史观在中国之第一讲座”（《自传》）。

1931年“九一八事变”，谢无量与阿英等一起创办《国难月刊》，号召全民起来抗日救亡，宣传全民抗日。1932年，宋庆龄、蔡元培、鲁迅、杨杏佛、李公朴反对蒋介石的卖国独裁，组织“中国民权保障同盟”，谢无量积极参加了这个活动，在这个组织的影响下，形成了一股民主爱国的进步势力。同年，国民政府成立监察院，于右任任监察院长，因于与谢素有文字之交，故任命谢无量为监察委员。谢因与于的关系，不好推辞。

1937年（54岁）抗日战争爆发，一时投降主义的言论甚嚣尘上，他同郭沫若、沈尹默等在上海《立报》《大众晚报》上发表文章，批判卖国投降主义。不久，南京沦陷，国民党迁都重庆。谢无量原拟从芜湖挈家回川，到武汉时，发觉有人秘密监视他的行动。他才与夫人陈顺庵商量，由她先带全家人去四川，陈夫人生三男五女，此时全家都到了重庆，住张家花园可园一号。他自己为避监视，只身去香港，住香港六国饭店，与香港的进步人士接触。1940年原在法国的陈雪湄因欧战爆发，巴黎无法栖身，就到香港找谢无量，不久即与谢无量结合。同年4月，蒋介石命杜月笙持蒋的手谕要谢即刻回重庆，于是谢无量回到了重庆，见蒋介石时，当面告诉蒋介石有人监视他的行动，蒋推说不知道。7月，谢因有心脏病不堪敌机轰炸，即迁到成都居住。这段时间，他又担任四川大学城内部中文系主任。这时谢无量的生活很困难，全靠卖字卖文度日。

1948年，谢无量被选为南京民国代表大会代表，他住南京鼓楼医院，以心脏病为名，很少参加会议，投票时，只投居正一票，不投蒋介石的票，未等会议结束，他就去了上海，与章士钊、江庸、沈尹默等往来。1949年2月回重庆，10月回成都，随即解放。这年他66岁。

解放后，他受聘为川西行署参事、成都市人民代表、四川省博物馆馆长、四川省文史馆研究员等职。1956年，谢无量被特邀为全国政协第二届第二次会议代表，会后受到毛泽东主席的邀请，由章士钊陪同，毛主席设宴款待。席间，主席还谈到他的《中国大文学史》，还说谢先生在苏联“十月革命”前就写了《王充哲学》，是提倡唯物史观的。毛主席的接见和对他学识的评价，是谢无量的无上光荣。

1956年，由中国人民大学校长吴玉章聘请谢无量为人民大学教授，谢因此迁居北京，住张自忠路人大宿舍。后来又任中央文史馆副馆长。直到1964年12月10日因心脏病去世，享年虚岁81岁。

综观谢无量的一生，他一直是时代的先驱。青少年时期，他反对科举，崇尚实学，在20岁前，他就读到了《资本论》，产生了对马克思主义的向往。辛亥革命前后，他始终站在历史进步的前沿，反对封建，宣传民主，宣传革命，最后受到了孙中山的知遇，追随孙中山先生，直到孙中山先生不幸逝世。在孙中山先生逝世后，他又能清醒地认识到蒋介石等人的虚伪面目，不与之同流，以致受到秘密监视。解放后，他最早受到毛泽东主席的礼遇和高度的评价，并为人民的教育事业尽力。所以，谢无量先生可以毫不夸张地说，他的一生，一直是站在时代的前沿，是历史的先驱。

二、国学大师

谢无量先生一生勤于著述，著作等身。他最早的著作《伦理精义》出版于1914年，距今94年，将近一个世纪了，他最晚的著作《中国古田制考》，出版于1923年，距今也已85年了，他的另一部著作《佛学大纲》，出版于1916年，距今也已92年了。所以谢老的著作，离我们的时代太远了，有许多书已几乎无法找到，青年人就更不知道了。

为了便于大家了解他的著作情况，我按出版的时间，列成一表，一则让大家了解他的著作全貌，二则也让大家了解他的著作的先后序列，便于联系那个时代来了解和研究他的学术贡献。

谢无量著作表

年份	序次	书名	年岁	版次	出版社
1914	1	伦理精义	31		中华书局
1915	2	孔子	32		中华书局
	3	老子哲学	32		中华书局
	4	韩非子	32	4版	中华书局
	5	朱子学派	32	6版	中华书局
	6	阳明学派	32	8版	中华书局
	7	中国哲学史	32	2版	中华书局
1916	8	中国六大文豪	33	4版	中华书局
	9	中国妇女文学史	33		中华书局
	10	佛学大纲	33		中华书局
1917	11	实用文章义法	34		中华书局
	12	妇女修养	34	6版	中华书局
	13	国民立身训	34		中华书局
	14	王充哲学	34	8版	中华书局
	15	诗学指南	34		中华书局
	16	词学指南	34		中华书局
1918	17	骈文指南	35		中华书局
	18	中国大文学史	35	8版	中华书局
1923	19	中国平民之两大文豪	40	3版	商务印书馆
	20	古代政治思想史研究	40		商务印书馆
	21	诗经研究	40	8版	商务印书馆
	22	楚辞新论	40		商务印书馆
	23	中国古田制考	40		商务印书馆

以上仅是谢无量的学术著作，不包括他一生的诗词文章和政论。而这一方面也是他毕生著作的极为重要的部分。要全面了解谢无量，无疑这一方面也是不可缺少的。

谢无量从小就致力于经、史、子、集的实学，而轻八股制艺，所以他没有浪费精力。而他对经、史、子、集是用过苦功的，他对集部的重要著作，也有很深的研究。特别是他在20岁前就读了《资本论》，开始了解了马克思主义，了解了唯物史观。再加上他天资聪颖，在日本时苦攻英、日、德、俄四种语言，又学通了梵文，所以他能融通中西文化，视野开阔，见解超卓。这样的学术功底，在谢无量的同时人中，也是为数不多的。

综观谢无量的学术著作，可以用三个字来概括，这就是：通、变、用。

谢无量虽然出生于清朝末年的科举时代，但他很早就受到新思潮的影响，特别是读到了马克思的学说，所以他并没有走皓首穷经的死读书的路子，而是精通经史，还兼攻西学。所以在他的著作里，可以明显地看出他的学问的淹博通达，条理明畅，有的著作，甚而至于接近通俗。比起清人的那些饾饤章句的著作，显然已是完全不同。

所谓“变”，也就是指历史的发展变革。在谢无量的《中国大文学史》《中国妇女文学史》以及一些研究历史人物等的著作里，都鲜明地贯穿着一个史的线索，一个发展变化的脉络。王文濡在《中国大文学史》的序里说：

安寿谢先生无量，精于四部之学，旁通画革之文。以世界之眼光，大同之理想，奋笔为之，提纲挈领，举要治繁，品酌事例之条，明白头讫之序，窍名实而树标准，薄补苴而重完全，百家于是退听，六艺因而大明。

可见王文濡在当时即已看出了谢无量著作的史学的眼光，并给予高度的评价。谢无量自己在《中国妇女文学史》的《绪言》里说：

兹编起自上古，暨于近世。考历代妇女文学之升降，以时系人，附其著作，合者固加以甄录，伪者亦附予辨析。固将会其渊源流别，为自来妇女文学之总要。

统观谢无量的这些著作，确实可以鲜明地看到他在叙事中贯串着历史的发展和变革的线索。

所谓“用”，也就是功用，实用。谢无量写这些著作，虽然是学术性的著作，但却是有为而作，不是为学术而学术。不能忘记，他一开始就投身于当时革命的洪流中，“《苏报》案”“《京报》案”等轰动全国的大事，他都是主要人物之一，尤其是后者，他更是当事人。到后来他被孙中山任命为陆海军大元帅大本营特邀秘书，所以他当时的许多著作，都是与他的革命立场分不开的，不过他所采取的不是口号式的宣传而是真正的学术研究。特别是1923年出版的《平民文学之两大文豪》，更是为了宣传当时的新文化运动，宣传平民文学和白话文学。更为难得的是，谢无量先生不仅精通古文的写作，更能写一手畅通的白话文，他的《平民文学之两大文豪》就是用最畅通的白话文写的。

以上“通”“变”“用”三个字如果再加以概括，就是一个“新”字。谢无量的所有著作放在当时的历史条件下来衡量，确实一个“新”字，可以概括他的总貌。

不能忘记，谢无量与鲁迅、王国维是同时代人。鲁迅比谢无量大三岁，王国维比谢无量大七岁。王国维有开创性的《宋元戏曲史》（1913年出版），稍后，鲁迅有《中国小说史略》（1923年出版）；谢无量的《伦理精义》（1914年出版），《中国哲学史》《中国妇女文学史》（两书均于1916年出版），《平民文学之两大文豪》（1923年出版），《中国大文学史》（1918年出版），恰好是在王国维之后，与鲁迅是同一时期，是同一政治文化时代背景下的产物。并且在鲁迅的著作里，还申明参考过谢无量的著作，并把它列为参考书。

通观谢无量的著作，我们称他“国学大师”，可以说是恰如其分。但是我还要加一个称号，他是一位卓越的“通儒”，因为他不仅经、史、子、集贯通，佛道贯通，而且还古今中外贯通，还能翻译。

三、诗国雄才

四川在历史上是出文人和诗人的地方，汉代的司马相如、扬雄，宋代的三苏，当代的郭沫若都是四川人。不仅如此，还有不少大诗人与四川有特殊的关系，如唐代大诗人李白、杜甫，宋代大诗人陆游，都与四川有深厚的渊源，所以四川也可以说是一个诗国。谢无量就是在这样的历史条件和环境下成长起来的一位现代的大诗人，是诗国的雄才。谢无量10岁就开始写诗，一直到81岁去世，没有停止过他的诗笔，他毕生至少也有几千到上万首诗。可惜他的诗大半都已散失了，尤其是早期的诗，几乎已散失殆尽。我与他最后相处的九年中，亲眼看到他有厚厚的一本诗集，是他亲自手写的，其书法之精美，令人永不能忘。这部诗集，估计也有几百到上千首诗，但至今也无下落。所以现在要谈他的诗实在太困难了，只好就现在能见到的，略作简介。如他17岁那年（1900）到北京，正亲眼看到八国联军在北京奸淫掳掠、放火烧杀的暴行。他满怀激愤，写下了诗篇，但现在只残存“酒酣泼地起高歌，意气直与山嵯峨”“拔剑茫茫欲问天”等残句。还有他眼见义和团进攻八国联军，也有“男儿未死中原在，极目斜阳只涕零”等残句。

光绪三十一年（1905）谢无量22岁，自日本回来，住焦山西庵经年，有咏怀一首，诗云：

肝肠狂热久轮囷，天地悠悠不见春。
海水万年枯作井，蟠桃一夜瘦成薪。
女萝山鬼愁人也，明月江妃梦水滨。
如此虚实谁可语，苍茫独立看流尘。
玄霜漠漠九边阴，满目流亡战鼓尘。
辽鹤未归丁令梦，秦烽初激鲁连心。
寻常忧乐人皆见，每说公私义最深。
起笼明夷三太息，黾山从古有愁吟。

他题屈原像的诗说：

行忧坐叹国无人，被发狂吟泽畔身。
要识风骚真力量，楚声三户足亡秦。

他送新文化运动的战友王光祈的诗说：

西台痛哭谢皋羽，东观淹留定远侯。
投笔声威闻万里，临风涕泪亦千秋。
布衣长笑轻秦帝，残照相看类楚囚。
枯柳飘蓬无限意，还如王粲赋登楼。

他赠刘君惠的诗说：

十年繁弱暗生尘，壁上悠悠看虱轮。
裂尽目眦终一试，明朝起作射潮人。

又赠刘君惠的诗说：

猛雨催花日日残，河山垂泪发春寒。
少年忧世成狂疾，老至无能始达观。
何限猿虫随劫尽，等闲鹏鹞得天宽。
千秋扰攘凭谁问，袖手沧桑仔细看。

1925年3月，孙中山先生在北京逝世，他一直守候在侧，作悼诗云：

浅浅春池曲曲廊，阑干寸寸见回肠。
多情花底缠绵月，纵改花阴莫改香。

又有诗句云：

别有壮心营四海，笑人攘臂作三公。

他在政治上是非常清醒的，孙中山先生一死，他已看出蒋介石等人是不可能继承先生遗志的，“纵改花阴莫改香”“笑人攘臂作三公”等诗句，已经指出了他们将争权夺利，改变先生的遗愿了。

抗日战争开始，投降主义的呼声甚嚣尘上，他悼友人德祥的诗说：

胡骑长驱五六年，尚容飞将老林泉。
据鞍矍铄翻成病，拔剑苍茫欲问天。
大义旧闻张汉帜，遗书真足愧时贤。
南中抵掌深宵语，往事低徊祇泫然。

1941年抗战时，他赠在上海坚守四行仓库的名将孙元良将军的诗云：

仗剑归来战血新，锦城如锦又逢春。
健儿海上夸身手，何止田横五百人。

他又答马湛翁的诗说：

钓尽西江未觉多，荒陂秋水带残荷。
旧栽斑竹仍生笋，自写黄庭不为鹅。
鼓枻便从渔父去，观濠敢望惠施过。
此间亦有捞虾渚，暂乞烟溪养碧萝。

又答马湛翁诗说：

游刃藏锋笔有神，眼前门外事如尘。
喜从韩子窥生像，幸赖扬云得铸人。
率土掷卢前竞后，钧天选梦夜连晨。
长松悲愿分明在，况为苍生惜寸鳞。

他赠沈尹默的《冬至日尹默见过并示近作》云：

独向寒溪倚钓蓑，东阳瘦沈忽来过。
素交把臂情逾挚，细字簪花味较多。
眼底几须知魏晋，炉边深与拨阴何。
新编稠叠非无意，一线微阳气渐和。

他的《瞿塘峡口》诗说：

瞿塘峡口冷烟低，白帝城头月向西。
唱到竹枝声咽处，寒猿啼鸟一时啼。

1956年，孙中山先生90诞辰，他写诗纪念，诗云：

一九五六年十一月恭逢中山先生诞辰九十周年纪念，敬赋此诗

普天争献寿，卅载惜人亡。
善继维新国，同声起异方。
三民垂著作，四句耀盟章。
问礼从先进，匡时法后王（以俄为师）。
虚衷收壤滴，高步蹈瀛疆。
革命诚吾志，如今道已光。
苍生齐鼓舞，群帝日仓皇。
大义元无敌，鸿名自此扬。
羶行曾攘臂，粤峤忆升堂。
奉使关山黑，回车塞草黄。
弥留仍受命，感激竟佯狂。
执绋西山晚，韬精北海藏。
微躯沾疾病，薄力愧承当。
世论终思禹，孤怀昔就汤。
为邦赖贤哲，盛业正开张。
空惭旧宾客，重到一凄凉。

这年五一劳动节，他已调中国人民大学，曾写了一首庆祝劳动节的诗：

四海欢声此日同，千歌万舞庆劳工。
擎天幸有丹心在，开物全资赤手功。
帝孽魂飞惊令节，中原花发正春风。
骧言大道从今进，天下为公指顾中。

此外，他还给我写过两把扇面，其中一把是写他作的词，词调是《柳梢青》。词云：

劫外斜阳。凌波何处，空忆霓裳。流水依然，这回重到，瘦了湖光。　锦韉霞绉啼妆。掩半面，羞红断肠。梦冷云沈，天荒地老，一寸孤芳。

词后题记说：

一九三一年金陵大水，后湖荷蕊漂没，有藏其片萼征题者，为赋此解。

谢老的诗，风致蕴藉，语多含蓄，有言外言，味外味，韵外韵，初时还比较外露，到后来更加内敛，但如反复咏诵，就会体会到它的回甘的深意和情致。

四、书苑麟凤

谢无量先生是上世纪最著名的书法家，这是人所共知的。当年于右任曾说："四川谢无量先生笔挟元气，风骨苍润，韵余于笔，我自惭弗如。"沈尹默也称赞说："无量书法，上溯魏晋之雅健，下启一代之雄风，笔力扛鼎，奇丽清新……株守者岂能望其项背也。"以上两位大书家对谢老书法的评价是最具深度的，如说他"笔挟元气"，"韵余于笔"，说他"上溯魏晋之雅健，下启一代之雄风"等，真是说到了谢无量书法的最根本处。但如何从于、沈二老的精论来解悟谢无量的书法呢？我认为要准确地认识和评价谢老的书法，一是必须了解他的书法渊源，即他学书的历程，他所追摹的碑帖。二是必须正确认识和评价他的书法艺术的成就和他独特风格形成的诸多因素。

关于谢老的书法渊源，我们可以从他自己题跋的碑和帖的文字里，窥见端倪。他题《圣教序》云：

右军风格最清真，貌似如何领得神。
浪比俗书趁姿媚，古今皮相几多人。

这首诗，明确称赞"右军风格最清真"，

而批评世人只以貌取，反说右军书“姿媚”，真是皮相之论。再有谢老夫人陈雪湄曾说：“谢老在乙未年正月（1955年，72岁），还背临大令洛神十三行小楷一幅，这幅小楷写得端庄妍丽，神彩飞扬，可以说是一件珍品。”

这一段叙述，也非常重要，证明谢老的书法于二王用功极深。陈雪湄夫人还说：“无量平日师法钟王，恪守规范”，可见他确于二王和钟繇是用过苦功的。

再看他题《郑文公碑》云：

河朔贞刚见古风，北书无过郑文公。

南人姿媚徒相趁，变隶何妨有二宗。

诗后自注云：“《北史·文苑传序》谓南士贵乎轻绮，河朔重乎气质，匪惟文章则然，书法亦可以此例之。北书固不及南人之轻绮，而贞刚之气犹存隶势。故楷之初变，不当专以钟王为正宗也。”《郑文公碑》原石，在山东，分上下两碑，一在平度，一在掖县。两碑我都曾去看过，尚称完好。谢老盛赞“北书无过郑文公”，并在注文里还指出，《郑文公碑》已启楷书之端，而且保存着篆隶之势。所以《郑文公碑》是北书中之佼佼者，谢老对《郑文公碑》作如此高的评价，可见他对此碑用功之深。

又题《广武将军碑》云：

广武本来存录法，史官掘出新发蒙。

开张气贯千钧弩，疏秀春回二月风。

投鞭猛气正开张，气势犹堪启晋唐。

百载草深埋古碣，世人伪本竟商量。

诗后跋云：“近人书法源流论称《好大王》与《广武将军》，如双峰并峙，吾友夏竺生云：《好大王》本隶，有定法，有定势。广武将军本籀，纵笔为之，变更部位，错落天然，其妙不可方物，拟之为草篆。此碑在民国九年始发现于秦中白水县史官山麓仓圣庙前，极不易得。新出本字锋完整，始悟从前皆覆刻伪本。碑中多西羌部落之名。或完以大王，可补史之缺。”这是他对《广武将军碑》的评价，白水县仓圣庙我也曾去过，杜甫的羌村，离此也不算远。谢老说“碑中多西羌部落之名”，这是可信的，我也藏有此碑的拓本，但未能如谢老之深研。

再题《张猛龙碑》云：“或大或小，或仰或欹，藏棱蓄势，发为奇貌。虽存隶法，亦挟草情，美媲《中岳》，兼嗣《兰亭》，神行乃妙，皮袭为下，旧拓可珍，敢告知者。”《张猛龙碑》也是北碑中之极品，我早年曾得影印的精拓本，启功先生藏有精拓原本，极为珍秘。谢老指出此碑“或大或小，或仰或欹，藏棱蓄势，发为奇貌，虽存隶法，亦挟草情”几句，实在精到之极，可说尽得此碑的神髓。但是，这几句话如果用来评价或领悟谢老的书法，实在太富有启示性了。

以上这几段谢老对北碑和二王书帖的评论，足以告诉我们谢老书法的渊源，一是二王，二是北碑，这两者都是用力之深处。他的书法，实际上是深深植根于此两者，而且都不是貌取而是神行，所以如果你从皮毛上去找谢老的书法渊源，是永远也弄不清楚的。

谢老还特别重视细看碑刻原石，陈雪湄夫人说：“无量每游历名山，必攀登崇岩，寻求古刻，从其字势中吸取营养。”这段话非常重要，说明谢老不仅重早期的原拓，还要验看原碑实物，尽管不少名刻已经残损，但从众多的字里总可找出一些未残的字，来细玩古人的笔法，这等于是直接看古人的原作，与古人神交。这一点，近几十年来我也是这么学习的。我在平度、掖县看了《郑文公碑》上下碑，在邹县多次细看《莱子侯》刻石，在曲阜孔庙细看《孔宙碑》《五凤刻石》，在汉中细看《石门铭》，在洛阳细看《龙门二十品》，在长沙细看《麓山寺碑》，在真定细看《龙藏寺碑》，在这些碑刻中，总能找到一些未损的字，而悟其用笔的起止，特别是我后来还看到不少魏晋简牍，还有汉画像石之写好、画好而未刻者，真如看古人原作，对我

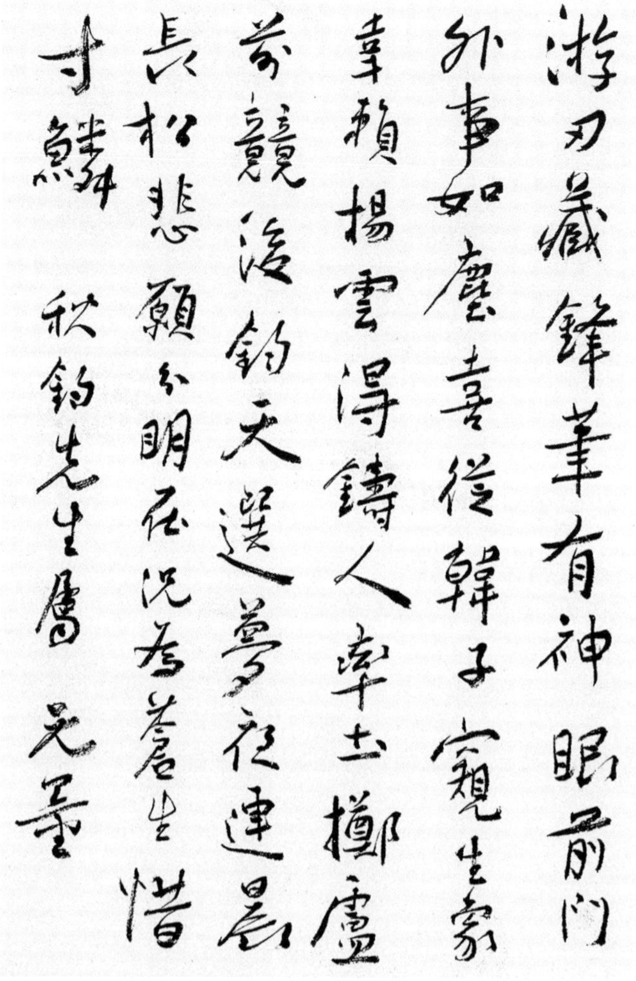

谢无量 书法 66cm×44cm

领悟古人的笔意有很大的启发，想不到谢老早就重视这点了。

还记得一件往事，谢老到北京后，我经常能见到他和他的书法。有一次于有意无意之间，忽觉谢老的书法神韵，有似大令的十三行。这在当时只是一闪念，因为我藏有十三行帖多种，其中西湖篙伤本我也有，我几乎日日要看，也曾临过一段时间，所以在无意之间，灵光一闪，忽觉谢老的字里行间，偶然会闪耀出大令风韵。当时我并未敢以此请问谢老，及至看到陈雪湄夫人说他72岁还能背临十三行，而且精妙绝伦，这才想到我当时的闪念并非无因，如果我当时能以此感受诉之谢老，谢老一定会引为知言。

关于对谢老独特书风的解悟和评价，我个人是从两面来看的，一是谢老淹博闳通的学问和丰富的经历与人生修养，尤其是他对老庄的领悟和佛道的通解，这都会从精神上影响到他的书法的内涵和外延。谢老治文学史，对魏晋玄学也定有较深的解悟，这些不仅影响到他的书法风格，甚至也影响到他的诗风。布封说：“风格就是人。”这句话说得最准确。所以，谢老的文风、诗风和书法，是他人生全部修养的融合反映，离开了谢老这样具有特殊渊深的学问修养、哲理修养的人，就无从解悟他的风格。

但是关于读帖和练字，谢老的孙女谢德晶还有一段极为重要的回忆：“他（谢无量）常教育子女不要只限于临帖，说仅仅停留在临帖的技法上，是不足取的。他还告诉我们，不要只限于纸上练字，什么地方，什么时间都能练习，比如在衣服上、腿上、桌子上……用手指作笔划练习。他特别强调要‘读帖’‘读碑’，仔细熟记每个字的笔划，反复认真揣摩，学会练心、练眼、练手，三者融会贯通，眼一闭，字的轮廓都出现在脑海里，才能做到得心应手，心悟手从。祖父告诫我们说写字不是一朝一夕的事，需要日积月累，刻苦钻研，要有十年面壁，看虱如轮的功夫，不可以轻言射潮。（《谢无量书法集序》）”谢德晶同志记载谢老的这段话，多么精要啊！可说是有志于书法者的南津、宝筏，凡是真正的大书家，都是离不开这一途径的。

此外，我还要讲一些人所未及的事情，即谢老特殊书法风格的形成，除了上述的这些主要原因外，还有一个外在的重要因素，就是他书法的用笔。我与谢老相处九年，曾多次看到谢老写字，特别是谢老让我看他用的笔，要我试试，一试之下，我才感到大奇。因为谢老的笔是纯鸡毫，这种鸡毫，现在已看不到了。它是用公鸡的尾毛，去掉中间一根硬芯，将羽毛一丝丝分开，然后加工，再制成鸡毫笔。所以拿在手里，蘸墨后着到纸上，就像一团棉花。我第一次试时，一着纸，就是一个墨团，根本无法成点划；但谢老一握管，笔尖到纸上，照样抑扬顿挫，随意婉转，这才使我佩服得五体投地。他告诉我运笔全在腕力，腕力控制得好，最软的笔毛，也能有弹性，这可见谢老功力之深，也明白了谢老绵里藏针的书法的特殊风格的成因。因之，我也悟到1948年我在上海帮助白蕉布置书画展时，得知白蕉的笔，也是特殊定制的。他的笔的笔芯是用有弹性的硬毫，外面裹以小儿的胎发，胎发柔和到极点而无一丝弹性，但它的附着力好，紧紧附在以硬毫为芯的笔芯上，所以他的书法刚柔相济，也成为一种独特的风格。因此，一个书家特殊风格的形成，与他所用的特殊工具，是有密切关系的，论书者不应不知道这一点。

我曾多次碰到谢老到琉璃厂去修笔，他曾告诉我，一枝好的笔，用敝了只需请原笔工修修就可用了，千万不能抛弃后重来，因为选毫不易，笔用熟也不易。

由于我亲身经历过谢老的教诲，所以我才悟到他的书法的特殊风格形成的诸多因素，特别是最后一点，一直没有见人提到。

由于谢老的教诲，有一段时间，我也改用鸡毫，但已无法找到谢老这种鸡毫了。我所找到的是用鸡尾部最软的毫，但未去掉末梢的硬芯（这一段末梢的芯已经很软了），所以写起来还有一点弹性，但习书之后，确实改变了我过去的书风，所以到现在我也常用鸡毫来写，因为我有了这个实践，才能确切地领会到谢老独特书风的多方面的因素。我借此机会，公之于众，以求知者。

谢老用纯鸡毫写的书法，现在求之书界，恐已是无人能继了，加之谢老深厚的二王书法的功底和北碑的功底，这两者在谢老的笔下已自然融为一体，再加上他的老庄哲学和佛道思想的修养为他的书法的内涵，这样诸多因素形成的他的特殊书法风格和特殊的成就，实在是当今书苑的麟凤，我看很难找出第二家了。

因为写这篇文章，引起了我对谢老的怀念，常常在枕上成诗，现在就将它作为本文的结尾：

怀念谢无量先生

一

衮衮匡清士，似公有几人。
如何半纪下，不见笛吹邻。

二

忆子少壮候，文章震九州。
笔锋除贵要，正气满全球。

三

远别才三月，归来不见君。
风云世态急，君去是智人。

四

风火连年急，终来定顽雄。
至今井水处，齐唱和谐风。

五

死去也非空，遗言建大同。
焚香陈二老，神七到桂宫。

2008年11月28日至12月17日
于瓜饭楼

附记：本文所用珍贵史料，如谢老的自传稿本、谢老的女儿谢祖仪的《回忆我的父亲谢无量》等，都承谢老孙女谢德晶同志提供，也参阅了刘长荣、何兴明著《国学大师谢无量》一书，特此致谢。

（作者系中国人民大学国学院名誉院长）

问题与方法：比较研究的可能性

——《论六家要旨》的启示之五 [1]

邓曦泽

比较哲学、比较文学等比较研究方兴未艾，这些研究既是比较的具体形式，也是比较研究的具体形式，但是，有一基础性问题似乎一直没有解决：比较研究如何可能？如果能够揭示比较的一般特征，我们就可以更深入地理解各种比较研究。本文第一部分讨论比较的一般特征。根据比较的一般特征，第二部分以"中国哲学"（它实为比较哲学）为例，讨论目前的比较研究存在的问题。基于前两部分，第三部分指出，比较研究是可能的，司马谈的《论六家要旨》就进行了成功的比较研究，我们可以从司马谈的比较研究中提取出"问题与方法"的比较方法。这种比较方法有助于增进不同文化体系的相互理解，减少误会与由误会导致的冲突，推动不同文化体系的生存经验的有效交流，使许多有益的经验成为人类的共享经验，促进人类的共同发展、繁荣与和谐。

一、比较的一般特征

（一）预设

第一预设："比较"这个概念蕴含了任何比较都是两者之间的比较，比较一定预设了两个现成的比较对象，这是比较得以可能的第一预设。在比较中，一次比较只能是两个对象的比较，多个对象的比较实际上是由几次比较组合而成，可以分解为多个两两比较。

在比较中，比较者必须把对象看成静态的而非动态的、确定的而非模糊的、客观的而非主观的。即使比较者考察对象的运动，也必须把运动纳入静态的结构中进行考察，否则，对运动的比较就是不可能的。[2] 这里使用"现成"一词来表达静态、确定、客观这些含义，使用"对象"一词命名有待比较的两者（对象A与B）。现成乃是对象的特征之特征，即：对象的特征是现成的，因而对象是现成的。

但是，对象的现成性本身并非或无所谓现成性。对象的现成性是被行为者看成现成的。事物总是当下地向行为者呈现。当行为者在生存活动中把与他当下发生关系的事物看做现成的时候，事物才成为对象。在研究活动中，对象被行为者看做现成的，这一点甚至根本不需要有意识地去预设。只要行为者进入研究活动（或状态），事物的现成化就告完成，就成为对象。需要行为者有意识地进行的活动乃是确立公共域（即比较域）与公共标准（即比较标准）。

第二预设：必须限定公共域。也就是说，一次比较必须限定在特定的范围内，两个对象必须属于同一领域。

第三预设：必须确定公共标准。也就是说，一次比较的公共标准必须确定。所以，在同一次比较中，比较对象、公共域、公共标准都必须视做现成的。

公共域与公共标准不是一回事，二者是相互独立的，不能互推，故必须分做两个预设。例如，张三与李四进行跳绳比赛。跳绳是公共域，但跳绳本身不是公共标准，也不暗含标准，我们无法从张三与李四进行跳绳比赛这一信息中知道该如何比较，也无法知道张三比起李四来怎么样，因为我们可以从跳绳速度、动作优美程度、弹跳高度等方面来比较，故可以选择不同标准。我们对任一事物以及两个事物的关系都可以采取多种角度来描述、衡量，这就意味着对两个对象的比较可以采取多种公共标准。

这三个预设既是比较的必要条件，也是比较的充分条件。当且仅当满足比较的三个预设，比较就发生了。

（二）公共域、公共角度、公共标准与公共概念的确立

在这三个预设中，第一预设很容易满足，我们可以随便找到两个对象，但公共域与公共标准却不容易确定。石头和鸟谁更懂哲学？石头和泥巴哪个更好吃（或更漂亮、更适合做衣服）？一米比三斤哪个更红？在这几例中，对象是现成的，但公共域与公共标准都很难确定。这几个例子也许太诡异，我们可举常见的例子，如中西文化谁更优秀？朱子和康德谁更先进？儒家与基督教谁更能安身立命？这些比较也是难以确定公共标准的。

如何满足第二预设与第三预设，为比较确立公共域与公共标准，使比较能够有效进行，这是非常重要的基础工作。并且，对公共域与公共标准的确立不仅要考察其逻辑可能性，还需要考察二者对于人的生存的实际意义。否则，有些比较即便在逻辑上成立，也毫无意义。当然，必须首先考虑逻辑上能否成立。如果比较在逻辑上就不成立，就更谈不上有价值。对于合乎逻辑的比较，可以称为逻辑有效的比较；对于不但合乎逻辑，而且对人有价值的比较，可以称为价值有效的比较。逻辑有效是价值有效的必要条件，价值有效是逻辑有效的充分条件。

首先是公共域的确立。把比较对象限定在什么领域（或范围）内比较，这是首先需要确立的。A、B 比较，可以比较的领域非常多。如果 A、B 是张三与李四两个人，那么，我们可以将二人限定在身体、学习、财产、品质等领域内比较，分别将之限定为公共域。在具体的比较中如何选择公共域与公共标准，取决于比较者的需要。

在逻辑上，公共域与两个对象的关系是，两个对象都共有某个内涵 P，P 所限定的外延一定小于或等于（即属于）公共域（F）。如果有一个对象的属性所限定的外延不在公共域之内，那么，比较就是不可能的。例如，在学习这个范围，鲜花是否比张三更红？在这个比较中，鲜花不在学习的范围内，学习不能构成对鲜花的限定，所以，学习不能成为鲜花与张三的公共域。因此，这个比较就是逻辑无效的。

如何限定一个恰当的公共域？公共域越是接近共有内涵 P 所限定（或覆盖）的外延，该公共域的限定就越恰当。如果公共域太大，共有内涵 P 所限定的外延远远小于公共域（F），则比较就可能变得漫无边际而不易确定恰当的比较角度（公共角度）。例如，在物体运动的领域（F1）内，张三与李四哪个运动得更快？在跑步或体育运动方面（F2），张三与李四哪个跑得更快？F1 完全包含 F2，F2 的限定显然比 F1 更准确。因为在 F1 中，可能有许多类运动，我们可以在血液的流动速度、心跳的速度、跑步等方面进行比较。

限定了公共域后，就需要确立公共角度与公共标准，因为在同一公共域中可以有不同的比较角度与标准。例如，将学习限定为公共域后，对学习进行比较的角度与因此而可以确立的标准还可能多于一个。我们可以就学习的勤奋程度、成绩优劣、方法是否合理等角度对张三与李四进

行比较。

角度与标准的关系是：先确立角度，在此基础上再确立标准，而只要确立了角度，就一定涉及标准，同时只要有了标准，必先确立了角度，角度与标准相互蕴含，互为充分条件，可以互推，故出于理论的经济或优美的考虑，二者只需作为一个预设。这里的角度与标准的关系，不是一阶层面的具体角度与具体标准的关系，即不是说某具体角度蕴含某具体标准，也不是说某具体标准蕴含某具体角度，而是二阶层面的关系，即当谈论角度问题时，必须涉及标准问题，将这种二阶关系运用到一阶关系，则是：当在某具体角度谈论问题时，一定要涉及某具体谈论标准，尽管这具体标准如何确立、究竟是什么，可能并不确定；同时，当在某具体标准谈论问题时，也一定已确立了某具体谈论角度。

由于比较的结果要通过标准来衡量，故本文把公共标准作为预设。所谓角度，其实与属性、内涵的所指是一样的，只不过角度强调的是行为者去审视对象的方式，而属性与内涵强调的是客体（对象）自身的特征。就两个对象的某个方面进行比较，“方面”这个概念换成“角度”“属性”或“内涵”，完全成立，完全不会影响比较的有效性与结果。例如，就张三与李四的跑步（F）进行比较，我们可以就速度、姿势等方面进行比较，速度、姿势等就是比较的角度。同时，作为跑步，它一定具有速度、姿势等属性或内涵。因此，角度、属性、内涵三者的含义不同，但所指却是一样的，所以，为了简便，下文主要使用“角度”这一概念，用 P（Perspective）表示。并且，下文用 F（Field）表示公共域，用 S（Standard）表示标准。

进一步可以说，凡是比较，总是内涵的比较，而不可能是外延的比较，这可以根据比较的三个预设来推论。因为比较的第一预设就是给出两个对象，而这两个被比较对象就是外延。即便有时就两物的内涵作更深入的比较（例如鲜花的红与太阳的红），这两内涵也转换为外延，对于新的比较，则需要另行确立公共域与公共标准。在一次比较中，一旦给定两个比较对象，就不再有其他对象出现在比较中。如果只给出两个对象，而不给出角度或标准，就无法比较。而角度或标准肯定不是两个对象自身，只能是对象的某些内涵，即两个对象的某个方面。所以，比较总是内涵的比较。关于此点，其实在直观上也是容易理解的。A 与 B 作比较，总是就 A 与 B 的某些特征比较。混沌地给出两个对象，而不指出就对象的什么特征作比较，是无法比较的。例如，“就孔子与苏格拉底作比较”，这个说法是逻辑无效的，因为它根本没有给出公共域、公共角度与公共标准的相关信息，只是给出了两个对象（满足第一预设），而不满足第二预设与第三预设。

只要确立了角度，标准就确立了。这里要说的不再是角度蕴含标准，而是标准的表达形式。标准有正负两种表达形式，凡是可以作为标准来判定两个对象的概念，都有它的负概念。也就是说，如果标准表达为正概念 S，那么，S 一定有一负概念 ¬S 与之相对，S 与 ¬S 构成标准得以发生作用（即实现）的范围或界限。例如，如果从速度的角度（P）比较张三与李四的跑步，则标准实现为快（S）与慢（¬S），快与慢构成标准的实现界限，一切速度都可以用快与慢加上表示程度的词语来表达（否定词也表示程度，它表示的是极限程度）。如果从姿势的角度（P）比较张三与李四的跑步（F），则标准实现为美（S）与丑（¬S）。据此，我们可以更具体地表达角度与标准的关系：当就某个角度 P 比较 A 与 B 时，标准实现为 S 到 ¬S 的范围，那么，当且仅当，在 S 到 ¬S 的范围，属于 P 角度。S 到 ¬S 这个范围内部的区分，可以由程度词（用 d 表示，即 degree）来区分，并表示为 dS，如“很快”这个速度，“d”就是“很”，“S”就是快；“慢”这个速度，“d”就是“¬”（否定），“S”就是快。

我们可以看到，一个逻辑有效的比较，

两个对象都有角度P。例如，张三与李四的跑步都有速度、姿势等角度，二者可以比较。但是，一米没有颜色这个角度，故一米不能与鲜花比较颜色。当基于角度P作了比较后，该角度表现为dS，dS一定可以用来描述A与B，作为A与B的限定语，如A跑得很快，A比B跑得快。[3]

由此可以得出一个结论：表达公共标准的概念S一定可以用来描述或限定两个对象，S是两个对象的公共概念。这个结论非常重要，它提供了一种具有操作性的可行方法来判定一个比较是不是逻辑有效的，其语言形式是：A的P是d1S，B的P是d2S。如果S是两个对象的公共概念，则比较是逻辑有效的；如果S不是两个对象的公共概念，则比较是逻辑无效的。例如，张三的速度很快，李四的速度更快，“快”作为公共概念就可以在速度的角度（P）同时描述张三与李四。但是，表示颜色的概念（如红、黑、白等）不能用来描述一米，所以，一米与鲜花就无法在颜色的角度进行比较。在本文第二部分，这个结论可以帮助判断，实质为比较哲学的“中国哲学”的许多做法都是逻辑无效的。

（三）比较的一般形式与言说方式

由于比较必须满足三个预设，使得比较具有特定的形式，其形式用语言表达出来，就是特定的言说方式。比较的形式与言说方式表现在语言上是一回事。

比较的基本形式是：在公共域F中，在角度P上，A比B如何。“如何”就是用公共概念S描述A与B的结果，即dS，如大、小、优、劣、很快、较慢、更红、较瘦等。用公共概念作了描述后，A、B的比较就是S的比较。用S把A描述为d1S（如很快），用S把B描述为d2S（如不快），A、B的比较最终就是被程度词限定了的公共概念的比较，也就是d1与d2的比较。[4]我们还可以给dS建立一个序列：d1S，d2S，……，dnS。n取有限值，dn等于¬d1。例如，极快（d1S）、很快（d2S）、较快（d3S）、正常快（d4S）、较不快（较慢，d5S）、很不快（很慢，d6S）、极不快（极慢，d7S），就是一个序列。序列反过来排列也可以，用¬S（如慢）作为正概念也可以。建立了序列，我们直接就d进行比较，得出结果。在实际的比较中，我们的思维也是如此进行的。例如，在跑步这个公共域，在速度的角度，张三的速度被描述为d1S（如很快），李四的速度被描述为d2S（如不快），那么，对d1与d2的比较可知，张三比李四跑得快。由于公共域与角度常常不言而喻，故比较的基本形式可以省做：A比B如何。

由此基本形式可以派生出另一个常见形式：A与B如何（如相同、不同、相反、相似等）。这个“如何”仍然可以用公共概念来表达。用S把A描述为d1S，把B描述为d2S，那么，“相同”就是d1等于d2，“不同”就是d1不等于d2，“相反”就是d1等于¬d2（d1与¬d2是反义词），“相似”就是d1略等于d2。

当A与B相同时，则可以说A与B都是S，或者A是B，但反之则不然，不能从A是B推论出A与B是相同的。例如，不能从“鸡是动物”推论出“鸡与动物是相同的”。

虽然不能从A是B推论出A与B是相同的，但是，凡是说“A是B”，则一定蕴含了比较。因为只有当确定了A至少有一个属性与B的某个属性相同，才可能确定A是B。而对A至少有一个属性与B的某个属性相同的确定，就是比较。因此，这里又可以得出一个结论：比较是极其常见的，凡是用系词连接的句子都蕴含了比较。[5]如“桃花是红的”这个语句就蕴含了比较活动，因为这个句子是用桃花的颜色与红色相比较的结果。

不过，“A是B”蕴含了比较，并不意味着该比较是逻辑有效的。例如，“桃花的颜色是一米”，这个句子不管对不对，它都蕴含了比较活动，但实际上，这个比较是逻辑无效的。

二、“中国哲学”作为一种比较哲学及其无效

（一）对比较研究的限定

“A是B”已经蕴含了比较，则比较随处即是。任何一个研究不可能不运用“A是B”句式，则没有一个研究不运用比较。那么，是否一切研究都是比较研究呢？如果把运用了比较的研究都称为比较研究，则一切研究都是比较研究，比较研究当然无条件成立，但如此一来，讨论比较研究是否可能就毫无意义；说某某研究是比较研究，就与说某某人是人一样，也毫无意义。[6] 我们讨论比较研究的可能性，而不是讨论研究与比较的可能性，这就需要在研究中区分出比较研究与非比较研究。

本文把不同文化体系之间的比较研究称为跨文化比较研究，把同文化体系内部的比较研究称为同文化比较研究，二者的总和就是比较研究，前者例如老子的道与黑格尔的绝对观念的比较，后者例如朱子与王阳明的格物思想的比较。跨文化比较研究也就是狭义的比较研究。讨论比较研究的可能性，乃是讨论跨文化比较研究的可能性。

表面上看，跨文化比较与非跨文化比较是就两个对象是否处于同一文化体系来区分的，但实际上，这种区分更试图说明两个对象之间的历史渊源情况。历史渊源包括师承、同源、重要影响。同源，如诸子百家同出于王官之学。两个对象是否同源，需要考证。重要影响分两种，第一种是直接的明显的，甲对乙的影响是被乙明确意识到并作了表述的，例如孔子对朱子等后代儒家学者的影响。第二种是间接的、未被受影响者所自知的，却被其他人（如比较者）发现了的影响。甲通过影响乙而影响了丙，丙并不知道甲影响了他，但甲对丙的影响却被其他人所知道。对于这种情况，比较对象不是甲与乙，而是甲与丙。两个对象之间是否存在师承与第一种影响，都是容易考证的，其间是否存在第二种影响，则较难考证。如果两个对象之间具有历史渊源，则不属于比较研究。凡是属于同一文化体系的对象，都视做同源的，其间的比较都不属于无渊源比较研究。在通常情况下，跨文化的两个对象之间不存在历史渊源，但也经常有例外。例如，毛泽东受了马克思的影响，其间是有渊源的，但毛泽东与马克思不属于同一文化体系。毛泽东与马克思的比较，应该如何归类呢？又如，明朝时期，丽江纳西族的木增对汉文化深有造诣，如果对木增与王阳明作比较，又该如何归类呢？再如，中国儒学与日本儒学的比较，又应该如何归类呢？为了避免这种麻烦，本文讨论的跨文化比较研究，不仅要将两个对象限定为跨文化的，而且还要限定为没有历史渊源的两个对象。关于如此处理的理由，接下来还有说明。

跨文化比较研究之可能性值得讨论，是因为两个对象之间没有历史渊源，我们很难简单地在二者之间建立某种联系，尤其是很难找到二者的公共域、公共角度和公共标准，而对于有历史渊源的两个对象，其间的联系是明确的，是容易满足比较所需的预设的，所以，上面对跨文化比较研究的进一步限定就是合理的。

跨文化比较之所以值得讨论，更因为从人类交往的角度看，不同文化体系常常要接触。为了有效交流，尽可能减少误解，并减少由误解带来的冲突（这是就损亦即减少相互损害而言），或者使生活在此文化体系的人群能够共享彼文化体系所创作与积累的生存经验（这是就益亦即互相增加福祉而言），就需要相互了解。要相互理解，就需要比较对方与自己的异同。但是，由于要比较的两个对象之间没有历史渊源，比较者不容易在其间建立联系，沟通二者。所以，如何寻找有效方法对跨文化的两个对象进行比较，就不仅具有学术意义，还具有很高的实践价值。

（二）实为比较哲学的“中国哲学”的展开过程

近来，在中国以及全世界，都有一些人士以“比较研究”的名义明确倡导比较研究，而在中国，则尤其重视中西比较。实际上，在中国，致力于跨文化比较、沟通的工作，在近代以来就如火如荼地展开了，只不过未明确以“比较研究”的名义进行，五四之际产生的以西解中的现代古典学[7]（主要包括“中国文学”“中国史学”与“中国哲学”）其实就是跨文化比较研究，而“中国哲学”[8]就是比较哲学。但是，迄今的跨文化比较（主要是中西比较）是极不成功的，它常常是逻辑无效的，更谈不上价值有效，下文将以“中国哲学”为例，讨论目前的跨文化比较存在的问题，论证这个先行的结论。

“中国哲学”的根本特征是用哲学解释义理学，说义理学是哲学，其基本言说方式是“中 A 是西 B”。“中 A 是西 B”这种说法已经蕴含了比较了，但问题不在于这种言说方式蕴含了比较，而在于这种比较是否逻辑有效。先看看“中国哲学”的展开过程。

比较对象：中 A 和西 B。具体言之，诸如：孔子和苏格拉底之比较、孔子和苏格拉底的言说方式之比较、孟子与康德的自由精神之比较、朱子和康德的先验思路之比较、中西哲学的主体性之比较，等等。由此还派生出：孔子的自由主义思想、朱子的先验思路、朱子的科学思想、老子的辩证法、王充的唯物主义等等“中 A 的西 B”这类比较。但是，孔子与苏格拉底、孔子与海德格尔、朱子与康德、老子和黑格尔的关系，绝不同于朱子与孔子、与孟子、与陈淳、与王阳明、与戴震的关系，也不同于海德格尔与柏拉图、与康德、与胡塞尔、与伽达默尔的关系。后两种情况中的两个对象，其间有历史渊源。这种历史渊源极其重要，它是一个民族的历史的现身和展开，一个民族的历史就是如此传承而因革损益的。正是这种历史渊源，使历史得以延续而不至于丧失公共的基本的观念体系、思维方式以及比较所需的公共域与公共标准，从而使得朱子与孔子、孟子、王阳明等等的比较得以可能[9]，但前一种情况却无此历史渊源。“中国哲学”中涉及的中 A 与西 B，常常都是跨文化的且完全没有历史渊源，因此，“中国哲学”在中 A 与西 B 之间建立联系，形成“中 A 是西 B”的言说方式，完全符合无历史渊源的跨文化比较研究的特征。所以，“中国哲学”就是比较哲学。

“中国哲学”这种比较哲学有几个步骤：

第一步，确立标准。无论中 A 和西 B 是什么，比较者都会以其中之一为标准。在今天的比较哲学中，大多是以西 B 即以西方哲学为标准。这样，西 B 就既是比较对象之一，又是比较标准，但这显然有问题（详见下文）。

第二步，分解对象，或者分解标准和对象。要比较，需要知道中 A 和西 B 各自是什么，而且首先需要知道作为标准的西 B 是什么。西 B 是什么，乃是对西 B 进行解释，因此，西 B 就被分解为具体特征：西 B1，西 B2，……，西 Bn。西 B 被分解的结果可以表示为：西 B[西 B1，西 B2，……，西 Bn]。对西 B 的分解不是随意的。既然以西方哲学为标准，比较者就应该是按照西方哲学对西 B 的分解来分解西 B（如果按照义理学来分解，就是以义理学为标准了），把西 B 分解为西 B1，西 B2，……，西 Bn。这种分解本身并无问题，它并不一定导致比较哲学，西方的哲学史经常对自身进行分解（这种分解是一种解释方式）。

分解了西 B 后，比较哲学开始分解中 A。中 A 需要分解，这也无问题，因为中国古代的学术也一直在进行分解。问题出在按照西 B 分解中 A。在比较中，中 A 被分解为中 A[中 A1，中 A2，……，中 An]。但是，分解中 A 的逻辑与分解西 B 的逻辑完全不同，分解中 A 时，已经在以西 B 为标准来分解中 A 了，西 B 作为标准已经实现在分解中了。例如，当就孟子与康德的自由意志作比较时，康德讲的自由意志是标准，需要以之对孟子思想进行分解，把相类于自由意志的孟子思想区分出来。

分解这一步是任何比较都必须有的程序，即按照公共角度在两个对象中找出共有属性。但分解这一步在“中国哲学”中是最为重要的，因为不仅设置的标准（西B）直接实现在分解中，而且如何分解决定了此后的比较与结论。

第三步，比较。比较看似对中A与西B作比较，实际上是以西B[西B1，西B2，……，西Bn]为标准，裁判中A[中A1，中A2，……，中An]，得出中A1是（或不是）西B1、中A2是（或不是）西B2等等比较结论。若中A与西B相同或者大致相同，就说“中A是西B”或“中国也有西B”；反之，则说“中A不是西B”或“中国没有西B”。并且，比较者更喜好作“中A比西B如何”这样的比较。

经历上述三个步骤，比较哲学就完成了其主要任务。这样的比较哲学在“中国哲学”中比比皆是，举例如下。

吾人观上所述哲学之内容，可见西洋所谓哲学，与中国魏晋人所谓玄学，宋明人所谓道学，及清人所谓义理之学，其所研究之对象，颇可谓约略相当。若参用孟太葛先生之三分法（见本章第一节注），吾人可将哲学分为宇宙论、人生论及方法论三部分。《论语》云：“夫子之言性与天道”（《公冶长》，《论语》卷三，《四部丛刊》本，页五），此一语即指出后来义理之学所研究之对象之二部分。其研究天道之部分，即约略相当于西洋哲学之宇宙论。其研究性命之部分，即约略相当于西洋哲学中之人生论……[10]

（二）孔子的行为，与希腊之“智者”相仿佛。（三）孔子的行为及其在中国历史之影响，与苏格拉底之行为及其在西洋历史上之影响，相仿佛。[11]

理即希腊哲学中所说之形式（Form），气即如希腊哲学所说之材质(Matter)也。[12]

天高高在上，有超越的意义。天道贯注于人身之时，又内在于人而为人的性，这时天道又是内在的（Immanent）。因此，我们可以用康德喜用的字眼，说天道一方面是超越的（Transcendent），另一方面又是内在的（Immanent与Transcendent是相反词）。天道既超越又内在，此时可谓兼具宗教与道德的意味，宗教重超越义，而道德重内在义。[13]

冯友兰先说西方哲学相当于中国的玄学等，似乎以中国为标准，但接下来，他马上以西方哲学为标准，“吾人可将哲学分为宇宙论、人生论及方法论三部分”，然后进行比较，说中A是（或相当于）西B。冯友兰后来的著作，也完全是在这个思路下进行的。牟宗三的“哲学”也完全是这个思路，如《“四因说”讲录》《中国哲学的特质》中的大量比较。“中国哲学”（含现代新儒学）以及整个现代古典学都是这个思路。[14]

蕴含在“中国哲学”中的比较，更准确地说，是一种类比。冯友兰对孔子与苏格拉底作的比较，就是典型的也是常见的范例。冯友兰对孔子与智者以及苏格拉底的活动进行了考察，把他们的活动分解为许多方面（如此例中的“行为”“影响”就是对孔子等的具体分解），然后对他们的各方面进行比较，认为他们某些方面相同或者相似，于是作出孔子是或者像苏格拉底这样的结论。照同样的方法，我们完全可以罗列对象的不同之处，作出完全相反的判断。所以，孔子是不是苏格拉底，中国有没有哲学，中A是不是西B，完全可以各执一词。

我们可以看到，既不能通过归纳，也不能通过演绎，并且不能通过任何一种确定的逻辑形式得出“孔子是苏格拉底”，“道是本质”这样的判断，这些判断只能是一种粗劣的类比。这里，我把“中A是（或者不是）西B”这些类比的判断称为直接判断。直接判断完全是断言式的，它把两个无所谓关联的东西无根据地直接关联起来。按照这个不是逻辑的逻辑，我们也可以对狗和猫进行分解，通过类比找出其相同之处，狗能跑，猫也能跑；狗有毛，猫也有毛；狗要下崽，猫也要下崽；狗是哺乳动物，猫也是；狗有四条腿，有尾，猫也有，等等，所以，狗是猫。作出“狗是猫”的判断的逻辑与作出“中A是西B”这样的判断的逻辑完全一样。[15]

在类比的过程中，已经蕴涵了符合，也就是用中A去符合作为标准的西B。若中A与西B相符合，则中A是西B；反之，则中A不是西B。前面说的中A与西B的相同、不同、相反、相似等，都是用中A去符合西B而得出的结果。

因此，所谓的“比较哲学”是在类比和符合的思维下，经过确立标准、分解对象、进行类比三个步骤而建立起来的。

如此建构起来的作为“比较哲学”的“中国哲学”，完全是比附哲学或依附哲学，它就是用处于弱势的义理学去比附或依附处于强势的哲学。列文森就指出了冯友兰这种做法不过是借用哲学为中国争气。他说：“冯友兰主张融欧洲的理性主义和中国的神秘主义于一炉，以便使两种特殊的、历史的哲学通过相互取长补短，化合为一种世界哲学……对于冯友兰这样一个在哲学上颇有造诣的人来说，如此一种中西哲学的极其简略的比较，其意义只能是文化上的。它仍然是蔡元培的思路，即努力通过促使特殊的中国价值与普遍的世界价值的配合来加强中国的地位。”[16]而冯友兰正是通过“中A是西B”的言说方式融合欧洲的理性主义和中国的神秘主义的。对冯友兰构成更严厉的批评的，乃是杜威的观点。杜威的观点对于冯友兰具有特别的意义，因为冯友兰那篇《为什么中国没有科学》就是因杜威一席话而作。杜威说：“中国正在急剧变化；若还是用旧时帝制那一套来思索中国，就和用西方概念的鸽笼子把中国的事实分格塞进去来解释中国，同样地愚蠢。”[17]令我惊讶的是，杜威对以西解中的批评是非常明确的，冯友兰居然置之不顾，未曾对自己的学术方法加以反省，即便他认为杜威不对，也应该给出理由。

（三）作为比较哲学的“中国哲学”的逻辑有效性问题

这里对作为比较哲学的“中国哲学”的批评，是从逻辑有效性的角度进行的。

“中A是西B”这一句式，已经给出了两个对象。如何才能使这两个对象发生联系，使“中A是西B”这一句式成立呢（即寻找条件）？有两种可能：第一，中A是西B的一个元素。例如，鸡是动物。第二，中A等于西B。例如，司马谈是司马迁的父亲。这两种情况都是在外延上说的。

对于第一种情况，西B也就是中A与西B的公共域。这是比较中的特殊情况，即其中一个对象就是公共域。这种情况的可能条件是：经过比较，发现西B的所有属性都是中A的属性，即西B与中A是种属关系。但是，我们显然无法证明中A是西B的一个元素。我没有发现一个中A是西B的一个元素的例子。

对于第二种情况，中A与西B的外延相等，但内涵是否相同则不一定。这种情况反过来说也同样成立，即西B是中A。[18]对于这种情况，我们似乎可以找到大量的例子，例如，道是本质，孔子是苏格拉底，理与气是形式与质料。先不管这些例子是否成立，需要追问的：如何限定中A与西B的公共域与公共标准呢？由于中A与西B的外延相等，则中A与西B都是x（但反过来却不成立）。如何为二者找到一个合理的x呢？找到这个x，就找到了可以限定二者的公共概念，比较就是逻辑有效的。

这些例子中的每一对对象都是无历史渊源的跨文化对象。从上面这些由具体到抽象的例子，可以看出，跨文化比较并非不可能，但需要条件。例1与例2中的两个对象很具体，这里为之限定的公共域分别是饮食与便利，而筷子与叉子都可以用于饮食，都是用具，故餐具与方便是二者

表 1 作为比较哲学的“中国哲学”举例

序号	来自中国的对象（A）	来自西方的象（B）	公共域	公共概念（x）	比较结论
1	筷子	叉子	饮食	餐具	A 与 B 都是餐具，但不能说 A 是 B
2	筷子	叉子	用具	方便	A 与 B 都方便，但不能说 A 是 B
3	二泉映月	命运	音乐	乐曲	A 与 B 都是乐曲，但不能说 A 是 B
4	二泉映月	命运	美感	优美	A 与 B 都是优美的，但不能说 A 是 B
5	孔子	苏格拉底	贡献	伟人	A 与 B 都是伟人，但 A 是 B（？）
6	孔子	苏格拉底	身份	哲学家（？）	A 与 B 都是（？），且 A 是 B（？）
7	理	形式	学术	概念	A 与 B 都是学术概念，但 A 是 B（？）
8	理	形式	？	？	A 与 B 都是（？），且 A 是 B（？）
9	中 A 西 B	？	？	？	

的公共概念。

如果能给出公共域与公共概念，比较是可以进行的，但是，就“中 A 是西 B”这种言说方式看，例 1 至例 4 是明显错误的，例 5 至例 9 暂时无法判断，故上列“中 A 是西 B”的例句，没有一例可以成立。我们看到，例 1 至例 5 以及例 7 的公共概念都是中西方所有的，所以，说“A 与 B 都是 x”，是能够成立的。例 6 中的公共概念是存疑的，因为中国究竟有没有哲学还是问题，如果说“孔子与苏格拉底都是哲学家”，这无疑预设了中国已经有了哲学，本文根本不预设古代中国有哲学，所以这个说法是存疑的。

就已经成立的比较看，这些比较的价值很少，几乎不能为我们提供什么新鲜的且有价值的信息。对于例 8，如何才能给出一个很好的公共域与公共概念，我也没有找到很好的答案。

不要说无渊源的跨文化对象不能说一者是另一者，就是同一文化体系内的概念也不能轻易作此判断。例如，“朱子的气是王充的气”“王阳明的格物是朱子的格物”“朱子的格物就是《大学》的格物”“海德格尔的存在就是黑格尔的存在”，这些说法都大可商榷，须细细考证、分辨。就这几例看，无一能成立。

因此，无法为“中 A 是西 B”这种言说方式给出逻辑有效性证明，并找不出一个逻辑有效的例子。所以，迄今为止的作为比较哲学的“中国哲学”乃是逻辑无效的，也就更说不上价值有效了。

那么，如果不说“中 A 是西 B”，而说“中 A 比西 B 如何”，这样是否会是比较成为逻辑有效性的呢？仍然不能。虽然我们经常听到“筷子比叉子好用”，“《二泉映月》比《命运》优美”，“孔子比苏格拉底伟大”（这些话反过来说也行）这样的说法，但是，如果要得出“中 A 比西 B 如何”这样的结论，就需要作更基础更深刻的比较，就需要为中 A 与西 B 寻找公共域与公共概念，使比较首先成为逻辑有效的比较，然后成为价值有效的比较。说“筷子比叉子好用”，可以成立，只要使用者觉得筷子好用就行，但要严格地说“《二泉映月》比《命运》优美”，说“孔子比苏格拉底伟大”，就得非常专业，为二者寻找公共域与公共标准，这就回到了上面的逻辑有效性问题，而“中国哲学”几乎从不考虑为中 A 与西 B 寻找公共域与公共标准的问题。牟宗三、冯友兰等大量地使用的“中 A 是西 B”以及与此同质的“中 A 比西 B 如何”的言说方式，都是断言式的类比（如前文引用的一些例子），毫无根据，因而不仅是逻辑无效的，而且根本不能为我们提供有价值的东西。

“中国哲学”存在的比较的逻辑无效问题，广泛地存在于目前中国的现代古典学中。那么，中西比较以及更广泛的跨文化比较是否就不可能了呢？不是的。司马谈在《论六家要旨》中使用的“问题与方法”的比较法，就为跨文化比较提供了有效方法。

三、“问题与方法”的比较法：《论六家要旨》的启示

（一）《论六家要旨》为跨文化比较建立的可能性

《论六家要旨》在评论六家时，对六家作了比较。司马谈是对同一文化体系中的对象作比较，这六家的历史渊源无论如何远比无渊源的跨文化对象的深厚，那么，司马谈采用的方法是否能够运用于跨文化比较呢？答曰：司马谈使用的“问题＋方法＋效用”这个比较方法，切中了生存活动的基本结构（元结构），而这个结构的普遍性为跨文化比较建立了可能性。并且，司马谈使用的方法中的“问题”“方法”与“效用”三个关键词，是任一文化体系都有的，是任一生存活动都有的，都是可以作为比较的角度的。所以，司马谈的方法能够运用于一切比较，当然也就能够运用于跨文化比较。

《史记·太史公自序》中，司马谈《论六家要旨》曰：

> 《易大传》：“天下一致而百虑，同归而殊途。”夫阴阳、儒、墨、名、法、道德，此务为治者也，直所从言之异路，有省不省耳。

这是司马谈对六家的一个非常宏观、概括的评论。在评论中，司马谈对六家进行了比较研究。司马谈的比较是在问题、方法与效用这三个角度进行的。“天下一致而百虑，同归而殊途”，是司马谈的指导思想，而这个思想涉及了两个方面：问题与方法。“一致”是致一，或至一，就是达到共同目的；“百虑”是指众多方法。这个指导思想中采用的方法被司马谈运用与发挥了。司马谈说六家“务为治”，这是就六家的问题或目的作比较。经过比较，司马谈得出结论：六家的问题都是如何治国平天下。六家“从言之异路”，这是就六家的方法作比较。经过比较，司马谈得出结论：六家提供的方法不一样。六家的方法不同，各自产生的效用又如何呢？能否解决问题呢？“有省不省”，这是就六家之法的效用作比较。经过比较，司马谈得出结论：有的更有效，有的不那么有效。[19]

我把司马谈所运用的比较方法提取为“问题＋方法＋效用”。由于方法的效用蕴含在方法中，所以，为了简便起见，可以将之略作“问题与方法”的比较法。

司马谈对六家评论，分为三层。上面这个概括的评论是第一层。以下两层，他更具体地评论了六家，而他的每次评论都是对六家的比较，并且都是运用“问题＋方法”的比较法进行比较。试看后两层评论。

> 尝窃观阴阳之术，大祥而众忌讳，使人拘而多所畏；然其序四时之大顺，不可失也。儒者博而寡要，劳而少功，是以其事难尽从；然其序君臣父子之礼，列夫妇长幼之别，不可易也。墨者俭而难遵，是以其事不可遍循；然其强本节用，不可废也。法家严而少恩；然其正君臣上下之分，不可改矣。名家使人俭而善失真；然其正名实，不可不察也。道家使人精神专一，动合无形，赡足万物。其为术也，因阴阳之大顺，采儒墨之善，撮名法之要，与时迁移，应物变化，立俗施事，无所不宜，指约而易操，事少而功多。儒者则不然。以为人主天下之仪表也，主倡而臣和，主先而臣随。如此，则主劳而臣逸。至于大道之要，去健羡，绌聪明，释此而任术。夫神大用则竭，形大劳则敝。形神骚动，欲与天地长久，非所闻也。

这是第二层评论。司马谈非常规范地

在问题、方法与效用的角度比较六家，对每一家的评论的结构都非常清晰与规整，顺序也没有丝毫错乱。由于六家的问题在第一层评论中已经给出了，对于第二层与第三层评论来说，就是不言而喻的，故省去了。因此，司马谈首先指出六家的方法，然后指出效用。在评论效用时，先指出各家方法之弊，然后指出其利（先抑后扬），最后指出各家之优点都具有独特性，不是其他家可以取代的，所以应该予以兼采，不可废弃。不过，由于司马谈崇尚道家，所以他对道家的效用就只有肯定而无批评，故不是先抑后扬。

第三层评论更具体了，其运用的比较方法、评论的表达结构，都与第二层一样，也都非常清晰与规整。这里只列出第三层评论中对阴阳家与儒家的评论，对其余诸家的评论具有完全相同的方法与结构。

夫阴阳四时、八位、十二度、二十四节各有教令，顺之者昌，逆之者不死则亡。未必然也，故曰“使人拘而多畏”。夫春生夏长，秋收冬藏，此天道之大经也，弗顺则无以为天下纲纪，故曰“四时之大顺，不可失也”。

夫儒者以六艺为法。六艺经传以千万数，累世不能通其学，当年不能究其礼，故曰“博而寡要，劳而少功”。若夫列君臣父子之礼，序夫妇长幼之别，虽百家弗能易也。

人的一切生存活动都有“问题＋方法＋效用”这个结构。人类积累、流传下来的文化形式与正在创造的文化形式，都是人类的生存经验。所有生存经验在发生时，都是面对了一定的问题的，并且人们都寻找了方法以解决问题，并且找到的方法至少能局部有效地解决问题（完全无效则不是经验），所以，所有生存经验都是在“问题＋方法＋效用”的生存结构中发生的。并且，当后人（也是读者）面对前人的经验时，他们不可能把前人留下的一切都继承下来，积累起来，传承下去，而需要对前人的经验作比较、区分，然后选择，淘汰一些，继承一些。那么，比较、区分或选择的标准是什么呢？三者都必须运用“问题＋方法＋效用”的方法，只不过三者的功能与所处的程序不同。首先是比较，只有先进行了比较，才能区分出前人留下的以及自己已经创造出来的生存经验在问题、方法与效用三个角度的优劣。区分则是对比较作更规整的整理，对生存经验进行归类。作了区分后，选择就开始了。人们继承一些他们认为好的生存经验，淘汰一些他们认为不好的生存经验。因此，“问题＋方法＋效用”这个结构在人类经验的积累中被运用了两次。第一次是人们在进行实际的生存活动时，他们必须针对自己面对的问题而寻找方法，并必须考虑方法的效用问题。这一次运用乃是生存结构的原始的而非派生的展开。而第二次是将“问题＋方法＋效用”作为方法来运用，对已经完成的生存活动进行反思，对生存活动进行比较、区分、选择，形成生存经验。这一次运用当然也是生存活动，但它是基于第一次生存活动而派生的，以第一次为条件。这一次运用也就是今天所说的理论化过程。用逻辑的话讲，第一次运用可以称为一阶运用，第二次运用可以称为二阶运用。既然“问题＋方法＋效用”这个结构既实现在一阶运用中，也实现在二阶运用中，并且这个结构中的“问题”可以指人面对的一切问题，因此，这个结构就存在于任一生存活动，当然也就存在于任一文化体系，是任何文化体系的公共结构，因此，这个结构就可以作为跨文化比较的方法，并为跨文化比较建立可能性。

“问题＋方法＋效用”这个结构可以作为跨文化比较的方法，还可以在司马谈对六家的评论中得到一定程度的说明。就古代的四部图书分类法看，六家的著作可以分布在经部与子部。就《七略》的分类看（见《汉书・艺文志》），六家属于诸子略（儒家并不属于六艺的范围，只是以六艺为法）。就西来的学科分类看，六家很难归类。例如，儒家、道家既可以归为哲学，也可以归为政治学，名家可以归为逻辑学，法家可以归为法学，等等。如此归类，都非常勉强。这里的问题是：司马谈怎么就把这些差异极大的学术放在一起来比较了？他是如何为其比较提供公共域与公共标准的？答曰：六家都面对的是如何治平这个问题，所以，司马谈为六家提供的公共域就是治国平天下。在这个公共域之下，司马谈为比较寻找了三个角度：问题、方法与效用。这三个角度可以表现为一些具体的评价标准与评价概念（公共概念）：好坏、真假、有价值无价值——这是对问题的评价；异同——这是对方法的评价；有效无效（“省不省”）、合理不合理——这是对效用的评价。

以上就是在“比较研究如何可能”的问题中，《论六家要旨》作为一个比较研究的范例给予我的关于比较研究的方法论启示的基本内容。下面作进一步的申述。

从问题出发，较容易为跨文化比较找到比较所需的第二预设与第三预设，即较容易找到公共域、公共角度、公共标准与公共概念。问题是先行于比较，先行于三个预设的。我们只有产生了一定的问题，才想到比较。没有问题的比较毫无意义（价值无效），甚至根本不可能（逻辑无效）。例如，仅仅给出“孔子与苏格拉底之比较”这一信息，很难进行比较，因为它根本就没有对公共域、公共角度与公共标准给出明确信息（当然，这样的说法作为标题未尝不可，比较的条件可以在正文中再给出）。任何问题都是一种探寻，特定的问题可以把人们引向特定的领域。在问题中，公共域、公共角度、公共标准以及公共概念较容易展露出来。例如，“孔子关注如何行仁，苏格拉底关注德性是什么，二人的关怀分别是什么？有何异同？”这是一个完整的蕴含了比较的问题。“二人的关怀分别是什么”不是比较，“有何异同”才是比较。从这个问题可以知道，比较对象是二人的关怀，故可以将公共域限定为行为目的，选择“为了什么”做公共角度，然后就“为了什么”对二人作描述，根据描述再作比较，公共标准与公共概念就是相同或相异。通过比较可以知道，二人的关怀是相同的，都是为了培养人的德性。这个例子的价值并不大，因为比较者的问题指向的是“关怀”这样的比较模糊的东西，问题的指向还是不够确切，但这个例子说明，在问题之下，有效的比较是容易建立的。下面再举例。

“孔子与苏格拉底都关注德性培养的问题，二人采取的方法分别是什么？有何异同？各自的效用又如何？有无优劣之别？”这也是一个完整的蕴含了比较的问题。孔子的基本方法就是行动——行仁，苏格拉底的基本方法是首先需要明白德性是什么。孔子的优点在于促进人的行动，因为德性培养这样的问题，最终必须落实在行动上，仅仅有理论是不行的。但是，孔子的方法也有不足。行为者如何才知道自己的行为就是正确的，就是在行仁呢？一个行为在此时此地正确，在彼时彼地却不一定。孔子（准确地说是后世儒家的阐释）有依赖于天理良心的倾向，但是，天理良心常常是不可靠的。即便行为者一心想做好事，也常常会发生起好心做坏事的情况。苏格拉底的意思则是，如果不知道仁是什么，那么，行为者如何能够判断自己的行为之对错呢？并且，苏格拉底认为，一个人不可能故意犯错，只要他知道了德性是什么，他就会按照德性的要求行为。苏格拉底的方法的优点在于促进了关于德性是什么的知识论的讨论（并促进了讨论方法的发展），而苏格拉底的不足在于，德性是什么，是根本不可能得到一个准确的回答的，并且实际上就是有人故意犯错，所以，即便知道德性是什么也不能保证行为者会按照德性的要求行为。对于我们来说，孔子与苏格拉底的方法有互相补充的作用。苏格拉底的知识论的方法有助于我们更好地寻找、确立更为大多数人接受的有效的行为标准，而孔子的行为指示的方法有助于培养人们对仁德的渴望，激发人们的行为热忱。

在这个例子中，我就采用了司马谈比较六家的方法。在这个比较中，问题给出的公共域是方法，公共角度是效用，公共标准与概念是有效或无效，所以，这个比较是有效的。下面继续举例。

“孔子讨论仁与苏格拉底讨论德性，二人的讨论方式或言说方式有何异同？”这个问题也蕴含了比较。比较对象是孔子对仁的讨论与苏格拉底对德性的讨论，问题所给出的公共域是方法，公共角度是言说方式，公共标准与公共概念都是异或同。孔子的言说方式是“如何行仁”也就是“如何做”，苏格拉底则是“这是什么”。结论是二人的言说方式不同。

上面这个例子没有“二人的讨论方式分别是什么”这一非比较的环节，但是，这个环节是暗含在比较中了的。因此，这里需要补充说明：任何比较，在比较之前，首先必须在选定的比较角度之下对两个对象作自我理解。也就是说，对两个对象的自我理解先行于比较。只要有一个对象没有进行自我理解，比较都不可能进行，都是逻辑无效的。因为如果有一个对象未被自我理解，则该对象无法被有效表述。所谓有效表述，就是被公共角度所理解而运用了公共标准与公共概念。只有基于公共角度进行了自我理解，才可能为两个对象限定公共域、公共角度与公共标准。换言之，如果某个对象未被自我理解，它就无法呈现出来，也就无法比较。由于公共角度是蕴含于两个对象中的共有属性，所以，基于公共角度的理解一定是自我理解。如果不是自我理解，而用一个对象解释另一个对象，则尚未比较就已经在解释中蕴含比较了，因此是无效的，或者说犯了循环论证的错误（前文已证）。那么，对两个对象作自我理解是否可能呢？答曰：一定是可能的，我对此已经作了严格证明。[20] 而目前的“中国哲学”中的比较，经常没有对中A或西B进行自我解释，尤其是缺乏对中A的自我解释。

（二）“问题与方法”的比较法之优点

以“问题与方法”的比较法来作跨文化比较，不但容易建立比较的可能性，还有三个优点。第一，对于不同文化之交流，可增进相互理解，促进和而不同。第二，促进人类经验与智慧的交流、互通与共享。第一点是避免不利，第二点是直接增益福祉。另外，第三，表现在言说方式上，跨文化比较根本无需“中A是西B”这种言说方式。这一点有助于摆脱“中国哲学”对“中A是西B”这种言说方式的依赖。

交往时，如果甲（生活在一种文化体系的人）发现乙（生活在另一种文化体系中的人）的方法与自己不同，那么，他首要的工作是去理解对方。如果各自的方法都能解决自己的问题，就没有必要用一个去裁判、批评另一个。例如，中国人结婚拜天地，欧洲人结婚进教堂，两者都能解决问题，故完全应该相互尊重，和而不同。《论六家要旨》就处理了方法分歧的问题，各家之法各有优点，不应该以一个否定另一个。这个交往并发现对方与自己不同的过程，运用了“问题与方法”的比较法。运用此法，有助于促进相互理解，减少误会，并减少由误会带来的纷争与冲突。

交往时，甲发现乙的某些方法对解决自己的问题也有帮助，于是，甲就采取了乙的方法（包括对乙的方法作改进），于是，乙的方法（也就是生存经验）就成为甲乙共享的生存经验。更广而言之，某些产生于某个文化体系的方法可以成为人类普遍共享的生存经验，于是，这种互相交流与学习就推动了人类文化的发展，促进人类的共同发展、繁荣与和谐。例如，西方人发现中医可以改进西医的某些不足，于是也采用了中医的某些做法，如针灸。又如，中国人发现西方的绘画中的透视法有价值，于是在自己的绘画中予以吸收。这个交往并发现对方的优点的过程，也运用了“问题与方法”的比较法。

交往时，甲发现乙的某些方法很有效，

而自己的方法较无效，则完全可能采取乙的方法来替代自己以前的方法。例如，活字印刷术传到西方，就取代了西方的印刷术。反过来，西方的现代印刷术（如铅字照排，电脑照排）则取代了中国古代的印刷术。这个过程也运用了“问题与方法”的比较法。

交往时，甲发现乙的问题与方法都是自己所没有的，而且乙的问题与方法都有价值，就可以整体地引进了乙的问题与方法。例如，中国人对佛教的接纳，中国人对西方科学的整体的接纳，日本、朝鲜、越南对儒家、道家与佛家的吸纳，就是此类情况。这个过程也运用了“问题与方法”的比较法。更广泛地讲，一切出于相互补益的目的的比较，都运用了“问题与方法”的比较法。

但是，上述比较根本无需把西B作为解释（或描述、限定）中A的概念，根本无需采用“中A是西B”这种言说方式。针灸对西方人有帮助，西方人根本无需说“西医的x就是针灸”；西方的透视法对中国画有帮助，中国人也根本无需说“古代绘画中的x就是透视法”。甲在乙那里无论是发现了好的东西还是不好的东西，其前提都是乙的东西与甲的不同。如果“甲的x就是乙的y”，或者反之，那么，只能说明甲的x对于乙，或乙的y对于甲都毫无价值，毫无互补作用。A对于B的价值，就在于A、B互不相同。A、B的异同与其对于对方的价值之关系可以总结如下：如果A可以对B构成批评或帮助，那么，A、B一定不同；反之亦然。如果A、B相同，则A一定不能对B构成批评或帮助；反之亦然。“中国哲学”试图借助西B来帮助自己，却常常爱说“中A是西B”，完全是自相矛盾的：如果西B对中国有帮助，则西B不同于中A；如果中A是西B，则西B对中国毫无帮助。所以，“中A是西B”这种言说方式是逻辑无效的，也毫无价值。例如，如果“朱子的理与气是亚里士多德的形式与质料”，那么，形式与质料这种思想对于中国人来说就毫无意义。诸子百家以及任一文化形式之所以相互具有价值，就在于他们相互不同。

解决一个问题，可能不只一种有效的方法，可能仅靠一种方法不能解决问题而常常需要多种方法的配合。为了解决问题，完全可以兼采各种方法，相互配合，解决问题。所以，我们更应该说“中A不是西B”，我们才有引进西B的必要。《论六家要旨》就表达了兼采各家方法，以求最有效地解决问题的思想。他对各家的优点分别作出了“不可失也”“不可易也”“不可废也”“不可不察也”等结论，就是要兼采各家之长。

就逻辑有效性看，“问题与方法”的比较法容易为广义比较研究建立逻辑有效性，但此比较法并非唯一的。就价值有效性看，“问题与方法”的比较法乃是唯一的，因为只有寻求解决生存问题的比较才是有价值的比较，不过，这只能说“问题与方法”的比较法是价值有效的比较的必要条件而非充分条件，因为即使基于此比较法，也有许多比较并无价值或价值很少，不值得比较。比较是否有价值，首先要看问题是否有价值，然后要看比较方法是否高明。而具体比较的价值，只有在具体的生存结构中才能判断。

注释：

[1]《论六家要旨》作为经典，尚有诸多意蕴值得发掘。无论自觉与否，司马谈在评论时都运用了“问题＋方法＋效用”的思路，从其评论可以揭示生存活动的基本结构并提取一种方法论，由此形成启示之一。同时，司马谈对六家的评论是对经典与文献的评论，他在评论时肯定运用了一定的经典观与文献观，所以，从其评论也可以把这两种观念提取出来，由此形成启示之二与启示之三。通过历史考察，还可以发现，《论六家要旨》的经典观流行于古代与现今，据之可以清理出中国的经典体系，由此形成启示之四。并且，司马谈的评论还是对六家的比较，他一定运用了某种比较方法，所以，从其评论还可以提取出一种比较方法，由此形成启示之五。罗列这

几篇启示如下：《面对问题本身：问题、方法与效用——〈论六家要旨〉的启示之一》《问题、方法与经典——〈论六家要旨〉的启示之二》《问题、方法与文献——〈论六家要旨〉的启示之三》《问题与方法：经典体系的建立与统绪——〈论六家要旨〉的启示之四》《问题与方法：比较研究的可能性——〈论六家要旨〉的启示之五》。《论六家要旨》对我的启示还在继续，本文是启示之五。

[2] 一切学术（研究）活动与反思活动都把对象看成静态的，即：主体（或者主体的研究）是活动的，但对象是静态的。固然，生活中的时间是流逝的、空间是延绵的、人是活动的，但在学术研究中，时间的流逝是不流逝的、空间的延绵是不延绵的、人的活动是不活动的。只有静态地考察、研究，考察、研究才是可能的。用逻辑的话讲，“时间的流逝被视作不流逝的或静止的”这个表述中，“时间的流逝”是一阶的，“不流逝”与“静止的”是二阶的。

[3] 因为宾词通常出现在系词结构的句子中，而对比较的表达常常不是系词结构，表示标准的概念 S 在句子中出现的位置不能一概称为宾词，故模糊地称做限定语。

[4] 如果把对 A、B 的描述形式化，则是：FP（A，d1S），FP（B，d2S），读做：在公共域 F 中，在角度 P 上，A（或 B）具有 d1S（或 d2S）特征，这样，就很容易看出，变量就是 d1、d2，需要比较的乃是 d1 与 d2。

[5] 苏德超说：“比较天然不是思想。但是，思想却天然就是比较……就思想而言，它直接就是比较”（参见苏德超《中西比较哲学的可能性及其限度》，载《哲学评论》第六辑，武汉：武汉大学出版社 2007 年版，第 70 页）。这句话也是说比较随处存在。苏德超说的“思想”，其外延是较为宽泛的。一个含义清楚（可理解）且被我们（或听众）认为有价值的表达，就可以视做思想。而一个东西只要被认为是有价值的，它就一定已经与其他东西区分出来了。既然与其他东西区分出来了，就一定蕴含了比较。所以，一个被视做思想的表达，一定把自身与别物相区分出来了，就一定蕴含了比较。

[6] 朱志方说：“说所有的哲学都是比较哲学，并不是说了一句无意义的话……发现所有的哲学都是比较哲学是发现了一个重要的事实”（参见朱志方《比较哲学的基本问题》，载《哲学评论》第六辑，武汉：武汉大学出版社 2007 年版，第 7 页）。在广义的比较研究的角度，在没有发现一切哲学都是比较哲学之前，有人指出一切哲学都是比较哲学，这是有意义的，的确是发现了一个重要事实。但是，其意义仅仅在此。第一次说此言的人说出了真理，第二次说此言的人就是在说废话。如果所有哲学都是比较哲学，我们需要做的是，哲学中的这种比较与那种比较是否需要区别？有何区别？各自对我们有什么意义？

[7] 关于“现代古典学”这一概念的界定，参见邓曦泽《南辕北辙的现代古典学——以“中国哲学”为例》，载陈明、朱汉民主编《原道》第十五辑，北京：首都师范大学出版社 2008 年版，第 202 页。

[8]“中国哲学”合法性问题，实乃方法论问题，即以西解中是否合理。这个问题不仅是“中国哲学”的问题，而是整个现代古典学的问题，故加引号以示区别。并且，“比较哲学”或“中国哲学”不言而喻地预设了中国古代有哲学，这是有问题的。我不赞同把古代的某些学术重新命名为“哲学”，而以“义理学”或“古典义理学”名之。在特别勉强的条件下，姑且可以称之为“中国古代哲学”。本文的哲学仍然指被中国人引进的发源于西方的哲学。在中国的大学里的西方哲学（专业），可以说是来自西方的、在中国的西方哲学，它业已成为中国的哲学了（参见邓曦泽《合法性、方法论、格义与言说方式之牵挂——从二〇〇五年五月香港会议谈起》，载《鹅湖》2005 年第 8 期）。

[9] 同一文化系统内部的比较是可能的，他们的共同平台（即比较标准）是在历史中形成的，而不是抽象的或者先验的。这是一个值得详细讨论的问题，它有助于反观比较研究。

[10] 冯友兰《中国哲学史》上册，上海：华东师范大学出版社 2000 年版，第 6 页。

[11] 冯友兰《中国哲学史》上册，上海：华东师范大学出版社 2000 年版，第 45 页。请注意，苏格拉底本身是与智者派相冲突的，而冯友兰却把二者相互冲突的方面统一于孔子一身。

[12] 冯友兰《中国哲学史》下册，上海：华

东师范大学出版社 2000 年版，第 259 页。

[13] 牟宗三《中国哲学的特质》，上海：上海古籍出版社 1997 年版，第 21 页。

[14] 按照这个流程，完全可以编制一个“比较哲学操作程序”，命令电脑进行中西哲学之比较。

[15] 甚至可以说，得出“狗是猫”的逻辑也要比“中 A 是西 B”更严格一些，因为在狗与猫之间，我们还可以找到一些同时适用于二者的公共概念，如毛、足、哺乳动物等等。但是，“中国哲学”经常无法为中 A 与西 B 提供公共概念，这对于“中国哲学”的这种比较来说是致命的。另外，虽然这种类比具有联想功能，从而可能激发人的某些出人意料的想象，但是，类比的这种联想功能完全是不可靠的，只能碰运气，同时，具有这种联想功能的思维形式非常多，类比并不具有什么优越性，所以，“中国哲学”无法证明它的言说方式具有独特价值。

[16] 列文森《儒教中国及其现代命运》，北京：中国社会科学出版社 2000 年版，第 98 页。

[17] 冯友兰《三松堂全集》第十一卷，郑州：河南人民出版社 2001 年版，第 31 页。

[18] 如果能根据中 A 是西 B 而得出中国有哲学的结论，那么，也可以根据西 B 是中 A 得出西方也有儒学、道家的结论。本质是道，苏格拉底是孔子，形式与质料是理与气……所以，西方也有儒学（或道家等等）。

[19] 邓曦泽《面对问题本身：问题、方法与效用——〈论六家要旨〉的启示之一》，见邓曦泽《文化复兴论——公共儒学的进路》附录 1，北京：人民出版社 2009 年版。

[20] 邓曦泽《南辕北辙的现代古典学——以“中国哲学”为例》，载陈明、朱汉民主编《原道》第十五辑，北京：首都师范大学出版社 2008 年版，第 207 页。但为什么不把自我解释作为比较的预设呢？因为虽然比较必须以自我解释为前提，但是自我解释完全不只针对比较，它针对任何理解与解释。对任何事物的理解都需要对该事物作自我解释，而比较的三个预设都是针对比较活动的。如果把比较限定在这里讨论的比较研究上，则可以更清楚地看到，自我解释存在于一切研究中，而非跨文化研究不一定需要这三个预设，如就孔子研究孔子，则无需这三个预设。当然，不一定不是否定，如果在同文化中比较孔子与朱子，仍然要这三个预设（这不是本文所要讨论的比较研究）。从广义的比较看，任何自我解释都有比较，也就必定有比较的三个预设，如果预设自我解释，则会导致重复预设，所以，从理论的经济性上考虑，应尽可能减少预设。如果应把自我解释明确提出来作为比较的预设，那么，也许还有更多的东西也应该作为预设（如比较者需要懂得语言、能思维、理解本身的可能性等），所以，不把自我解释作为预设。

参考文献：

1. 司马迁《史记》，北京：中华书局 1959 年版

2. 冯友兰《中国哲学史》，上海：华东师范大学出版社 2000 年版

3. 冯友兰《三松堂全集》第十一卷，郑州：河南人民出版社 2001 年版

4. 牟宗三《中国哲学的特质》，上海：上海古籍出版社 1997 年版

5. 列文森《儒教中国及其现代命运》，北京：中国社会科学出版社 2000 年版

6. 苏德超《中西比较哲学的可能性及其限度》，载《哲学评论》第六辑，武汉：武汉大学出版社 2007 年版

7. 朱志方《比较哲学的基本问题》，载《哲学评论》第六辑，武汉：武汉大学出版社 2007 年版

8. 邓曦泽《合法性、方法论、格义与言说方式之牵挂——从二〇〇五年五月香港会议谈起》，载《鹅湖》2005 年第 8 期

9. 邓曦泽《面对问题本身：问题、方法与效用——〈论六家要旨〉的启示之一》，见邓曦泽《文化复兴论——公共儒学的进路》，北京：人民出版社 2009 年版

10. 邓曦泽《南辕北辙的现代古典学——以“中国哲学”为例》，载陈明、朱汉民主编《原道》第十五辑，北京：首都师范大学出版社 2008 年版

（作者系四川大学政治学院副教授）

“气”之义证

韩 刚

气论是中国民族思想之大宗，是独具中国民族特色并区别于西方思想文化最重要的家当之一，极为重要。对它的研究很多，当代国内外仅重要的专著即有数种，如李存山著《中国气论探源与发微》，曾振宇著《中国气论哲学研究》，日本学者小野泽精一、福永光司、山井涌编著《气的思想——中国自然观和人的观念的发展》等。这些论著多从哲学或思想的角度切入，整个中国历史时期全景式展开，而较为详细深入地描述、讨论两汉魏晋南北朝时期思想史上之“气”向人伦品鉴与文艺理论领域逐步渗透之历程的论述甚为少见。这就导致了作为汉代历史文化精神表征且对此后中国文艺理论影响极大的“气”之一字，谈文论艺者多能知其然，但能知其所以然者甚少的情况。故本文不揣浅陋为汉魏六朝之“气”字作一义证如下。

一、“气”之本义与本原义

东汉许慎《说文解字》释“气”云：“云气也，象形，凡气之属皆从气。”段玉裁注：“气本云气，引申为凡气之称。”如对先秦经、子言“气”之论作一粗略的概括，“气”之本义当为本质上相通的“云气”“声气”（或“气息”）等之属。就“云气”之属而言，《左传》言六气；《国语·周语》分气为阴阳；《易·文言》言气类相求；《庄子·知北游》以气言天地万类；《庄子·齐物论》言“大块噫气”；《庄子·在宥》言天气、地气、云气、六气，合六气之精，以育群生，等等均是。就“声气”之属而言，《老子》言“专气致柔”“心使气曰强”；《管子》言“气者身之充也”；《孟子》言“养气”；《孟子·公孙丑上》言“气者体之充也”；《庄子·达生》言“一其性，养其气”，等等均是。

如果上述先秦经、子所论“云气”“声气”之属，还只是中国民族文化中“气”之本义或“气”论之滥觞；至汉，则蔚为大宗，极其绚烂多彩。先秦诸子所论“云气”“气息”等之本义，在此时迅速和合、超越，最突出的表现是“气”之内涵迅速上提一层，成为当时思想史上天地万物之“本原”范畴，由此“气”之“形而上”本原义或思想史上的“元气”[1]论得以成立，汉人尚“气”于是乎成。

汉魏时期，思想史上对“气”之“形而上”本原义的论述（即“气”论或“元气”论）不胜枚举，先将有关资料择其要者列于下：

其一，《庄子》卷五《至乐》第十八云：“察其始而本无生，非徒无生也，而本无形，非徒无形也，而本无气。杂乎芒芴之间，变而有气，气变而有形，形变而有生。”《庄子》卷六《知北游》第二十二云：“人之生也，气之聚也，聚则为生，散而为死……故曰通天下一气耳。”[2]

其二，《淮南子·天文训》云：“天坠未形，冯冯翼翼，洞洞漏漏，故曰太昭。太始生虚廓，虚廓生宇宙，宇宙生气。气有涯垠，清阳者薄靡而为天，重浊者凝滞而为地。”[3]

其三，西汉《易纬·乾凿度》云：“夫有形生于无形，乾坤安从生？故曰：有太易，有太初，有太始，有太素也。太易者，未见气也。太初者，气之始也。太始者，形之始也。太素者，质之始也。气形质具而未离，故曰浑沦。”[4]

其四，西汉董仲舒《春秋繁露》卷十三《五行相生》第五十八云：“天地之气，合而为一，分为阴阳，判为四时，列为五行。行者，行也，其行不同，故谓之五行。五行者，五官也，比相生而间相胜也。故为治，逆之则乱，顺之则治。”[5]《春秋繁露》卷十八《如天之为》第八十云：“天地之间，有阴阳之气，常渐人者，若水常渐鱼也，所以异于水者，可见与不可见耳。”[6]

其五，东汉王充《论衡·无形篇》云：“人禀元气于天，各受寿夭之命，以立长短之形。”[7]《论衡·幸偶篇》云：“俱禀元气，或独为人，或为禽兽。并为人，或贵或贱，或贫或富；富或累金，贫为祈食，贵至封侯，贱至奴仆。非天禀施有左右也，人物受性有厚薄也。”[8]《论衡·气寿篇》云：“凡人禀命有二品：一曰所当触值之命，二曰强弱寿夭之命……强寿弱夭，谓禀气沃薄也……人之禀气，或充实而坚强，或虚劣而软弱。充实坚强，其年寿；虚劣软弱，失弃其身。”[9]《论衡·初禀篇》云：“人生性命当富贵者，初禀自然之气，养育长大，富贵之命效矣。”[10]《论衡·齐世篇》云：“上世之天，下世之天也，天不变易，气不改更；上世之民，下世之民也，俱禀元气。元气纯和，古今不异，则禀以为形体者，何故不同？夫禀气等则怀性均，怀性均则形体同，形体同则丑好齐，丑好齐则夭寿适。一天一地，并生万物；万物之生，俱得一气。气之薄沃，万世若一，帝王治世，百代同道；人民嫁娶，同时共礼。”[11]

其六，东汉何休注《春秋公羊传注疏·隐公元年》“君之始年也”下注云：“元

东汉 庭院图 陕西郝滩壁画墓

者，气也，无形以起，有形以分，造起天地，天地之始也。”[12]

其七，道教早期经典《太平经》云：“故元气乐即生大昌，自然乐则物强”[13]，“元气行道，以生万物”[14]，“元气自然，共为天地之性也”[15]，“道无所不能化，故元气守道，乃行其气，乃生天地，无柱而立，万物无动类相生。”[16]

其八，东汉王符《潜夫论·本训》：“上古之世，太素之时，元气窈冥，未有形兆，万精合并，混而为一，莫制莫御。若斯久之，翻然自化，清浊分别，变成阴阳。阴阳有体，实生两仪，天地一郁，万物化淳。和气生人，以统理之……道德之用，莫大于气。道者气之根也；气者道之使也。必有其根，其气乃生；必有其使，其化乃成。是故道之为物也，至神以妙；其为功也，至疆至大。天之以动，地之以静，日之以光，月之以明；四时五行，鬼神人民，亿兆丑类，变易吉凶，何非气然？”[17]

其九，三国魏刘邵《人物志·九征第一》云：“凡有血气者，莫不含元一以为质，禀阴阳以立性，体五行而着形。”[18]

其十，三国魏嵇康《明胆论》云：“夫元气陶铄，众生禀焉，赋受有多少，故才性有昏明。唯至人特钟纯美，兼周内外，无不毕备，降此以往，盖阙如也。”[19]

以上引文可以概括的要点约为：

第一，从《庄子》至汉魏，尤其是两汉时，“气”大行其道，是思想史上的核心本原性范畴，遍及除佛教外的儒家、道家、道教以及人伦品鉴、文艺理论等当时历史文化的各个领域（通观一至十）。

第二，本原之“气”的内涵约为“无形”“混沌”（见其一“杂乎芒芴之间变而有气，气变而有形”；其三“气形质具而未离，故曰浑沦”；其六“气也，无形以起，有形以分”；其八“元气窈冥，未有形兆，万精合并，混而为一，莫制莫御”等），即难以名状与言说。

东汉 车马出行图 陕西郝滩壁画墓

东汉 陕西靖边壁画墓后室北壁壁画

第三，本原之“气”具有创生天地万物之功能，其创生途径是由“形而上”者（如“道”）至“形而下”者（如“器”）逐层向下贯通落实。[20] 约为：气—阴、阳之气（或天、地之气）—宇宙万物（通观一至十）。

第四，大体上，本原之“气”内在于由“道”至“器”逐层向下落实的所有环节之中，亦即所有环节的内涵均为“气”，是对“混沌”的本原之“气”的禀受或分有，或各得其一偏（见其一“通天下一气耳”；其五“万物之生，俱得一气”；其六和其七“元气自然，共为天地之性也”；其八“天之以动，地之以静，日之以光，月之以明；四时五行，鬼神人民，亿兆丑类，变易吉凶，何非气然？” 其九“凡有血气者，莫不含元一以为质”；其十“夫元气陶铄，众生禀焉，赋受有多少，故才性有昏明”）。

上文所述可以看做“气”之本原义向人伦品鉴领域和文艺批评领域渗透的思想史背景。约迄南朝梁武帝时期，从总体上看，作为天地万物之一的人与诗、文、歌、舞、书法等文艺门类之本原，当然亦为“气”或“元气”。此即三国魏刘邵《人物志》以“气”之本原义建构人伦品鉴理论，东汉赵壹等以“气”论书法，三国魏曹丕以“气”论、品文，三国魏嵇康等以“气”论音乐，南朝齐梁刘勰《文心雕龙》全面贯彻“重气之旨”，南朝梁钟嵘《诗品》以“气”论、品诗，南朝齐梁谢赫以“气韵”建构《古画品录》与“六法”等的思想文化语境或脉络。但从总体上看，以“气”之本原义论、品文艺必须以人伦品鉴作为中介来加以转化，因为所有文艺门类毕竟都是由人心所生的。

二、“气”之人伦品鉴义

（一）以“气”之本原义品鉴人物的理论结晶——刘邵《人物志》

以“气”论、品人的精神气质当是由“气”之本原义引申出来的。三国魏刘邵《人物志》是对其前甚为流行的以“气”品人风气的理论概括或提炼。《人物志》把元一、阴阳、五行、人的气质和道德品质看做是不可分割的整体，与本文密切相关者是刘卲对“九征”的论述。《人物志·九征》论述的是通过人的神、精、筋、骨、气、色、仪、容、言等九种外在征象来考察人的内在品质（包括德行与才智），它是刘卲人伦品鉴理论的基石。《人物志·九征》云：

盖人物之本，出乎情性，情性之理，甚微而玄，非圣人之察，其孰能究之哉？凡有血气者，莫不含元一以为质，秉阴阳以立性，体五行而着形。苟有形质，犹可即而求之。

凡人之质量，中和最贵矣。中和之质，必平淡无味，故能调成五材，变化应节。是故观人察质，必先察其平淡，而后求其聪明。聪明者，阴阳之精。阴阳清和，则中睿外明。圣人纯耀，能兼二美。知微知章，自非圣人，莫能两遂。故明白之士，达动之机，而暗于玄虑。玄虑之人，识静之原，而困于速捷。犹火日外照，不能内见；金水内暎，不能外光。二者之义，盖阴阳之别也。

若量其材质，稽诸五物，五物之征，亦各着于厥体也。其在体也，木骨、金筋、火气、土肌、水血，五物之象也。五物之实，各有所寄。是故骨直而柔者，谓之弘毅，弘毅也者，仁之质也。气清而浪者，谓之文理，文理也者，礼之本也。理端而实者，谓之贞固，贞固也者，信之基也。筋劲而精者，谓之勇敢，勇敢也者，义之决也。色平而伤者，谓之通微，通微也者，智之原也。五质恒性，固谓之五常矣，五常之别，列为五德。是故温直而扰毅，木之德也；刚塞而弘毅，金之德也；愿恭而理敬，水之德也；宽栗而柔立，土之德也；简畅而明砭，火之德也。虽体变无穷，犹依乎五质。[21]

在疏释上面引文之前，须先厘清刘卲“莫不含元一以为质”中“元一”究竟何所指？本文的看法是，“元一”与“气”相通，很多学者甚至认为“元一”即“气”[22]，对于此说，本文是基本赞同的。

照刘卲看来，人的骨、筋、气、肌、血“五体”，分别是由木、金、火、土、水“五行”化生而成：木生成骨，金生成筋，火生成气，土生成肌，水生成血。人所禀成的“五行”的分量各不相同，所形成的“五体”的特征（“五质”）也不同，“五质”所形成的品德也就随之不同。骨骼挺直而柔韧的，谓之“宏毅”（气量宽宏，意志坚强），这是仁的基础；元气清新而明朗的，谓之“文理”，是礼的根本；肌体端正而结实的，谓之“贞固”（坚贞不移，始终如一），这是“信”的基础；筋骨强劲而精炼的，谓之“勇敢”，这是“义”的关键；血色平实而畅达的，谓之“通微”（通达深微隐奥之处），这是“智”的本原。“宏毅”“文理”“贞固”“勇敢”“通微”这“五质”是永恒不变的，因而它们及所生成的品德也称为“五常”。这“五常”分别对应的是木、金、火、土、水，所对应的德行即“五德”：温和率直而和顺果断是木之德，刚断笃实而大度坚强是金之德，老实恭敬而果决威严是水之德，宽宏庄严而柔顺独立是土之德，简练畅达而明砭是火之德。虽然这“五德”体现在每个人身上千差万别，但是万变不离其宗，归根结底离不开这五种基本品质。如图示之即：

		五行	五体	五质	五常	五德
元一（气）	阴	木	骨（直而柔）	宏毅	仁	温直而扰毅
		金	筋（劲而精）	勇敢	义	刚塞而弘毅
	阳	火	气（清而朗）	文理	理	简畅而明砭
		土	肌（端而实）	贞固	智	宽栗而柔立
		水	血（平而畅）	通微	信	恭敬而平谨

上述观点，旨在说明通过人的外在体貌征象来考察人的内在品质主张之合理性。其逻辑是：人的品德（五德），是直接由其体貌（五体）所决定的；禀承“五行”而生成的“五体”，必能体现“五行”之德；而“五行”又禀承阴阳二气，阴阳二气最终又由“元一”（即气）所决定。也就是说，人的气质、才性与品德最终是由所禀承的“气”决定的。所以刘邵说：“凡有血气者，莫不含元一以为质，禀阴阳以立体，体五行以着形。”

在刘邵看来，人的气质、才性、品德是天生的、自然而然的，取决于他禀受的五行中的哪一种。这一点，他在《体别》篇中有进一步论述，他举出强毅、柔顺、雄悍、惧慎、凌楷（凌厉端正）、辨博、弘普、狷介、休动（静默少动）、沉静、朴露、韬谲十二种才性特点，认为这十二种都是偏材之性，偏材之性是生来如此的，后天难以纠其偏失：

夫学所以成才也，恕所以推情也，偏材之性不可移转矣。虽教之以学，才成而随之以失；虽训之以恕，推情盖从其心，信者逆信，诈者逆诈，故学不入道，恕不周物，此偏材之益失也。[23]

偏材之性乃由天生，难以学成；若性非偏材，能否学成呢？似也不能。他认为最好的才性，是中和（或称中庸）之性。中和之性，也是天生的。

无论是兼材还是偏材，最终都决定于其所禀受之气，兼材所禀受之气为中和之气，即得气之全；偏材所禀受之气为偏至之气，即得气之偏。所禀受之气表现出来就是人的才性与气质、德行，“凡有血气者，莫不含元一以为质”说的就是这个意思。由于每个人所禀承的五行与元一（气）的分量不同，所以，才性（五德）在每个人身上的体现就千差万别，如上所述，刘邵举出强毅、柔顺、雄悍、惧慎、凌楷等十二种才性，换句话说就是强毅之气、柔顺之气、雄悍之气、惧慎之气、凌楷之气，如此等等。在刘邵看来，这些才性与品德又通过其体貌征象表现出来。比如心胸坦荡、性情耿直之人，其仪态必然坚定、刚毅；心地善良果决之人，其仪态必然安静闲雅。因此，通过观察人的体貌征象，就可以了解人的品质（性）。于是，刘邵在此理论基础上，提出了九征的观察法。

西汉 上林苑斗兽图
河南洛阳八里台西汉墓前山墙右斜坡壁画

（二）以“气”之本原义品鉴人物的实践代表——刘义庆《世说新语》

刘邵《人物志》后，南朝宋刘义庆撰《世说新语》一书是秦末至晋宋间人伦品鉴的集大成者，用“气”品论人物的实例既多又富代表性，可以视为《人物志》所倡导的以“气”品人理论之具体运用，先将有关资料择其要者列于下：

其一，谢太傅常称：“褚季野虽不言，而四时之气亦备。”[24]

其二，嵇中散语赵景真：“卿瞳子白黑分明，有白起之风，恨量小狭。”赵云：“尺表能审玑衡之度，寸管能测往复之气。

魏晋 猎鹿 甘肃嘉峪关7号墓前室东壁

何必在大，但问识如何耳。”[25]

其三，毛伯成既负其才气，常称：“宁为兰摧玉折，不作萧敷艾荣。”[26]

其四，王本自有一往隽气，殊自轻之。[27]

其五，刘伶著酒德颂，意气所寄。[28]

其六，嵇中散临刑东市，神气不变。索琴弹之，奏广陵散。[29]

其七，王平子与人书，称其儿“风气日上，足散人怀。”[30]

其八，时人道阮思旷：“骨气不及右军，简秀不如真长，韶润不如仲祖，思致不如渊源，而兼有诸人之美。”[31]

其九，庾道季云：“廉颇、蔺相如虽千载上死人，懔懔恒有生气；曹蜍、李志虽见在，厌厌如九泉下人。”[32]

其十，桓宣武平蜀……桓既素有雄情爽气，加尔日音调英发，叙古今成败由人，存亡系才，奇拔磊落，一坐赞赏不暇坐。[33]

其十一，周处年少时，凶强侠气，为乡里所患。[34]

其十二，答曰：“王夫人神情散朗，故有林下风气；顾家妇清心玉映，自是闺房之秀。”[35]

上引资料中，用以品评人物与“气”相关的词汇，有“四时之气”“往复之气”“才气”“一往隽气”“意气”“神气”“风气”“骨气”“生气”“雄情爽气”“凶强侠气”“林下风气”等。可见：

第一，《世说新语》中，以“气”所品之人多在东晋以前。

第二，这些词均以“气”为主，与“气”组成词的其他字、词是限定“气”的，也可以说是做“气”的定语。

第三，从这些词的丰富程度看，如稍做推衍，几乎无所不包，或者说除“气”本身外的其他任何字、词都可以与它组合成词，并且跟它组词的字、词无一例外地做它的定语。与它组合成词的词有可以指陈的、特定的意蕴指向，但它自身却是不可指陈的本原性“混沌”。它虽然不可指陈、难以言说，但与它组合却可以生成无数可以指陈、可以言说的新词，这便是它强大的创生功能。

第四，在与“气”组合成词的这些可以言说和指陈的词中，“气”本身却不可言说、不可指陈，所以在具体的人物品评活动中，对某人的气质、德行的指陈恒在除“气”之外的其他词的意蕴指向上，但“气”是无所不包的，所以这些与其组合成词的有特定意蕴的词只能是对它的分有，或得其一偏。如："神气"的意蕴在"神"上，也可以说它得"气"之"神"。

第五，"气"本身的究竟意蕴难以指陈，难以言说，对于这个问题最好的解决办法，如上文所引《庄子》所言："六合之外，圣人存而不论。"或可以套用老子的话，即是："有物混成，先天地生，吾不知其名，强字之曰'气'。"

第六，上面五点的理论基石，盖为上文所说的刘邵《人物志》中所阐述的元气论。即每个人均有不同的禀受于"气"的质、量。他禀受了什么，就会通过外在的可以感知的九种征象（神、精、筋、骨、气、色、仪、容、言）呈现出来什么，这种呈现出来的东西被品评者感受到了，按照"名实相符"的标准，便会用合适的词汇加以表述。当时谓之"品题"，上引所有"品题"均与"气"相连，表明"品题"所指向的乃是具体品评活动中被品评者的才性是对"气"的分有或禀受。

三、"气"之文艺品评义

在刘邵《人物志》成书的时代，"气"之本原义也开始了向文艺批评领域的逐步渗透与落实，较早、较为明确的论述当以曹丕《典论·论文》"文以气为主"等语为标志。此后，"气"作为一个文艺批评理论的本原性范畴渐渐渗入到文艺的其他门类之中，大致依时间为序述之如下。

（一）曹丕《典论·论文》中以"气"之本原义论、品文

"气"之本原义是曹丕（187—226）《典论·论文》的理论基石，其云：

文以气为主，气之清浊有体，不可力强而致。譬诸音乐，曲度虽均，节奏同检，至于引气不齐，巧拙有素，虽在父兄，不能以移子弟。[36]

意当为：创作或品评文章应当以"气"为主导，气包含清、浊、阴、阳、刚、柔等不同体貌，它是天生的、自然而然的、不可勉强的。就像音乐的曲度虽均，节奏同检一样。落实到每个人，他们所禀受的气的多少、分量是不相同的（"引气不同"），或巧或拙是先天决定的素质，这种素质即便是父子兄弟，也不能传授与学习。

理解此段文字的关键点应是：第一，此处三个"气"字均未加任何限定成分，当指上文所言具有创生功能、内涵为"混沦"，与"道""太极"等一体相通的本原之气，亦即是上述《人物志》中提到的圣人所禀承的、与偏至之气相对的中和之气或元一之气；第二，这种"气"是天生的、自然而然的、与不可勉强的；第三，由于其是先天的，故不可学；第四，创作或品评文章应以这种气为主导。

因此，这段文字言下之意即为：文章的不同面貌风格决定于不同作者（"巧拙有素"）禀受（"引"）于"气"的不同面貌（"清浊有体"）；反过来讲，即是"气"通过作者（人）的转化（或外化）这一中介最终决定了文章的面貌。这就是我们熟知的"文如其人"。

可见，这段文字之所以重要，是因为它几乎包含了上文谈到的所有信息。

在《典论·论文》中，曹丕贯彻了他的上述纲领，他在品评徐幹的文章时说：

王杰长于辞赋，徐幹时有齐气，然杰之匹也。[37]（唐）李善注："言齐俗文体舒缓，而徐幹亦有斯累。"[38]

总而言之，"齐气"当指舒缓之气。这是说徐幹及其文章在总体风格上给人以舒缓的感觉，这是其瑕疵，因而没有达到元一之气的完美。而这种瑕疵是由徐幹的才性决定的，徐幹的才性又是由其所禀承于元一之气的多少与分量决定的。对徐幹本人来说，他所禀承的即是舒缓之气。

在《典论·论文》中，曹丕用"气"品评的另一个人是孔融，他说：

孔融体气高妙，有过人者，然不能持论，理不胜辞，以至乎杂以嘲戏。及其所善，

杨、班俦也。[39]

此是说孔融禀承的是体貌高妙之气，同样是得气之一偏。

（二）嵇康在《声无哀乐论》中以“气”之本原义论音乐

嵇康（约223—263）著《声无哀乐论》在中国音乐史上的重要性自不待言，与本文相关者，是其中阐明了音乐之本原这一重大理论问题。他的看法与上文所述万物、文章之本原在思路上可谓如出一辙：

夫天地合德，万物资生，寒暑代往，五行以成，故章为五色，发为五音。声音之作，其犹臭味在于天地之间，其善与不善，虽遭遇浊乱，其体自若而不变矣，岂以爱憎异操，哀乐改度哉？及宫商集化，声音克谐，此人心致愿，情欲之所钟。古人知情不可恣，欲不可极，因其所用，每为之节，使哀不至伤，乐不至淫，斯其大较也。[40]

照上引文字，如以图示之，则音乐之生成过程如下：

天地—万物—寒暑—五行—五色—五音

那么，“天地”何所从来？嵇康在《明胆论》中说：

夫元气陶铄，众生禀焉。赋受有多少，故才性有昏明。[41]

由此，不但可见“天地”何所从来，亦可见嵇康众生之才性禀受于元气的见解。

上述音乐之生成过程，如反过来看，即是“五声”最终源于“元气”。无论是从顺、逆哪一角度看，元气均是天生地、自然而然地、不以外在因素的改变而改变地内在于自上而下（诸如天地、万物、寒暑、五行、五色等）的每一个环节中的。这就是嵇康所谓“声音之作，其犹臭味在于天地之间，其善与不善，虽遭遇浊乱，其体自若而不变矣，岂以爱憎异操，哀乐改度哉？”的意蕴所在。

（三）钟嵘在《诗品》中以“气”之本原义论、品诗

1. “气”之本原义是《诗品》的理论基石

南朝梁钟嵘（约480—552）《诗品》开篇即道出了在诗歌舞等文艺活动中“气”的本原涵义：

气之动物，物之感人，故摇荡性情，形诸舞咏。照烛三才，辉映万有，灵祇待之以致飨，幽微籍之以昭告。动天地，感鬼神，莫近于诗。[42]

此段文字中，最要紧处是怎样理解“气之动物”中的“动”字，怎样理解才符合钟嵘的原义呢？本文认为，此处“动”当做“生”解，即“创

西汉 湖南长沙马王堆1号墓朱地彩绘棺（第三层棺局部）

生”之意。这样理解，不但符合其时“气论”之理路，而且可以得到训诂知识的支持。如《吕氏春秋》卷第六《季夏纪》“草木繁动”，高诱注：“动，生。”[43]《淮南子·时则》“赘虫咸动苏”，高诱注：“动苏，生也。”[44] 此段文字中两个“物”字均指“万物”，亦即下句所说之“万有”。当不仅包括自然，还应包括社会、人事、人的精神等一切事物。“物之感人”中“感”字当做“感动”解。

此段引文意为：气创生着万有（物），生生不息的万有无时无刻不在感动着人的心灵，所以相应地，人的心灵也在时刻顺应着万有的感动。这种感动与顺应的过程，摇荡着人的性情，人们便情不自禁地要把它表现或外化为歌舞。这种被外化的情感（通过歌舞表现出来）照亮着天、地、人三才，辉映着万有，神灵等着用它（歌舞）来享用祭献，幽奥深隐的鬼魂们也等着靠它来明白人们昭告的意义。摇荡天地，感动鬼神，没有什么比诗歌更好的了。

钟嵘的理路如果反过来看，就是诗源于“性情”之“摇荡”，“性情”之“摇荡”源于“万有”的感动，生生不息的“万有”又源于“气”之“动”（创生）。这是一个生生不息的“动”（创生）的过程，气是内在于此一过程的每一环节中的，因而，诗最终是由气决定的，只不过中间经历了“性情”的外化这一中间环节。同时，需要注意的是，人作为万有的一种，也是气创生的，并不外在于气的创生过程，而是与这一过程水乳交融的。人能外化出什么诗歌，最终是由其被气创生过程中所禀承的气的分量决定的，是天生的、自然而然的。此即人们熟知的“诗如其人”的涵义。

这是钟嵘《诗品》的理论基石与纲维，在具体的品评中，他是贯彻了这一思想的。

2. 钟嵘在《诗品》中对“气”之本原义的具体运用

钟嵘在《诗品》中用上述理论品评诗歌，据本文统计，共有 9 处。

其一，先是郭景纯用隽良之才，变创其体；刘越石仗清刚之气，赞成厥美。[45]

刘越石，晋代诗人刘琨，字越石。仗，依仗。清刚之气，清新刚劲的精神气质。赞成厥美，辅助、支持他的美好行为。厥，其，指郭璞（即上句之郭景纯）。意为：开始时是郭璞以他挺拔出众之诗才，转变诗体；刘琨依仗清新刚健的诗风推波助澜促成这一善举。在钟嵘看来，刘琨的诗在总体上给人以清新刚健的感觉，而这种感觉源于其清新刚健的气质，这种气质又源于本原之气，是对本原之气的分有。

其二，（魏陈思王植）其源出于国风。骨气奇高，词采华茂；情兼雅怨，体被文质，杰溢古今，卓尔不群。[46]

“骨气奇高”中之“骨”，黄侃《文心雕龙札记》之《风骨》第二十八云：“文之有意，所以宣达思理，纲维全篇，譬之于物，则犹风也。文之有辞，所以摅写中怀，显明条贯，譬之于物，则犹骨也。必知风即文意，骨即文辞，然后不蹈空虚之弊。”“骨”即指摅写中怀之文辞的显明条贯。“奇高”，奇绝高超。此句意为曹植的文章给人文辞显明条贯、奇绝高超之感，这种美感源于其所禀受的奇绝高超之气。

其三，（魏文学刘桢）其源出于古诗。仗气爱奇，动多振绝；真骨凌霜，高风跨俗。但气过其文，雕润恨少。然自陈思已下，桢称独步。[47]

“仗气爱奇”，仗，依仗。奇，指词句的特出。从“仗”与“爱奇”可以体会到刘桢诗作中所弥漫的一种特出之气势。意为：刘桢依仗气势与不同凡响的词句。“但气过其文，雕润恨少”中“气”指上文之气势。意为：然而他的诗未免气势多于文采，必要的润色也太少了。综观之，此两处“气”均指气势之气，当然未得中庸平和的气之全。

其四，（晋平原相陆机）其源出于陈思，才高词赡，举体华美。气少于公干；文劣于仲宣。尚规矩，不贵绮错，有伤直致之奇。然其咀嚼英华，厌饫膏泽，文章之渊泉也。张公叹其大才，信矣！[48]

“气少于公干，文劣于仲宣。”上文谈到刘祯（公干）气势太强，雕润恨少。此处言陆机气少于刘桢，显然此“气”亦指气势之气。陆机之气势尚少于刘桢，可见陆机所得更是气之偏。

其五，（晋司空张华）其源出于王杰。其体华艳，兴托不奇。巧用文字，务为妍冶。虽名高曩代，而疏亮之士，犹恨其儿女情多，风云气少。谢康乐云：‘张公虽复千篇，犹一体耳。’今置之中品，疑弱，处之下科，恨少，在季、孟之间矣。[49]

“犹恨其儿女情多，风云气少。”恨，遗恨。风云，指风起云涌之磅礴气概。清何焯《义门读书记》卷四十六云：“张茂先《励志诗》。张公诗唯此一篇，余皆女郎诗也。”此句言张华诗多儿女柔情，少风云豪气。照样得气之一偏。

其六，（晋太尉刘琨、晋中郎陆谌）其源出于王杰，善为凄戾之词，自有清拔之气。昆既体良才，又罗厄运，故善述丧乱，多感恨之词。中郎仰之，微不逮者矣。[50]

此处评刘琨、陆谌“自有清拔之气”与《诗品》序评刘越石（即刘琨）“仗清刚之气”略同，见上文，不赘。

其七，（晋处士郭泰基、晋常侍顾恺之、宋谢世基、宋参军顾迈、宋参军戴凯）泰基‘寒女’之制，孤怨宜恨。长康能以二韵答四首之美。世基横海，顾迈鸿飞。戴凯人实贫羸，而才章富健。观此五子，文虽不多，气调警拔。吾许其进，则鲍照、江淹未足殆止。跃居中品，佥曰宜哉！[51]

“气调警拔”，调：曲调、色调之调。指此五子之诗给人的总体感觉与整体氛围，亦即风格。警拔：出众峭拔，不同凡响。调与警拔均为气之限定词，属定语后置用法。此句意为：五子之诗总体上弥漫着出众峭拔，不同凡响之气。

其八，（宋光禄谢庄）希逸诗气候清雅，不逮于范、袁。然兴属间长，良无鄙促也。[52]

“气候清雅”，候：指诗的风格体貌。清雅：高洁雅致。用法与上文“调”“警拔”同。意为：谢庄的诗在风格体貌上透露出高洁雅致之气。

其九，（齐诸暨令袁嘏）嘏诗平平耳，多自谓能。尝语徐太尉云：“我诗有生气，须人捉着。不尔，便飞去。”[53]

“生气”，当指阴阳之气。如《乐记》“合生气之和”，（东汉）郑玄注：“生气，阴阳气也。”[54]那么，何谓“阴阳之气（“阴阳气”或“阴阳”）”呢？前文已经探讨过，气乃混沌未分（绝对无待）之本原，阴阳是“混沌”向下落实的第二步，相当于“道生一，一生二”（《老子》）中之“二”；“太极生两仪”（《易传》）中之“两仪”。“我诗有生气，须人捉着。不尔，便飞去。”是钟嵘引用袁嘏自己的话，如仔细体会，说此话的袁嘏不免自矜。因为，钟嵘对袁嘏如此自重之诗并不看好，他说“嘏诗平平耳，多自谓能。”并将他排在《诗品》几乎最后的位置。可见，在钟嵘看来，袁嘏之诗并非得“气”之全。

从上面曹丕与钟嵘以“气”品评文、诗的实例可以看出，注意的重点应放在“气”的定语（限定词）上面，限定词所表达与描绘的才是品评的意蕴所在，亦即是作者秉承于“气”之才性德行所在。因为除人群中极少数当时所谓之圣人、至人，即孟子云“五百年必有王者兴”者外，几乎所有人都不可能禀承中庸平和的整全元一之气。

（四）刘勰在《文心雕龙》中以“气”之本原义论、品文

如果说上文所述曹丕“文以气为主”还只是以“气”之本原义论、品文之滥觞，还有待深入展开的话，那么南朝齐梁时的刘勰则圆满地解决了这一问题。“气”之本原义作为刘勰论、品文的理论基石，集中体现在《文心雕龙·原道》[55]篇中，下文通过对《原道》中相关部分的详细疏释来透视这一看法。

原道，原：本原。原道即文章之本原是道。

文之为德也大矣，与天地并生者何哉？

此句总括地谈文章之原，是对此章题目“原道”的解释。意为：文（案：此处指广义之文，可释为纹理，非仅指文章）“德”（案：“德”训为“得”，即“禀受”义）之于“道”的是多么广大普遍啊！天、地得之于道的够广大了吧！而文禀受于道的却可以与天、地媲美（案：如上文，形而上之道向下落实的第一层即是天地或阴阳）。天、地、文均由道一并创生，这是为什么呢？下文是进一步对此两句的更详尽诠释。

夫玄黄色杂，方圆体分，日月叠壁，以垂丽天之象；山川焕绮，以铺理地之形：此盖道之文也。

好一派生生不息之“道”创生自然万物的图景！约为：

道—天（玄、圆），地（黄、方）—日、月、山、川

天、地、日、月、山、川是与其纹理（文）一并被“道”所创生的。显然，刘勰解释文之原的思路与前文所及之“太极”“道”“气”创生万有的思路是一致的，这一点在下文可以得到进一步的证实。

仰观吐曜，俯察含章，高卑定位，故两仪既生矣。惟人参之，性灵所钟，是谓三才；为五行之秀，实天地之心（一本实上有人字，心下有生字）。心生而言立，言立而文明，自然之道也。

上段文字刘勰描绘了道创生了自然万物，并使之纹理昭然的美妙图景，但文章作为与之相对的人文存在。对其本原必须进一步加以说明。于是刘勰在此段中展示了这种道创生文章的过程。这种过程的关键在于与天、地并尊的三才之一——人（天地之心）的转化。实际上是通过人心的转化（心生），才成就了文章（言立而文明），文章形成的过程也即是道的外化过程，这种过程是自然而然的。

傍及万品，动植皆文，龙凤以藻绘呈瑞，虎豹以炳蔚凝姿；云霞雕色，有逾画工之妙；草木贲华，无待锦匠之奇；夫岂外饰，盖自然耳。至于林籁结响，调如竽瑟；泉石激韵，和若球锽：故形立则章成矣，声发则文生矣。夫以无识之物，郁然有彩，有心之器，其无文欤！

此段承接前文道创生自然再创生文章的过程描述，再返回描述自然万象之文采，始终强调自然万物（无识之物）的文采是道的自然而然、不加外饰的创生。为论证“有心之器”（即人）亦应有文寻找强有力的根据。因为“无识之物”与“有心之器”均为道所创生，区别仅在于有无心识。人因为有心识，“实天地之心”，就更应该有文，这就是此段最后几句“夫以无识之物，郁然有彩，有心之器，其无文欤！”的言下之意。同时，至此，我们也可以体悟到古人的运思方式，即始终强调反观，即《老子》所云：“万物并作，吾以观复。夫物芸芸，各复归其根。”[56]《周易·复·彖辞》云：“复，其见天地之心乎。”王弼注：“复者，反本之谓也，天地以本为心者也。”[57]下文紧接着又回到文章之源的讨论上来。

人文之元，肇自太极，幽赞神明，易象惟先。庖牺画其始，仲尼翼其终。而乾坤两位，独制文言。言之文也，天地之心哉！

刘勰在前文说文原于道，此处又明确提出：“人文之元，肇自太极。”可见刘勰所言之“道”是与“太极”“气”相通的，刘勰之“原道”亦相当于“原太极”或“原气”。关于此，李泽厚、刘纲纪先生《中国美学史》中首先对《易传》中“太极”即是“元气”作了详细考察，然后分析了《易传》以“元气”释“太极”的相关资料，最后转到了刘勰对“太极”的理解上来[58]：

虽然刘勰未对“太极”作出正面的说明，但他是从汉人的宇宙论和阴阳五行的观点来了解《周易》的，因此在理论上可以推想，他对“太极”的理解应当与汉人用“元气”来解释“太极”的观点基本一致。这一点，现在还没有直接的证明，但从《文

心雕龙》可以观察到刘勰是用“气”，以及天地阴阳的变化来说明万物的产生形成的。《文心雕龙》把“气”放在重要地位，贯彻了刘勰所说的“重气之旨”(《风骨》)。[59]

紧接着为了弥补上述“没有直接的证明”的遗憾，在分析了《文心雕龙》里《征圣》《体性》《风骨》等篇中有关“生成人和天地万物的物质性的‘气’”后，李、刘二先生得出结论说：

综合以上《文心雕龙》中有关“气”的看法，可以看出，刘勰认为天、地、人的生成都与“气”分不开，都是由气所决定的。[60]

本文认为，李、刘二先生对此问题的分析是很有道理的。此段刘勰以《周易》经传中的思想来说明文章之起源的幽微难明之理，其思路与《易传》“易有太极，是生两仪，两仪生四象，四象生八卦，八卦定吉凶，吉凶成大业”如出一辙。是说无论是包牺始画八卦符号，还是孔子作解释八卦的十翼，都禀承从而传达了太极（元气）或道。在下文，刘勰对此作了更明确的说明。

若迺河图孕乎八卦，洛书韫乎九畴，玉版金镂之实，丹文绿牒之华，谁其尸之？亦神理而已。

尸：主宰；神理，道之理。此段言河图、洛书、玉版金镂、丹文绿牒，这些人文现象的产生，均源于自然而然的道或气的创生。

爰自风姓，暨于孔氏，玄圣创典，素王述训，莫不原道心以敷章，研神理而设教，取象乎河洛，问数乎筮龟，观天文以极变，察人文以成化；然后能经纬区宇，弥纶彝宪，发辉事业，彪炳辞义。故知道沿圣以垂文，圣因文而明道，旁通而无滞，日用而不匮。《易》曰：鼓天下之动者存乎辞。辞之所以能鼓天下者，乃道之文也。

从伏羲到孔子，前圣制作的典籍之原在于：以仰观俯察的方式，对神妙幽微的、生生不息地创生万有的本然之道与气的体察，进而悟得自然而然之道心，将它通过文辞外化出来。此即“莫不原道心以敷章，研神理而设教”。这种从观到悟再到以文辞外化道心的过程，中间虽经过了人心的转化，但实际上是道通过圣人外化了自己，此即是“知道沿圣以垂文”之意。经典中的文辞凝结了道心（“鼓天下之动者［即道］存乎辞”），后圣即可以通过凝结了道心的文辞再去体悟道（“圣因文而明道”）。道的功用广大，如果悟得了它，便可以与天地同心，与道通透为一，日日用之而不匮乏（“旁通而无涯，日用而不匮”）。之所以通过文辞即可明道，与道通为一，是因为文辞是道的载体（“辞之所以能鼓天下者，乃道之文也”）。

如此看来，刘勰的文章原于道（原道）的观念，便与钟嵘《诗品》“气之动物，物之感人，摇荡性情，形诸舞咏”的气创生诗的观念一致，也与上文所言“气论”思路一致。因而可以说：刘勰之“原道”即相当于“原气”。其基本思路可以简化为：道（气）——（人）心——文章。反观之，即是文章的面貌决定于人心，人心的面貌决定于其所禀受的气的数量与质量。也就是说，实际上文章还是由“道”（或“气”）决定的或创生的。这是刘勰在《文心雕龙》中品评文章的基本理论纲维，其所有品评都是在原道（即原气）的理论下展开的。

具体运用中，刘勰确实是在《文心雕龙》中彻底实施了他的“重气之旨”的，此书中，以“气”品文、论文的地方很多。据统计，约70处左右。与上文曹丕《典论·论文》、钟嵘《诗品》中对“气”的运用没有二致，不赘。

（五）书法

在书法方面，与本文相关的较完整的论述甚多。如东汉蔡邕《九势》云：“夫书肇于自然，自然既立，阴阳生焉；阴阳既生，形势出矣。藏头护尾，力在字中，下笔用力，肌肤之丽。”[61] 照蔡邕看来，书法肇于自然，“自然”即相当于“道”“气”

等形而上者。东汉赵壹《非草书》云：

凡人各殊气血，异筋骨。心有疏密，手有巧拙。书之好丑，在心与手，可强为哉？若人颜有美恶，岂可学以相若也？昔西施心疹，捧胸而颦，众愚效之，增其丑；赵女善舞，行步媚蛊，学者弗获，失节匍匐。[62]

此处，赵一虽未明言产生书法不同面貌的究竟原因，但如果参照上文之相关论述，特别是他所处时代"元气"论在解释万物之原中的压倒性地位，这种究竟原因即是"元气"，当不言自明。如上文引王充《论衡》之《无形篇》云："人禀元气于天，各受寿夭之命，以立长短之形"；刘邵《人物志》云："凡有血气者，莫不含元一以为质，秉阴阳以立性"等。另外，在《非草书》中，赵一也谈到"元一之气"，他名之为"正气"与"道""天"等[63]，而在当时语境下这些范畴又是一体相通的。

由于人禀受于元气的质、量不同，所以"凡人各殊气血，异筋骨。心有疏密，手有巧拙"。"书之好丑，在心与手"，即是说书法之面貌，是由作者的"心与手"决定的。而"心与手"是天生的、自然而然的，由此知书法之面貌也是天生、自然而然、不可强为（"可强为哉？"）与不可学的（"岂可学以相若也？"）。反过来看，即是：书法的不同面貌决定于不同作者的"心与手"（案：亦即是我们所熟知的"书如其人"），不同作者的"心与手"当即其所禀受的元气之质、量。在这个过程中，人（"心与手"）只是外化其所禀受之元气的中介，而元气则是内在于整个过程的每个环节中的。赵一之后，以"气"品书较著者是袁昂。其《古今书评》云："王右军书如谢家子弟，纵复不端正者，爽爽有一种风气"；"殷均书如高丽使人，抗浪甚有意气，滋韵终乏精味"；"蔡邕书骨气洞达，爽爽如有神力"；"臣谓钟繇意气密丽，若飞鸿戏海，舞鹤游天，行间茂密，实亦难过。"[64]

（六）绘画

在绘画品评中，首先以"气"品画的是顾恺之，然后是谢赫、姚最。顾恺之《论画》云："小烈女：面如银，刻削为仪容，不尽生气。"[65]谢赫《画品录》云："（卫协）虽不该备形妙，颇得壮气"；"（张墨、荀勖）风范气候，极妙参神"；"（顾骏之）神韵气力，不逮前贤"；"（夏瞻）虽气力不足，而精彩有余"；"（晋明帝）虽略于形色，颇得神气"；"（丁光）非不精谨，乏于生气"。[66]姚最《续画品》云："（张僧繇）然圣贤矖瞩，小乏神气，岂可求备于一人。"[67]如果我们仔细体会上述以"气"品文、诗、书、画的所有引文，不难发现，在具体的品评中，对"气"论的用法是一致的，不赘。值得注意的是：从顾恺之到谢赫、姚最等以"气"论品画的实例中可见，他们仿佛只在坐享其成地拿来，因为他们似乎并没有提出关于绘画本原的系统阐述。而如上文所述，其他文艺门类诸如乐、文、诗歌、书法等对此问题的讨论却如火如荼。似乎他们跳出了这种时代风气的影响。然而，经过仔细研读他们留下来的著述，笔者发现，对于此问题，他们非但没有冷眼旁观，而且提出了更新颖、独具时代特色的见解。在此，不妨先行喝破：关于绘画本原的独到见解，端在谢赫"气韵生动"一语。[68]

四、结论及其他

通过上文的考察可见，"气"在梁武帝时代及以前的流变中大致生成了"形而上"与"形而下"两类共四种涵义，按出现之先后分别为：具体可感的、"形而下"的"云气""声气"之类，在汉代迅速超越，成就了中国民族思想中独具特色并蔚然大宗的"元气"论，"气"之难以言传且具有创生功能的、与"道"等一体相通的"形而上"之本原义由此成立。不仅如此，"气"之本原义还与阴阳五行思想配合，成功地实现了从一般思想领域向人伦品鉴、再向文艺品评领域的渗透。就人伦品鉴而言，盖指人之"气质"之类；就文艺品评而言，或可以用“气调”之类概言之，如钟嵘《诗品》所云“观此五子，文虽不多，气调警拔”[69]中者。由于当时人们“人品”即“画（诗、文、书法等）品”的共识，“气质”之类与“气调”之类又是相通的。无论是“气质”还是“气调”之类，虽与“云气”“声气”之类有别，带有更多的精神性成分，但却同属可以言传与感知的“形而下”之“器”。

从上文对“气”之涵义的分疏中，不难看出，就一般思想领域而言，中国民族传统思想文化中独具特色的“气”之本原义，主要流行于汉魏时期，具有鲜明的时代特色。顺理成章，可以进一步说，“气”之一语，是其时思想的表征，体现着其时历史文化之精神，凝聚着其时人们追求的、极致的精神境界或审美理想，即《庄子》所言“天地有大美而不言”中之“大美”。“气”所表征的极致精神境界或审美理想既为其时人们看重与认同，在日常生活的方方面面亦无不尽力践行、孜孜以求。就文艺创作——诸如音乐、书法、绘画、诗歌、文章创作活动等——而言，现在我们所能看到的、其时的文艺作品莫不生气流荡、神采飞扬即是证明。

时移势易，此后晋南北朝时期的一般思想领域，讨论“气”之本原义者渐少，代两汉经学而起之魏晋玄学的主要兴趣在“有无之辩”上，与“气”论思路相应的典型表达如王弼注《老子》（四十章）“天下万物生于有，有生于无”曰：“天下之物，皆以有为生，有之所始，以无为本。将欲全有，必反于无也。”[70]此后成为主流思想的佛学在前期继续讨论玄学探讨的“有无”问题，其后逐渐有了以佛学本身为主体的面貌。与玄学相比，佛学更少讨论或基本上不讨论“气”的问题。但如上文所述，汉末以来渐行渐远地淡出一般思想领域的“气”论，却在人伦品鉴、文艺理论领域中十分流行。盖因为汉魏一般思想界讨论的天地万物本原问题，已由“气”之本原义较完整地进行了阐述，但作为人心之再造物的精神产品，诸如音乐、文学、书法、绘画等文艺门类，汉魏虽然在实践上有了很大的拓展，取得了丰硕的成果，但对文艺现象或作品的理论阐释，特别是各类文艺现象与作品的本原问题在两汉展开得远远不够。这自然成了魏晋六朝人们关注、探讨的重点，而在思维方式上，他们自然而然、一以贯之地借鉴与继承了先秦以来传统文化中解释万有本原的思维模式，尤其是两汉学术中极盛的“气论”（即“气”之本原义）思想。

从魏晋南北朝文艺理论中解释文艺作品本原的思维方式上看，与两汉“气”论没有两样：从正面看，难以言传与指陈的、具有创生功能之“气”通过“阴阳”“五行”层层下落，再通过人心的中转，落实到具体的文艺作品上。由于每个人所禀受于“气”的具体份额之相异（即人心的相异），所外化出来的文艺作品也必然相异，所谓“人品即文（诗、书法、画等）品”，这是当时人们认定的基本事实。反过来看，文艺作品既由心生，“人品即文品”又是无法改变的铁定法则，要提高文品，只有提高自己的心性修养——人品，一旦人品高到极致大（或全）美境界——难以言传与指陈的“元气”境界，文品即至此大美境界。此正反两个方面的内容即是上引王弼注《老子》所云：“天下之物，皆以有为生，有之所始，以无为本。将欲全有，必反于无也。”

其时，虽然每个文艺实践者都想达到与“气”所表征的本原性大美境界相通为一的状态或境界，但不同个体在追求这种极致精神境界或审美理想的过程中，由于个体精神气质的相异，所得并非全然一致，而是有着细微的差别，是对本原之“气”的分有或得其一偏，此即当时以“风气”“神气”“意气”“英气”等品人及文艺作品的秘密。能得这种极致审美理想或精神境界之全者，在当时人们看来，不是完全没有，只是绝少。此绝少之个体，就绘画而言，谓之“画圣”。如《抱朴子》内篇《辨问》卷第十二所言“善图画之过人者，则谓之画圣，故卫协、张墨于今有画圣之名焉”[71]即是。

注释：

[1]“元气”“元一之气”等本原性范畴多简称曰“气”，这是学界一般认同的。如“顺气而言性，则上溯性之根源为‘元一之气’，简称曰‘元气’，或直曰‘气’”（牟宗三《才性与玄理》第一章《王充之性命论》，台北：台湾学生书局1985年修订第7版，第2页）。

[2]（清）王先谦注《庄子集解》，据《诸子集成》（3），上海：上海书店出版社1986年版，第138页。

[3]（西汉）刘安著，（东汉）高诱注《淮南子注》，据《诸子集成》（7），第35页。

[4]（东汉）郑玄注《易纬》第二卷《易干凿度》，据诸子百家丛书之黄奭辑《易纬　诗纬　礼纬　乐纬》。上海：上海古籍出版社1993年版，第9页。

[5]（西汉）董仲舒《春秋繁露》，据《二十二子》，上海：上海古籍出版社1986年版，第798页。

[6]（西汉）董仲舒《春秋繁露》，据《二十二子》，第808页。

[7]（东汉）王充《论衡》，据《诸子集成》（7），第13页。

[8]（东汉）王充《论衡》，据《诸子集成》（7），第9页。

[9]（东汉）王充《论衡》，据《诸子集成》（7），第7页。

[10]（东汉）王充《论衡》，据《诸子集成》（7），第26页。

[11]（东汉）王充《论衡》，据《诸子集成》（7），第185—186页。

[12]（东汉）何休注，（唐）徐彦疏《春秋公羊传注疏》，据《十三经注疏》本（下），上海：上海古籍出版社1997年版，第2196页。

[13]王明编《太平经合校》卷一八至三四《以乐却灾法》。北京：中华书局1960年版，下文凡《太平经合校》皆据此本，第13页。

[14]王明编《太平经合校》卷一八至三四《守一明法》，第16页。

[15]王明编《太平经合校》卷一八至三四《名为神诀书》，第17页。

[16]王明编《太平经合校》卷一八至三四《守一明法》，第21页。

[17]（东汉）王符著，（清）汪继培笺《潜夫论》之《本训》，据《诸子集成》（8），第154页。

[18]（三国魏）刘邵著，李崇智校笺《人物志校笺》，成都：巴蜀书社2001年版，第15页。

[19]（三国魏）嵇康《明胆论》，据严可均辑校《全上古三代秦汉三国六朝文》（2）之《全三国文》卷五〇，北京：中华书局1958年版，第1335—1336页。

[20]（三国魏）王弼、（东晋）韩康伯注，（唐）孔颖达疏《周易正义》卷七《系词上》云：“形而上者谓之道，形而下者谓之器”，据《十三经注疏》（上），第83页。

[21]（三国魏）刘邵著，李崇智校笺《人物志校笺》，第15页。

[22]如张岱年《中国哲学史大纲》第四章《气论一》云：“三国时，刘邵以‘元一’为宇宙根本。所谓元一，亦指气。”（北京：中国社会科学出版社1982年版，第41页）再如牟宗三《才性与玄理》第一章《王充之性命论》：“元一”即‘元一之气’，或‘元气’。”（台北：台湾学生书局1985年修订第7版，第8页）

[23]（三国魏）刘邵著，李崇智校笺《人物志校笺》，第61页。

[24]（南朝宋）刘义庆撰，（南朝梁）刘孝标注，朱铸禹汇校集注《世说新语汇校集注》上卷《德行》第一，第31页。

[25]《世说新语汇校集注》上卷《言语》第二，第62页。

[26]《世说新语汇校集注》上卷《言语》第二，第136页。

[27]《世说新语汇校集注》上卷《文学》第四，第197页。

[28]《世说新语汇校集注》上卷《文学》第四，第225页。

[29]《世说新语汇校集注》中卷《雅量》第六，第302页。

[30]《世说新语汇校集注》中卷《赏誉》第八，第 388 页。

[31]《世说新语汇校集注》中卷《品藻》第九，第 445 页。

[32]《世说新语汇校集注》中卷《品藻》第九，第 459 页。

[33]《世说新语汇校集注》中卷《豪爽》第十三，第 514 页。

[34]《世说新语汇校集注》下卷《自新》第十五，第 535 页。

[35]《世说新语汇校集注》下卷《贤媛》第十九，第 589 页。

[36]（三国魏）曹丕《典论·论文》，据郭绍虞主编、王文生副主编《中国古代文论选》（一卷本），上海古籍出版社 2001 年版，第 60 页。

[37]《典论·论文》，第 60 页。

[38]《典论·论文》，第 62 页。

[39]《典论·论文》，第 60 页。

[40]（清）严可均校辑《全上古三代秦汉三国六朝文·全三国文》卷四九，第 1329 页。

[41]（三国魏）嵇康《明胆论》，据严可均辑校《全上古三代秦汉三国六朝文·全三国文》卷五〇，第 1335—1336 页。

[42]（南朝梁）钟嵘著，徐达译注《诗品全译》，载《中国历代名著全译》丛书，贵阳：贵州人民出版社 1990 年版，第 1 页。

[43]（汉）高诱注《吕氏春秋》卷第六《季夏纪》，据《诸子集成》（6），第 57 页。

[44]（西汉）刘安著，高诱注《淮南子注》，据《诸子集成》（7），第 71 页。

[45]《诗品全译》，第 8 页。

[46]《诗品全译》，第 39 页。

[47]《诗品全译》，第 43 页。

[48]《诗品全译》，第 51 页。

[49]《诗品全译》，第 71 页。

[50]《诗品全译》，第 82 页。

[51]《诗品全译》，第 89 页。

[52]《诗品全译》，第 145 页。

[53]《诗品全译》，第 164 页。

[54]（汉）郑玄注，（唐）孔颖达等《礼记正义》卷三八《乐记》卷一九，《十三经注疏》本，第 1535 页。

[55]（清）黄叔琳注，李祥补注，杨明照校注拾遗《增订文心雕龙校注》，北京：中华书局 2000 年版，第 1—2 页。

[56]《老子》十六章，据《二十二子》本，第 2 页。

[57]（三国魏）王弼注，（唐）孔颖达疏《周易正义》卷三《复》卦《彖辞》，据《十三经注疏》本（下），第 39 页。

[58] 李泽厚、刘纲纪《中国美学史》（魏晋南北朝卷下），合肥：安徽文艺出版社 1999 年版，第 627—637 页。

[59] 李泽厚、刘纲纪《中国美学史》（魏晋南北朝卷下），第 637 页。

[60] 李泽厚、刘纲纪《中国美学史》（魏晋南北朝卷下），第 638 页。

[61]（东汉）蔡邕《九势》，据《历代书法论文选》，上海：上海书画出版社 1979 年版，第 6 页。

[62]（唐）张彦远撰，洪丕谟点校：《法书要录》，上海：上海书画出版社 1986 年版，第 2 页。

[63]（唐）张彦远撰，洪丕谟点校《法书要录》："窃观有道张君所与朱使君书，称正气可以消邪，人无其郁，妖不自作，诚可谓信道抱真，知命乐天者也。"第 1 页。

[64]（唐）张彦远撰，洪丕谟点校《法书要录》，第 2 页。

[65] 王伯敏、任道斌主编《画学集成》（六朝—元），石家庄：河北美术出版社 2002 年版，第 3 页。

[66]（南朝齐）谢赫《古画品录》，据于安澜编《画品丛书》，上海：上海人民美术出版社 1982 年版，第 7—10 页。

[67] 于安澜编《画品丛书》，第 20 页。

[68] 详细论述请参见韩刚《谢赫"六法"义证》，石家庄：河北教育出版社 2009 年版。

[69]《诗品全译》，第 89 页。

[70]（三国魏）王弼注《老子道德经》，据《诸子集成》（3），第 25 页。

[71]（晋）葛洪《抱朴子》。据《诸子集成》（8），第 53 页。

（作者系四川大学艺术学院副教授）

明代经学的发展路向及其渊源

饶宗颐

明代经学一向被人目为空疏，从清人考证学的立场来看，自容易作出这样的评价。须知考证学的目的在求真，着力于文字训诂上的诠释，明人则反是，他们治经尽量避开名句文身的纠缠，而以大义为先，从义理上力求心得，争取切身受用之处，表面看似蹈虚，往往收到行动上预期不到的实效。

先是明太祖取婺州，召见宋濂、范祖幹、叶仪，他们都是金华人。范祖幹持《大学》以进，祖问治道，对曰："不出是书。"因命知府王宗显聘仪及濂为"五经"师。叶、范皆师许谦，叶语学者道："圣贤言行尽于《六经》《四书》。"（《明史·儒林传》以二人列首）其后宋濂官江南儒学提举，命授太子标经（《明史》卷一一五《兴宗传》）。其时明室尚未有天下，已用儒书作为储君必读功课。宋濂尝被召讲《春秋左氏传》，进曰：

> 《春秋》乃孔子褒善贬恶之书，苟能遵行，则赏罚适中，天下可定也。

太祖御端门，口释《黄石公三略》，濂曰：

> 《尚书》二典三谟，帝王大经大法毕具。愿留意讲明之。

尝问以帝王之学何书为要。濂举《大学衍义》（详《明史》卷一二八《濂传》）。凡濂所揭橥《春秋》《尚书》，皆切于实用之政治哲学。以宋濂地位，对明开国时期之学术方向起了决定性作用，濂初从闻人梦吉通《五经》，后从吴莱学，受吴氏濡染最深。莱殁，濂撰《渊颖先生碑铭》，又有《谥议》一篇，解释"渊颖"二字之取义，云：

> 经义玄深，非渊而何？文辞贞敏，非颖而何？于是私谥曰渊颖。

莱所著书属于经术的有《尚书标说》（上卷）、《春秋世变图》（二卷），在他的《文集》卷十二中有关"春秋后题"五篇，特别是《春秋通旨后题》，发挥元赵复著作大旨，畅谈如何读胡氏《正传》云：

> 欲观《正传》，又必先求之通旨，故曰史文如画笔，经文如化工。若以一例观之，则化工与画笔何异？惟其随事而变化，则史外传心之要典，圣人时中之大权也。

点出"史外传心"的不二法门。"化工"一语，见蔡沈《书集传序》："文以时异，治以道同。圣人之心见于书，犹化工之妙著于物，非精深不能识也。"学问渊微之处正在史外传心，文外见旨，所以"要求之通旨"，不能胶着于事相，经文不同于机械的画笔，故与徒记事的史文不同。这是治经顿悟的终南捷径。宋人开其窍，元儒因之。

吴莱在上文的下面，详细记述赵复当日被发投水被姚枢救出的经过。洪武元年，濂与王祎主修《元史》。于卷二一〇《儒学传》中，列赵复为第一人。传中文字与吴莱完全一样，对读起来，知濂即采自其师之文，据以立传。

赵复后来称为江汉先生，他是一位传奇性人物。元代崇儒，老实说，他是开山祖。他把所记程、朱著作经注，尽录以付姚枢。关键是杨惟中以行中书省事的地位之大力提倡“立宋大儒周敦颐祠，建太极书院，延儒赵复、王粹等讲授”（见《元史》卷一四六《惟中传》），当时姚枢即于“拔德安，得名儒赵复，始得程颐、朱熹之书”（《元史》卷一五八《枢传》），后来枢刊印诸经，才带起了许衡。没有杨、姚二人的倡导，北方根本就没有儒学。明开国的经学，经术与政治的深度结合，照样走着这一方向，赵复的路径影响到刘因，及于许谦，由是金华亦盛行其学。《刘因传》称：“初为经学，究训诂疏释之说，辄叹曰：‘圣人精义，殆不止此。’又曰：‘邵，至大也；周，至精也；程，至正也；朱，极其大，尽其精，而贯之以正也。’”（《元史》卷一七一）从正大精微处入手，用今语来说，以宏观为重要，不太重视微观。宋濂的路径，正是如此。

值得注意的是宋濂主修《元史》，特别削去《文苑传》，他提出的理由说道：

前代史传皆以儒学之士，分而为二：以经艺颛门者为儒林，以文章名家者为文苑，然儒之为学一也。《六经》者，斯道之所在，而文则所以载道者也。故经非文无以发明其旨趣，而文不本于六艺，又乌足谓之文哉，由是而言，经艺、文章不可分而为二也明矣。

宋濂力主“经”“文”合一的道理，他在《渊颖先生碑铭》中有极精彩的言论，他说：“自文气日卑，士无真识，往往倚人之论，以为低昂。惟渊颖经义渊深，文辞贞敏，足以药其病。”他把道与文合而为一，反对世间把文学与道的隔离分割，可谓极端的“文以载道”论者。明代文学趋向，偏于复古，和宋濂揭橥其师渊颖经文合一的相兼之说，不无关系。取消《文苑传》，把文与经尽量挂钩，这是明代学术新的总路向。

“道在六经”是明人的通旨，降至季世，文家的归有光，思想家的费密，无不皆然。永乐时，《大全御纂序》云：

圣人之道在六经……使天下之人获睹经书之全，由是穷理以明道，立诚以达本……

道在六经之内，舍经无从知道，道学即是经学，元人为《宋史》立《道学传》，明人却认为多此一举，以后亦不再标榜了。经外无学，成为明代士人学者的共同认识。“明太祖起布衣……而儒之功不为无助也，制科取士，一以经义为先。”（《明史·儒林传》总序）明代因承元人的旧规，以经义作为天下考试的教材。

成祖永乐十二年，遂命胡广、杨荣等纂《五经、四书、性理大全》（《明史·金幼孜传》）。由于成书太快，只有十二年九月至十三年九月一年的工夫。成祖十二年北征瓦剌，皇长孙从，命广与荣、幼孜军中讲经史（《明史·胡广传》），可能是时《大全》正开始策划。胡广乃以左春坊大学士作为此书的负责人。记得成祖初即位，翰林坊局至讲书太子东宫的讲座人物为：

解缙，《书》；杨士奇，《易》；胡广，《诗》；金幼孜，《春秋》（进《春秋要旨》，见《明史》卷一四七《金幼孜传》）。

解缙列于其首。缙于洪武二十一年上封事万言书，力劝太祖不宜观看《说苑》《韵府》诸杂书及《道德经》《心经》之类，宜专心儒学，愿集一二志士儒英……随事类别，勒成一经（《明史》卷一四七《缙传》）。《大全》的编纂，和他先时的倡义，不无因缘，他又为姚广孝主修《永乐大典》（《明史》卷一四五《广孝传》）。他于八年得罪，修《大全》在十二年，他仍在囚中，是役他不能参预，此书因而马虎成事，十分可惜！

胡广虽为修撰，乃善谀之人物，永乐十四年，进文渊阁大学士，帝征乌思藏僧作法会，广献《圣孝瑞应颂》，帝缀为佛曲，令宫中歌舞之（见《广传》。按：此曲为一厚册，原本尚存，港、台均有其书）。广似为诗较专门，实非通儒，以生性缜密，故得到信任。《大全》之编制，因陋就简，剿袭成书，与唐人《五经正义》相去万里，故深为后儒诟病。顾炎武讥“弘治以后，经解皆隐没古人名字，窃为己说”，因有“《大全》出而经义亡”（《日知录》中《书传全选》条）之叹。向来以明经取士，把经学弄成教科书式的工具，作为士人入仕的“敲门砖”，汉、宋皆然，明人取士，仍循这一老套，只是不遵古义，往往自标新解。王安石说：“本欲变学究为秀才，不谓变秀才为学究。”八股文的弊病，最后只剩下舞文弄墨的伎俩，既不成为秀才，又够不上学究，但养成一班有巧妙的高度表达能力的文章作手。现代的专家式教育，通过考试制度培养出来的人物，往往只晓得查书，而未必真能读书，连文字表达技巧，有时都办不到，制度害人，古今是一样的！

以上但就官修《大全》所造成的流弊论之。然明代经学家亦不无豪杰特出之士，不能像皮锡瑞在《经学历史》中一概加以抹杀。其时特出的著述，在方法上表现有若干特点，大略可称述者：

一、重旨意

注重经书的内涵意义，即吴莱所谓“求其通旨”。故著述每用“义”或“旨”字标出作为书的名称，以《春秋》为例，如金幼孜的《春秋要旨》、丞相高拱的《春秋正旨》。高书以为“朱子以来，说《春秋》多穿凿，欲尊圣人而不知所以尊，推论《春秋》乃明天子之义，非以天子赏罚之权自居，非圣人自书其功”，深斥胡《传》以天子自处之非。直抒胸臆，足破向来误说者的痼疾。

其以“义”为书名的，有姜宝的《春秋事义全考》十六卷、高攀龙的《春秋孔义》、卓尔康的《春秋辨义》。谈《春秋》要分其事、其文、其义三方面。作者认为《春秋》多直书而其义自见，未必尽以一字求一义。康书则分义为经义、传义、书义，兼及时义、地义，持论颇平正。又如熊过的《春秋明志录》（十二卷）、徐学谟的《春秋亿》，熊氏信经而不信传，其序称“道存乎志，志明诸言，故以明志为名”。以上各种均见《四库》著录。

二、尚稽疑

明人富有怀疑精神，自王室以至布衣，都善于采取这种治学方法。其以“稽疑”为书名的，像周藩、朱睦㮮的《五经稽疑》（八卷）、《春秋诸传辨疑》（四卷），著《天中记》与《正杨（慎）》之陈耀文的《经典稽疑》是。睦㮮五世祖有炉著《道统论》数万言。㮮承家学，取《易》《书》《诗》《礼》四经，有疑者参订诸家而折衷之。

《尚书》有正德时马明衡的《尚书疑义》。衡为王守仁门人，说经不免阑入时事，滥发一己之见，而以心学为主，如云：“人心即人欲，道心即天理，人欲易肆，故危，天理难见，故微。”仍有取于蔡沈《书集传·序》“治本于道，道本于心，得其心则道与治固可得而言”之论。

关于蔡沈《书集传》，元初有张葆舒

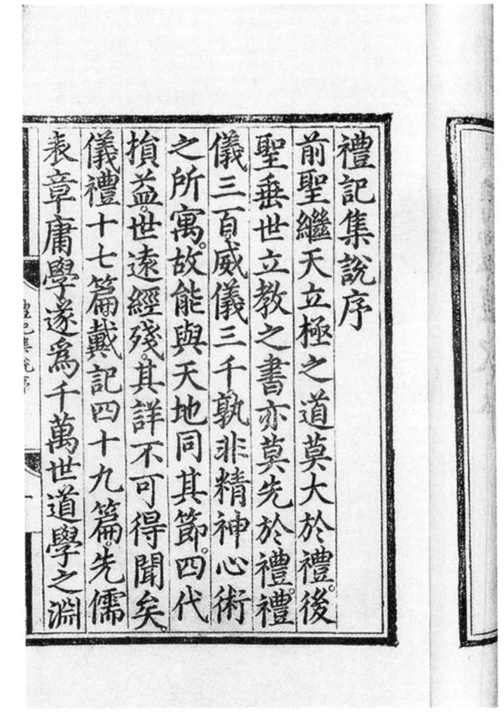
禮記集說序
前聖繼天立極之道莫大於禮後
聖垂世立教之書亦莫先於禮禮
儀三百威儀三千孰非精神心術
之所寓故能與天地同其節四代
損益世遠經殘其詳不可得聞矣
儀禮十七篇戴記四十九篇先儒
表章庸學遂爲千萬世道學之淵

《礼记集说》书影 明正统十二年（1447）司礼监刊本

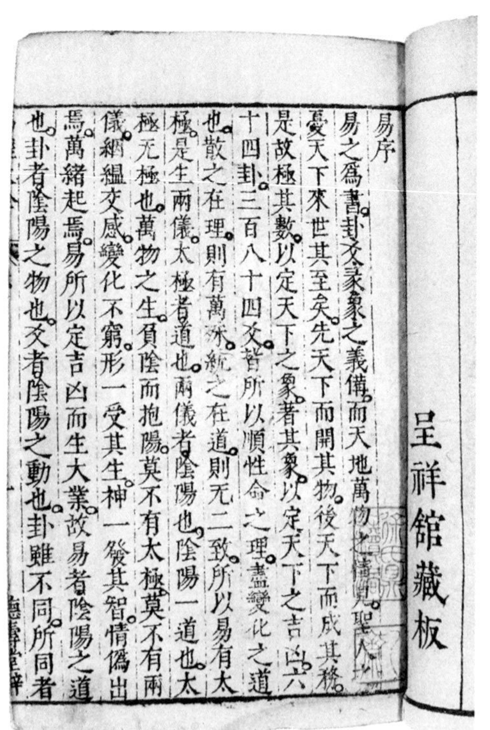

呈祥館藏板

易序

易之爲書卦爻彖象之義備而天地萬物之情見聖人之憂天下來世其至矣先天下而開其物後天下而成其務是故極其數以定天下之象著其象以定天下之吉凶六十四卦三百八十四爻皆所以順性命之理盡變化之道也散之在理則有萬殊統之在道則无二致所以易有太極是生兩儀太極者道也兩儀者陰陽也陰陽一道也太極无極也萬物之生負陰而抱陽莫不有太極莫不有兩儀絪縕交感變化不窮形一受其生神一發其智情僞出焉萬緒起焉易所以定吉凶而生大業故易者陰陽之道也卦者陰陽之物也爻者陰陽之動也卦雖不同所同者

《易经大全》书影 明德寿堂刻本

之《订误》、黄景昌之《正误》、程直方之《辨疑》、余芑舒之《读蔡传疑》，袁仁之《考证》攻错者多。元延祐三年，陈栎著《书传折衷》，亦论蔡氏之失。及明太祖考验天象，知其不合，著《七曜天体循环论》，以斥其非（《全明文》，页一四八）。洪武十年三月，与群臣论蔡《传》之误，刘三吾乃奉诏撰《书传会通》六卷，于二十七年四月丙戌，诏修其书，以九月己酉，五阅月而成（《四库提要》）。对《古文尚书》多所考证，引起后人之重视。明初诸帝留心天文，对经书关怀切至，太祖有以启之。仁宗洪熙元年三月，赐三公六部尚书《天元五历祥异赋》，其书保存重要天象记录，日本内阁文库有明钞本。

自宋吴棫、朱子、吴澄对《古文尚书》怀疑其伪，梅鷟因著《尚书谱》（有清钞本）及《尚书考异》，近贤多已从事深入研究（傅兆宽且为之《证补》），不必多赘。与梅氏同时连江陈第特著《尚书疏衍》四卷，与之论难。焦竑报书，赏其段段惬心，言之破的，引证诸多有据，而排其深诋前人。是梅书在当时反应不佳，平心而论，梅氏断郑冲未见过《古文尚书》，谓出自皇甫谧。清崔述疑古最勇，竟谓《古文尚书》传授有关苏愉、梁柳、梅赜三人，皆子虚乌有，今经学人仔细考索，诸人均见诸记载，崔氏未深考，遽作是说，不免空疏。郭璞注《尔雅》，明引《尚书》孔《传》，《孔丛·论书篇》引“孔曰”六宗说，同于刘昭注引司马绍统取“安国按”之语，不能谓晋时无孔《传》，故《古文尚书》及孔《传》问题，还是一个问题点，还有待更好的研究（参李学勤说，见《冰茧彩丝录》，页四九一）。

三、《春秋》为刑书

自宋濂推重《春秋》，对太祖云：“苟能遵行，则赏罚适中。”《春秋》的实用价值有如断案，明儒因之有《春秋》即刑书之说，湛若水著《春秋正传》三七卷主之。其言曰：“《春秋》，圣人之刑书也，刑与礼一，出礼则入刑，出刑则入礼。礼也者，理也，天理也。理也者，天之道也，得天之道，然后知《春秋》也。”明人治《春秋》，以胡《传》为主，明初驳胡之论遂伙。湛若水谓：“《春秋》一书与所以褒贬去取之意，除非起孔子出来，方得原意。”宋儒论书法偏于理而忽于事；鉴戒多出于主观。所有经部著述，以《春秋》与《易》为最繁杂，《易》道广大，无所不包，宇宙一切事物，无不可援《易》以立论，《春秋》具列事实，人人可治，一知半解，设论滋多，夫子删述，何由知其是非？无案可稽，则言《春秋》等于射覆矣。以二经论著之多，其故即在此。

四、《乐经》论著特出

明代治礼不多，《四库》著录，《礼记大全》之外，只收黄道周《月令》《表记》

《坊记》《儒行》数种，礼图则收刘绩及黄佐《乡礼》，如是而已，余皆入存目。惟乐类最为特出，颖异奇瓌之作，且迈越前古，《四库》著录：韩邦奇《苑洛志乐》、倪复《钟律通考》、黄佐《乐典》（三三卷）。《明史》佐传赞是书泄过化之秘。《四库》则讥其以一声列为一调之非。其最为振奇之论著，无如朱载堉之《乐律全书》，彼从数理发明十二平均律，论者称其大有造于科学史，至今攻治者极多，其言“信其可信，疑其可疑，是其所是，而非其所非”（《审度篇》）。诚学术上之谠言。载堉为郑王厚烷子，王以罪削爵，锢于凤阳，载堉痛父之见系，筑土室宫门外，席藁独处者十九年，成斯巨著，其苦心孤诣，发愤而作，故能独绝于世。此外，《四库·乐经存目》亦有二十六种之多。足见当时对乐律研究，成就之卓越。

《四库》经部开端提要论历代经学之弊，自宋至明，有悍（如吴澄、王柏之改经）、党（如王柏删《国风》三十二篇，许谦、吴师道以为非）、肆（如王守仁之末流）。以上三失，皆流于蹈虚，故清儒救之以实，引古义为参决，而其弊也琐。按上列三失，明人即因赵宋之旧习，诚中其要害。至若征实，明人未尝无之。明太祖以蔡《传》证之天文，知其差失，即其著例。余谓明代经学家最大毛病，无如妄改及作伪，王柏删《诗》，太祖删《孟》（其《孟子节文》日本内阁文库有明写本），令刘三吾刊削文句，令人啼笑皆非。作伪之例，如丰坊诸《世学》，钱谦益早已揭出为坊所伪，又若孟经国之伪本《孟子外书》，乃据姚士粦伪本，林庆彰君言之甚悉。其他应指出的，如杨时乔之《周易古今文全书》二一卷，香港大学有其书，所记古文字，依据《六书统》《六书精蕴》《同文备考》，企图恢复古文旧观，其意可嘉，而其术至劣，容当另论。

“义理”一词，本出于礼，所谓“义理之文”原义是指礼之实行而有光辉成就者（参拙作《史与礼》），非谓抽象的理论，清人区别学术作三分法，分为考据、义理、词章之学，考据仅是一种分析方法，非学问的本身。依宋濂所说，道与文不能分割为二，则词章只是绣其鞶帨，为“道”的外面包装而已，清人三分说，衡以宋濂的见解，是难以成立的！

元、明人治经，最重要的还是实践工夫。薛瑄说：“考亭以还，斯道大明，无须著作，只须躬行耳。”（《明史·儒林·瑄传》）王阳明所以主张知行合一。宋濂门人方孝孺，名其读书之庐曰正学（本传），不肯草诏而走上求仁得仁的道路。嘉靖议礼一役，直臣死于杖下而贬逐，皆为正义而不顾任何牺牲，明儒讲道，随时可以殉道。李自成陷京师，倪元璐自缢，自言“死吾分也”（《明史》卷二六五本传）。刘宗周献祈天永命说，南都亡，绝食死，自言：“独不当与土为存亡乎？”（《明史》卷二五五本传）黄道周举义旗而死，自言：“此与高皇帝陵寝近，可死矣。”凡此皆正学、正气之所寄托，明儒为贯彻义理，在实际行动上表现可歌可泣的牺牲精神，这种殉道而舍生取义的行为，仿佛西方教会史上的圣者。明人所殉的道，确实是从经学孕育出来，是经学与理学熏陶下放射出的“人格光辉”，在人类史上写出悲壮的一页。明亡时候殉道的人数，萧山来镕撰《江东纪事·应天长》十首，其第十小序云：“诸生……俱以国变，或水或兵，慷慨赴义，盖不可尽数也。”（见《全清词》，页二一四）可惜没有人作过统计，其可怖的程度，简直足以令人发指而眦裂的！

近世提倡新儒学的朋友们，似乎太偏重“知”的部分。勤于造论，而忽于笃行，知与行不免有点脱节，缺乏亲证，造诣与明儒之纯立于其“大”与“正”的精神，相去甚远，明儒是直接受到经学熏陶的，明代经学的伟大地方，不在表面的道问学层次，这一点似乎应该作进一步的认识。

（作者系香港中文大学教授）

元程复心《四书章图纂释》初探

顾永新

一

程复心（1258—1341）[1]，字子见，号林隐，婺源（今属江西）人。自幼沉潜理学，师朱熹从孙洪范[2]而友云峰胡炳文[3]，为时硕儒。元仁宗皇庆二年（1313），上所撰《四书章图纂释》，朝廷欲官之，以亲老辞，遂以徽州路学教授致仕。著有《孔子论语年谱》《孟子年谱》[4]。事见元汪幼凤[5]《程教授复心传》[6]及明冯从吾《元儒考略》卷四、明程敏政《新安文献志·先贤事略上》、《（弘治）徽州府志》卷七《人物一·儒硕》。

《四书章图纂释》别名甚多，如《四书图》（程巨夫[7]序），《四书图引》（王约[8]序），《四书图训》（袁桷《新安程子见四书图训序》[9]），《四书章图》（元明善[10]序、明薛瑄《读书录》卷八、明杨士奇《文渊阁书目》卷四以及清钱谦益《绛云楼书目》、钱曾《也是园书目》等清人著录多作此名），《四书章图纂要》（虞集[11]序），《四书章图纂释》二十卷或二十二卷（臧梦解[12]序，汪幼凤《程教授复心传》及其后附赵与虎、邵从仕奏状、《新安文献志·先贤事略上》、明焦竑《国史经籍志》卷二、明张萱《内阁藏书目录》卷二），《四书纂释》二十卷（明黄虞稷《千顷堂书目》卷三）等等。[13]此外，又有《四书章图（隐括）总要》[14]《四书章图隐括总要发义》二卷[15]等著述见诸记载。实际上，其书结构是这样的：

总要上卷　凡二十七条　图二十有五

总要中卷　凡四十条　图五十

总要下卷　凡五十三条　图四十有八

《大学句问（章图）纂释》一卷　凡经一章传十章　图二十有三

《中庸句问（章图）纂释》一卷　凡三十三章　图四十有四

《论语注问（章图）纂释》十卷　凡二十篇　图三百九十有五

《孟子注问（章图）纂释》七卷　上下凡十四篇　图一百一十有一[16]

由此可知，泛指程氏书的所谓《四书章图纂释》包含两书，一是《四书章图隐括总要》三卷，一是《四书章图纂释》十九卷。如果按实际卷数统计，当为二十二卷[17]；如果将《总要》作为一种著述，也可以有二十卷的算法。前人评论其书多着眼于《章图纂释》，我们沿用其例。

关于《四书章图纂释》撰述的学术背景，虞集序曰：

及朱子为之《（论、孟）集注》《（学、庸）章句》，然后会众说而归于一，其所以极博约之功者，千古所未有也。凡终始本末之说，内外精粗之辨，条分缕析，粲然有序。今其书家藏而人读之，然而习之而不察者犹众也。

朱熹《四书章句集注》博大精深，固已家喻户晓，但其中有自出己意者，有参取旧说者，又有与《四书或问》《朱子语类》

《朱子文集》一时未定之说或门人记录失真之处不一致的地方，内容上需要疏通互证，转相发明。而且，不少人的理解仍然停留在字面上，习而不察，未能得其真谛。朱子之后，已有学者如黄榦[18]、辅广[19]、真德秀[20]、祝洙[21]、蔡模[22]、赵顺孙[23]等著书阐明朱子本意。基于此，程复心融会众说，出以己意，著《四书章图纂释》。卷首自序曰：

复心虽不敢妄议是非，然因袭之弊，亦易承讹，故尝僭取文公解注，分章析义，约而为图，庶几始终、正背、本末、分合粲然可观。将使读者因图以玩解，则可以见文公用力之深；因解以求经，则可以见□□垂教之切。是于初学之士，亦不无小补云。

《程教授复心传》有曰：

……中年益笃学力行，尝取文公《四书集注》，会黄氏（榦）、辅氏（广）众说而折衷之，分章为图，间附己意，积三十余年始成，名曰《四书章图》。及取《语录》诸书，辨证同异，增损详略，著《纂释》二十卷，发明濂洛诸儒未尽之旨，有功后学。

臧梦解序亦曰：

林隐程君生文公之乡，志文公之学，而自得乎孔、曾、思、孟之心，用力《四书》，阐微析幽，分章纂图，垂三十年而书始成。又间出己见，以发明文公未尽之说，名曰《四书章图纂释》。

由此可知，其书实际包含两部分内容，亦即程氏所做的两方面工作，一是“章图”，即分章布图，“凡辞见异同，义涉疑似者，列而为图”[24]；一是“纂释”，即内容上的疏解、辨析。“章图”的作用是“因图以玩解”，可见朱子用力《四书》之深；“纂释”的作用是“因解以求经”，可以见圣人立言垂教之切。其书卷首《四书章图纂释凡例》详尽地说明了这两部分内容的分别及其不同的去取标准：

《四书章图》并隐括朱子《章句》《集注》《或问》，分纲布目，总要会繁，本末始终，昭然义见。初学子弟先且逐章取图细玩，然后熟读《章句》《集注》《或问》，则于各章之意，如驾轻就熟，指掌可求，不烦口授，亦训蒙之一助也。

《四书纂释》系隐括朱子《文集》《语录》及诸门人与夫近代先辈，凡所论有合于朱子者，附以己意，串入疏注，其下更不出其姓氏，盖于赵氏（顺孙）《纂疏》标注已详。但其间多有与《集注》之说不无异同者，亦有《文集》《语录》中朱子初说与《集注》所定不同者，今尽删之，庶免乱惑，非赘疣也。

可见，“章图”部分的内容是分章析义，各布为图，隐括《章句》《集注》《或问》；“纂释”部分则以《四书章句集注》为圭臬，来衡量、去取朱子及他人的相关论述，辨证同异，出以己意。从作者采取章图这种形式的初衷来看，也在于图文并茂，简明扼要，取便初学。

书成以后，“元至大戊申（元年，1308）浙江儒学提举司言于行省，皇庆癸丑（二年，1313）行省进于朝。翰林史院考订其书，率皆称赞。学士赵孟頫[25]请置诸馆阁，阐明《大典》；而平章李道复[26]难之，乃议于江南诸路教授中擢用。复心年将六十，以亲老固辞，特授徽州路儒学教授，致仕给半俸，终其身。名士大夫如方回[27]、程巨夫、王约、元明善、邓文原[28]、虞集、杨载、范德机[29]诸公俱有制作，盛称之”。[30]据此，似乎其书进于朝、朝议及授官、致仕都在皇庆二年，其实不然。虞集序所述十分明确，“皇庆二年，有司以君与书荐于朝。明年，以徽州路儒学教授致仕而归，年才六十耳”。可见，进书在二年，而授官、致仕在延祐元年（1314）。又据程巨夫序，“子见书既成，上之朝，将畀之秩，慨然曰：‘凡吾所以至此者，非以进取为也，欲俾天下知有吾书也。吾亲老矣，吾归养吾亲，复何求哉？’”王约序亦称其“去就如此之明”。赵孟頫序对其“引年而归，予甚高之”。邓文原序表彰“其于进退出处不亢不污，庶几乎力行之士矣”。除了称扬其著作，诸家还力赞其所谓出处进退之节。

是书的作用和价值，诚如袁桷所言，“新安程子见取《论》《孟》《中庸》《大学》之书切于吾身者，析而为图，以辅翼朱子之教，抑亦使夫人知为学之叙”[31]。赵孟頫序称其“贯穿精熟，于是类而为书，列而为图。道德性命仁义，各以类从，使学者一览而尽得之，其有补于理学甚大”。邓文原序以为“学者因图以求朱子之意，而有得于《四书》者，其效未有止也”。虞集序曰：“夫舍朱子之言，则何以知《四书》之旨？然非有以贯通其条理，而分别其节目，则朱子立言之意，又何以得之也哉？然则君之为图也，可谓有功于考亭，有补于同志者矣。”杨载序盛赞是书“使学者于文公之言了然于心，欲疑无所……程先生行义甚备，盖所谓真知而实践之者，故其为言综核深固，有所据依，学者观焉，如伐邓林而假利于斤斧，则其所获不多且逸哉”？臧梦解序曰：“后学之士苟能因图以求解，因解以求经，则《四书》义理了然于胸中矣，岂非后学之指南、读书之捷径也欤！”元明善序曰：“新安程君复心《四书章图》，取朱子《章句集注》，一一为之图，观者了然，即晓大义，深有补于初学。虽然，《四书》之旨深矣，有非图所能尽者，学者因是以求《章句集注》，因《章句集注》以得圣贤之心，圣贤之事业为可企及也欤！”概括起来，诸家论说不外乎两端，一是作为学者之利器，有助于理解和领会朱子的著作和思想；二是推而广之，对于理学和“圣贤之事业”也有裨益。具体说来，其书确有创获。《程教授复心传》后附松江府知事邵从仕牒即指出：“其间如《大学》言心而不言性、《中庸》言性而不言心、《论语》专言仁、《孟子》专言义等语，皆发明濂洛诸儒未尽之蕴，诚有功于后学。”虞集序亦曰：

其为书也，盖取朱子《论语、孟子集注》《大学、中庸章句》之说：有对待者，若体用、知行之类；有相反者，若君子小人、义利之类；有成列者，若学问辨思行之类。随义立例，章为之图，以究朱子为书之旨，其意可谓勤且切矣。

当然，后世也有否定此书的意见。如明薛瑄《读书录》卷八云：“程复心《四书章图》破碎义理，愈使学者生疑。”清全祖望也有批评，其文略曰：

宋儒自嘉定而后多流为迂腐，其所著书有绝可笑者，程复心《四书章图》亦其一也。每章为一图，而为之别白，其岐（当作歧）趋如儒则有君子小人之分，学则有古为己今为人之分，达则有上下之分，但每章如此，不亦愚耶？是亦何劳为之图乎？《永乐大典》载此书。[32]

二

《四书章图纂释》元代盛行，明代流传亦广，见于多家书目著录，还收入《永乐大典》。但以其书与倪士毅《四书辑释》合编本通行，所以单行本比较少见，清初犹见于著录，[33]后来公私藏书目录多不著录。目前所知中国大陆存藏的《四书章图纂释》单行本凤毛麟角。仅见元刻残本六卷，其中《中庸》一卷，藏山东省博物馆；《孟子》五卷，藏中国国家图书馆（以下简称国图）。每半叶十三行，行二十字，小字双行二十四字。

值得庆幸的是，日本藏有三部元版（其中两部残本），弥足珍贵。《经籍访古志》卷二著录两部后至元三年建安吴氏德新堂刻本《四书章图纂释》，其一为昌平学旧藏《四书章图纂释》二十卷一通，即今国立公文书馆藏本。其中，《四书章图纂释》二十一卷，《四书章图隐括总要》三卷，[34]凡十二册。有缺叶。钤有“昌平坂学问所”“文化丙子”“浅草文库”等印。经文中有室町时期的训点（朱笔乎古止点和墨笔假名注音）。卷首《四书章图纂释凡例》，次行低七字署“新安林隐程复心子见经进”，每一条凡例上标“一”字，低一字；具体内容低二字。后附读书要旨、读《四书》要旨、读《四书集注章句》要旨，尾题《四书章图纂释凡例》。次大学政教之绪、中庸道统之传二图，次论语问答弟子、孟子问答弟子二表。次经进四书章图纂释朝贵题赠序文总目，“序”字后低二字列程巨夫等九人衔名，“诗”字后低二字列刘珪等七人衔名，其后录存各家序文或诗作。次大德壬寅（六年，1302）程复心自序。次《四书章图隐括总要》卷之上、中、下三卷，署“林隐程复心子见经进”。《至大江浙等处行中书省咨》及皇庆二年七月礼部呈、中书省礼房呈、集贤学士赵孟頫咨，次于卷上之后，卷中之前。以下为《四书章图纂释》正文。卷首朱熹《大学章句序》，次《大学句问章图纂释》，署“新安林隐程复心子见经进”。所谓“句问”，句指朱子《大学章句》，问指朱子《大学或问》。《中庸句问》同此。次朱熹《中庸章句序》（脱首叶），次《中庸句问章图纂释》。《大学章图纂释》《中庸章图纂释》之后分别附载《大学或问》《中庸或问》各一卷，除题目外均为双行小字，低一格，八行十七字，与其他部分行款不同。次《论语章图纂释》部分，首行顶格题“论语”，次行低四字题《朱子集注序说》，三行正文起。《序说》后次《论语集注章图纂释》，凡十卷，全。次《孟子章图纂释》部分，首行顶格题“孟子”，次行低四字题《朱子集注序说》，三行正文起。《序说》后次《孟子集注章图纂释》，凡七卷，全。卷首“朝贵题赠序文”尾题后，有“富沙碧湾吴氏/德新书堂印行”木记。《总要》卷之上卷末和“大学句问章图纂释卷终”尾题前都有“至元岁次丁丑/菊节德新堂印”木记。据《方舆胜览》卷一一，富沙是建宁府建安之别称。菊节即重阳节，九月九日。可知，此本为元代建本，后至元三年九月建安吴氏德新堂刊行。四周双边（21 cm ×13 cm），黑口，双鱼尾。版心记大学图（或大学问、中庸、中庸问、语释几、孟释几），附记叶次。有界，每半叶十三行，经文大字顶格，行二十字；朱子章句、集注低一格单行中字，行二十三字；程氏纂释亦低一格双行小字，行二十三字。

《经籍访古志》著录的另外一部是枫山秘府藏元刊本，“与此同种”，正是日本宫内厅书陵部所藏两部元代建本之一，三册三卷本。书衣署“新安子见程先生编述、皇朝经进、文公四书章图纂释、建安吴氏德新堂印行”。卷首《四书章图总目》，其后依次有江浙等处行中书省咨文、中书省礼房呈（皇庆二年七月）、赵孟頫呈、朝贵题赠序文、大德壬寅程复心大字行书自序、《四书章图纂释凡例》（含读书要旨、读《四书》要旨）。以下为《四书章图隐括总要》上、中、下三卷。“朝贵题赠序文”尾题后和《总要》卷上卷末也有与前揭公文书馆藏本相同的牌记。此本系清原国贤手泽本，第一、第三册末尾均有清原国贤天文九年（1540）朱笔识语。各卷卷首有“佐伯侯毛利高标字培松藏书画之印”，各卷卷末有“国贤”，中卷、下卷卷首有“东”印章。[35]下卷卷末有墨书“大博士清原朝臣良雄”九字微可判读。[36]阿部隆一先生由国贤生于天文十三年推断，认为笔迹应是国贤的祖父、宣贤的长子业贤（后改名良雄）的。[37]此书后归毛利高标插架。高标（1755—1801），字培松，为江户时代九州佐伯藩主，宽政中（1789—1800）收藏汉籍最富盛名。他死后，其孙毛利高翰于文政十一年（1828）将其藏书两万余册献给幕府，此书也在其中，所以卷首有毛利氏藏印。

书陵部所藏另一部为两册五卷本，亦系后至元三年德新堂刊本，含《四书章图隐括总要》三卷、《大学句问章图纂释》一卷、《中庸句问章图纂释》一卷。阙卷首《四书章图总目》、江浙省咨、礼部呈、礼房呈、赵孟頫呈、朝贵题赠序文及序后木记。乾册卷首大德壬寅程复心自序，次《四书章图纂释凡例》，次《四书章图隐括总要》卷之上，首叙立图本始，次之以龙马出河之图、易有太极之图、伏羲则图作易，“以见夫四书传授之奥，性命道德之原，无一不本于此云”。这一卷的内容主要涵盖宋明理学的基本范畴，如论性情体用、论仁智先后、论理气一贯之以神、论天地理气之流行、论心统性情、论天人心性情之分、性说、理气说、阴阳说、论无极太极；以及理学史上的重要人物及其著作，如周子太极图、论周子太极图与周子通书表里相合、张子西铭图、濂洛发明、论朱子得道统之正（勉斋）、朱子发明等等。图文并茂，有图解，有文字说明。次卷之中，集中以图释的形式论述《四书》学的基本范畴，如心（圣贤论心之要、心之虚实、知觉、神明、张子天道性心之说、论心统性情[38]）、仁（孔子专言仁、《论语》仁字训义、论仁表里同异、论仁者爱之理心之德、论爱有差等、论仁用力同异）、知行（曾子忠恕一贯、论知行先后）、性（告子性犹湍水之说、告子生之谓性之说、四端性体、性品气品之别），或《四书》各自特点，如大学入德之门、大学中庸工夫合一之图、大学言学中庸言教、中庸说、中庸性道教之旨）等等。次卷之下，图释《四书》中的方位、名物、典制，如八极、八佾舞位、为方矩器之图、朱子絜矩两图、周禘祫庙制、朱子论五庙昭穆、五祀奥设之图、社稷坛制、商建国图、周制王诸侯城郭图、明堂位制、周制井田之图等。

坤册两卷。前面一卷卷首为朱熹《大学章句序》，正文部分题《大学句问章图纂释》。后面一卷卷首为朱熹《中庸章句序》（“夫尧舜禹天下之大圣也”以上有一脱叶）。正文部分题《中庸句问章图纂释》（第十九章有一叶补写）。不难看出，此本《大学句问章图纂释》《中庸句问章图纂释》部分较公文书馆藏本为异，后者附载《大学或问》《中庸或问》各一卷，而前者失载。

这部《四书章图纂释》与前揭两部同版，版式、行款完全相同。《总要》卷上卷末和《大学章图纂释》卷末有与前揭公文书馆藏本相同的牌记。卷中有朱笔句点和假名训点。坤册末尾有应永二十年（1413）和文明七年（1475）识语两条，其中前一条提及“不二北轩”，严绍璗老师以为当即京都东福寺塔头不二庵[39]；又有“惺窝先生门人　堀正意字敬夫号杏庵所持本也”识语一条，乾册卷首亦有“平安堀氏时习斋藏”印，可知此本为堀杏庵（1585—1643）旧藏。堀正意，字敬夫，号杏庵，江户初期著名汉学家藤原惺窝（1561—1619）门人。乾册卷首及坤册末尾捺有“天下无双”“读杜草堂”“寺田盛业”“字士孤号望南”（以上为日本近代藏书家寺田望南[40]藏印）、“太政官文库”（内阁文库前身）、“帝室图书之印”“大日本帝国图书印”，可以看出其书递藏经过。

三

关于是书的编刻，有三层关系需要厘清，首先是程复心《四书章图纂释》和倪士毅《四书辑释》的关系，二者本来各不相谋，各自成书，都是元代《四书》学的代表著作。至正元年（1341），建阳日新堂刊刻《四书辑释》，书坊主刘叔简曾有意将二书合刊，但被倪氏否决。[41]不过从明初开始，二者便被糅合在一起。国图藏明初刊本《四书辑释》，将二者合编在一起，以《辑释》为主，益入程复心《章图》及王元善《通考》，卷次仍依《辑释》之旧。其后，明宣德、正统中又出现了王逢、刘剡重订本，在明初已有的《辑释》《章图》合编本的基础上，访得倪士毅重订本，又参照金履祥、许谦、朱公迁、史伯璇等人的《四书》类著作，使其内容更加丰富，成为一部集锦式的《四书通义》，由詹氏进德书堂刊行。[42]此后是书成为通行本，

《四书章图纂释》和《四书辑释》的单行本反而流传甚尠。

其次是《四书章图隐括总要》和《四书章图纂释》的关系，王重民先生“疑（《四书章图隐括总要》）是（程）复心别订节本，以便初学；《发义》则倪士毅、王逢之流所为，截取附其书以行者”[43]。所谓“节本”是相对于《四书章图纂释》而言的。事实上，王先生未见其书全璧，故有此误解。《四书章图纂释》分章布图，阐幽表微，采用的仍然是随文出注的传统注释形式。而《四书章图隐括总要》则是分专题来讨论问题，随义立题，图文并茂。二者一横一纵，一博一约，合成一书，并非“节本”与足本的关系。

最后，《四书章图隐括总要》三卷本、四卷本和《四书章图隐括总要发义》二卷本三者之间的关系颇为复杂，也是值得讨论的。

继元刻《四书章图隐括总要》三卷本之后，明初又出现了一个四卷本。前揭国图藏明初刻本《四书辑释》四十三卷，包括《中庸章图隐括总要》《论语章图隐括总要》《孟子章图隐括总要》各一卷，恐非足本，尚缺《大学章图隐括总要》一卷。又，原北平图书馆旧藏、现移置台湾故宫博物院的明初建刊黑口本《四书章图隐括总要》，十三行二十四字（21.4 cm×13.3 cm），不分卷，二册。桥川时雄、仓石武四郎所编《旧京书影》著录为元刻本。赵万里先生《国立北平图书馆善本书目》卷一著录此书为四卷，明刻本。王先生《中国善本书提要・经部・四书类》著录为四卷，元刻本。此本不标卷帙，赵、王二先生以为四卷，殆以其书分为《大学章图隐括总要》《中庸章图隐括总要》《论语章图隐括总要》《孟子章图隐括总要》四部分。我们将其与国图藏本《四书辑释》比对，发现正是同一版本。这也正好证实了我们所谓国图藏本并非足帙，而是残本的推论。

明初刊本《四书辑释》以倪士毅注为本，只有附入的王元善《通考》部分增加了包括程复心在内的其他注家的注释。内容构成上比较重大的改变是将程复心《大学句问章图纂释》《中庸句问章图纂释》《论语集注章图纂释》《孟子集注章图纂释》各书每一章的图分别散入《四书辑释》相应各章之中。其中，《大学或问》《中庸或问》并无图，只有倪氏《辑释》（包括《通证》），间有《通考》，这是因为《四书章图纂释》中的《大学或问》《中庸或问》也没有图。其中，《中庸章图隐括总要》《论语章图隐括总要》《孟子章图隐括总要》的内容则出自元刻本《四书章图隐括总要》三卷，主要是中、下两卷，如《中庸章图隐括总要》卷首为《中庸道统之传》，次圣贤论心之要等论“心”诸条，次中庸性道教之旨、大学中庸工夫合一之图，次周禘祫庙制、朱子论五庙昭穆等。《论语章图隐括总要》卷首为论语问答弟子，次论语仁字训义等论“仁”诸条，次曾子忠恕一贯等论“知行”诸条，次五祀奥设之图、社稷坛制等。《孟子章图隐括总要》卷首为《孟子问答弟子》，次张子天道性心之说、论心统性情以及告子、公都子、孟子性辩等论“性”诸条，次商建国图、周制王诸侯城郭图、商周井田制等。《大学章图隐括总要》未见，但据台北故宫博物院藏本首叶书影及《旧京书影》所录书影，知其卷首为大学政教之绪，卷末为方矩器之图、朱子絜矩两图。不难看出，明初刊本《四书章图隐括总要》四卷悉出元本，其中，每一卷卷首图出自元本《凡例》后之图表（大学政教之绪、中庸道统之传二图，论语问答弟子、孟子问答弟子二表，原不包含在元本《四书章图隐括总要》三卷之内，而明初刊四卷本则将其分别并入《四书》），其余各图则出自元刻三卷本。

明正统中进德书堂刊本含《四书章图隐括总要发义》二卷，卷端题“四书章图隐括总要发义卷上”，署“林隐程复心子见经进”。卷末有“大明岁次己未（正统四年，1439）进德书堂新刊”双行牌记。

我们研究发现，正统本《发义》二卷，卷上相当于元本《四书章图隐括总要》卷上，分别是叙立图本始、龙马出河之图、易有太极之图、伏羲则图作易、周子太极图、论周子太极图与周子通书表里相合、论朱子得道统之正、濂洛发明、张子西铭图、张子东铭图等，总不出元本《总要》卷上的内容。卷下则出自元本《总要》卷中，分别是论四书之学、论四书言心性仁义、圣贤论心之要、心之虚实、知觉、神明、张子天道性心之说、天地气质之性、天地气质之说、论心统性情、论四端不必言信、孔子专言仁、孟子兼言义、论语仁字训义、论仁表里同异、论仁者爱之理心之德、论爱有差等。不难看出，《发义》是节选元本《总要》卷上、卷中的内容，而剔除了《总要》卷下的内容。

综上所述，《四书章图隐括总要》三卷是《四书章图纂释》元代初刻本二十二卷的有机组成部分，这是初始状态。其后一变而为四卷，国图藏明初刊本将原本三卷的《四书章图隐括总要》，按照《四书》分别开来，析为四卷；再变而为二卷，进德书堂刊本截取、删略《四书章图隐括总要》而成《四书章图隐括总要发义》二卷。[44]

注释：

[1]《元人传记资料索引》《中国历代人名大辞典》将其生卒年定为1257—1340年，疑误。据汪幼凤《程教授复心传》，程复心卒于元顺帝后至元六年庚辰十二月十八日，为1341年1月6日，寿八十四，故生年当为1258年。又据元刻本《四书章图纂释》卷首虞集序，程复心延祐元年（1314）致仕，年六十，则当生于1255年。因无直接的文献依据，姑且存疑待考。

[2]据四库本《江南通志》卷一二一《选举志》，朱洪范，婺源人，宋理宗宝祐中进士。

[3]胡炳文（1250—1333），字仲虎，号云峰，婺源人。事见《新安文献志》卷七一。

[4]通行本有1920年涵芬楼影印清曹溶《学海类编》本。《四库存目丛书》史部第76册据北京大学图书馆藏清抄本影印。

[5]汪幼凤，字子翼，婺源人，曾任采石书院山长。事见《（弘治）徽州府志》卷八。

[6]（明）程敏政《新安文献志》卷七一。

[7]程巨夫（1249—1318），本名文海，以字行，建昌南城人。《元史》卷一七二有传。

[8]王约（1252—1333），字彦博，真定人。《元史》卷一七八有传。

[9]袁桷（1266—1327），字伯长，鄞县人。《元史》卷一七二有传。序见《清容居士集》卷二一。

[10]元明善（1269—1322），字复初，大名清河人。《元史》卷一八一有传。

[11]虞集（1272—1348），字伯生，号邵庵，抚州崇仁人。《元史》卷一八一有传。

[12]臧梦解（？—1335），号鲁山，庆元人。《元史》卷一七七有传。

[13]文中所引程巨夫、王约、赵孟頫、元明善、邓文原、虞集、杨载、臧梦解、袁桷诸家序文均见于元刻本《四书章图纂释》卷首“朝贵题赠序文”；《经义考》卷二五五转录。其中有时间可考者，程巨夫、赵孟頫、元明善、虞集、杨载序均作于延祐元年（1314），而臧梦解序作于至大元年（1310）。

[14]《元儒考略》卷四。

[15]《千顷堂书目》卷三。

[16]日本宫内厅书陵部藏《四书章图纂释》三册卷首《总目》，转引自日本宫内厅《图书寮典籍解题》第一哲学是书解题。

[17]（清）汪沆《小眠斋读书日札》著录《四书章图》，明确统计了卷数，“《总要》三卷、《大学句问纂释》一卷、《中庸句问纂释》一卷、《论语注问纂释》十卷、《孟子注问纂释》七卷，共二十二卷”。

[18]黄榦（1152—1221），字直卿，号勉斋，少从朱熹学，能传其学。著有《论语通释》十卷，“其书兼载《或问》，发明晦翁未尽之意”（《直斋书录解题》卷三）。

[19]辅广，字汉卿，号潜庵，是朱熹门人中之佼佼者，深得朱子称赏。《四书》类著述有《语

孟学庸答问》《四书纂疏》，今皆不存。

[20] 真德秀，字希元，号西山，浦城人。著有《四书集义》（一作《集编》），《四库提要》卷三五以为“自是以后，踵而作者汗牛充栋；然其学皆不及德秀，故其书亦终不及焉”。

[21] 祝洙，字宗道，崇安人，景定中为涵江书院山长。四库本《福建通志》卷三〇有传，卷六八著录其《四书集注附录》。

[22] 蔡模，字仲觉，号觉轩，建安人。蔡沈之子。《四库全书》收录其《孟子集疏》十四卷，《四库提要》卷三五评价曰：“故所取甚约，而大义已皆赅括，迥异后来钞撮朱子之说、务以繁富相尚者，亦可知其渊源有自。”

[23] 赵顺孙，字格庵，括苍人。其所著《四书纂疏》二十六卷，“备引朱子之说，以翼《章句》《集注》。所旁引者，惟黄榦、辅广、陈淳、陈孔硕、蔡渊、蔡沈、叶味道、胡泳、陈植、潘柄、黄士毅、真德秀、蔡模一十三家，亦皆为朱子之学者，不旁涉也”。所以《四库提要》卷三五称其征引“繁而不杀，于理亦宜”。

[24] 杨载序。杨载（1271—1323），字仲弘，钱塘人。《元史》卷一九〇有传。

[25] 赵孟頫（1254—1322），字子昂，号松雪道人，湖州人，宋朝宗室。《元史》卷一七二有传。

[26] 李孟（1255—1321），字道复，号秋谷，汉中人。早以才学闻，皇庆初拜中书平章。《元史》卷一七五有传。

[27] 方回（1227—1307），字万里，号虚谷，歙县人。事见《新安文献志》卷九五上。

[28] 邓文原（1259—1328），字善之，号匪石，杭州人。《元史》卷一七二有传。

[29] 范梈（1272—1330），字亨父，一字德机，清江人。持身廉正，有古君子风，人称文白先生。《元史》卷一八一有传。

[30]《程教授复心传》。

[31]《清容居士集》卷二一《新安程子见四书图训序》。

[32]《鲒埼亭集外编》卷二七《题程复心四书章图》。

[33]《绛云楼书目》卷一著录《四书章图》一册，《补遗》著录《四书章图》，姓名失记。《钱遵王述古堂藏书目录》卷一著录程复心《四书章图》一卷一本。汪沆《小眠斋读书日札》著录程复心《四书章图》二十二卷。孙从添《上善堂宋元版精旧抄书目》著录元板《四书章图》二套，汲古阁藏本，陆敕先校。

[34] 公文书馆另藏《四书章图隐括总要》三卷，日本文化元年写本，原昌平坂学问所藏本，即以元本为底本。

[35] 此本未见，其版式、行款及内容构成主要依据日本宫内厅《图书寮典籍解题》第一哲学是书解题叙述。

[36]《图书寮汉籍善本书目》卷一是书解题。

[37]《阿部隆一遗稿集》卷一《宋元版篇·日本国见在宋元版本志经部》，汲古书院 1993 年版，第 358 页。

[38] 这一幅图重出，卷上乃转录“毅斋沈先生”的论述，而卷中是程氏本人的论述。“沈先生”当指沈贵珤，字诚叔，号毅斋，德兴人。胡方平、范启、程若庸、齐梦龙皆其门人。事见《宋元学案》卷八九《介轩学案》。

[39]《日藏汉籍善本书录·经部·四书类》是书解题，中华书局 2007 年版，第 217 页。

[40] 寺田望南，生卒年不详，名弘，又名盛业，字士孤，号望南。寺田氏是明治时代著名藏书家，一说昭和初期仍在世。

[41] 详参倪士毅《至正辛巳（元年）冬答坊中刘氏锦文（叔简）书》，收入明正统间詹氏进德书堂刊本《重订四书辑释通义大成·新刊重订辑释通义源流本末》。

[42] 参见拙作《从〈四书辑释〉的编刻看四书学学术史》，载《北京大学学报》2006 年第 2 期，第 104—113 页。

[43] 王重民先生说见《中国善本书提要》经部是书解题，上海古籍出版社 1983 年版，第 41 页。

[44] 朱睦㮮《万卷堂书目·经解》著录程复心《四书章图总要》二卷，当即正统刊本。北京师范大学图书馆藏正统四年进德书堂刻本《四书章图隐括总要发义》二卷，知其书亦有单行本，后汇编入《四书通义》。

（作者系北京大学中国古文献研究中心副研究员）

试论当代语境下“经学”的内涵与“经学史”的研究领域

程苏东

近年来，随着学术界对于国学研究领域的重视，传统四部之学的核心——“经学”也日渐受到关注，相关论述及研究成果屡见报端，经学与当代学术之间的关系如何？经学是否可以在当代学术体系下建立独立的学科？关于这些问题，学术界已经并且仍然在进行深入的探讨。作为一个甫始接触经学研究的后学，笔者对于这些问题不敢置喙，然而在研究的过程中，我也发现，由西汉至今，“经学”这一概念已经使用了两千多年，其间由于学术理念的变易，“经学”的具体所指也发生了一定的变化，特别是晚清近代以来，不同的学人在使用“经学”这一概念时，其具体所指常常有着较大的差异，“经学”一名而兼数实的现象非常普遍。辨清这种差异，并循此揭橥当代学术语境下“经学”的内涵，无疑是我们把握经学史研究路向的一个基本前提。基于此，笔者不揣谫陋，愿就此略陈管见，希望得到学界方家的批评指正。

一

在当代学术的语境下，我们说“经学”，实际上至少包括两层涵义，其一是指那个在历史上存在了两千年多的，已然作古的“经学”；其二则是指当代国学研究中的一个学术分支。“经学史”这个概念中所指的“经学”，自然是指前一种意义上作为历史呈现的“经学”，而“经学史”这一概念本身，则从属于后一种意义的“经学”。例如程元敏先生曾经这样定义“经学”：“凡历代学者依傍经书整理、选择、解释之外，又以自己的思想增益、减省、发挥诸经的学说等相关著作，均属经学研究的对象及范围。”[1]很显然，这里所言的“经学”，便是就其作为现代学科分支的层面而言的。明确这两层涵义的不同，是我们探讨“经学”之内涵的前提。周予同先生为了避免这种同名异实而引起的混乱，曾经提出用“经学学”或“超经学”这样的概念来专指作为现代学术的“经学”[2]，只是这一提议后来并未得到学者的呼应，于是“经学”一名而兼二实的情况，也就一直延续至今。

基于作为史实的“经学”与作为现代学术的“经学”之间的关联性，后者研究领域的界定无疑依赖于我们对前者的认识：作为传统文化的核心，在中国历史上绵延了两千余年的“经学”究竟是什么呢？

现代经学史研究的开创者之一周予同先生认为：

所谓“经”，是指中国封建专制政府“法定”的以孔子为代表的儒家所编书籍的通称；所谓“经学”，一般说来，就是历代封建地主阶级知识分子和官僚对上述“经典”著述的阐发和议论。[3]

由于本文写于特定的年代，周先生在论及“经学”的主体，即知识分子和官僚时，固然带有略显狭隘的阶级限制，但事实上，周先生对于“经学”内部的复杂性却有着十分清醒的认识，他指出：

随着中国封建社会的发展，经济、政治的变化，封建统治阶级内部各阶层的变化，思想领域也起变化，对于“经”书的阐发和议论也就历代有所变化，而各自赋有时代的特点……从这个意义上来说，“经学”基本上是统治阶级内部各阶层随着中国社会、经济、政治情况的发展而展开思想斗争的一种形式，是历代地主阶级知识分子和官僚披着“经学”外衣发挥自己思想进行斗争的一种表现。[4]

去除那些意识形态色彩过浓的概念，周先生的这段论述清楚地指出“经学”在历史上是始终变动的，不仅在不同的时代有所不同，即使在同一时代，处于不同社会阶层的士人也会产生不同的经学观念，而这一点，是周予同先生自上世纪 20 年代始便始终强调的。

我们暂且抛开对于“经学”之具体内涵的分析，单看周予同先生在定义“经学”这一概念时采用的方式，就会发现，周先生认为所谓“经学”，实乃“群经之学”，也就是围绕“经”展开的学问，因为“经”的范围是“中国封建专制政府‘法定’的以孔子为代表的儒家所编书籍”，因此，“经学”也就是围绕这些儒家典籍而展开的学术。

周予同先生的这一观点颇具代表性，台湾学者李威熊先生这样定义“经学”：

凡成系统，有修贯之学术，即皆谓之学，因此，把诸经看成一门学问，作系统研究，如经传的名物训诂，或剖析其义理，或探讨群经源流发展历史，以及经书上种种问题的研究，都包括在经学的范畴。[5]

林庆彰先生认为：

一部经典形成后，后人一切相关研究的成果，包括经典的注释，个别字义、典章制度、思想内容的探讨，和相关论著目录、论文集、丛书等的编辑，都可以说是该部经典研究史探讨的对象。[6]

而岑溢成先生则认为：

从研究对象来看，“经学”的性质十分单纯，专指研究《四书》《五经》或《十三经》等经书的学问。可是经籍的内容却很复杂，于是由文字训诂、典章制度，到经国济世、天人性命的道理，无不包罗在“经学”的范围之内。[7]

从以上所举几种“经学”定义看来，虽然各家对于“经学”研究的具体内涵界定存在差异，但在认定“经学”之核心乃群经之学这一点上则别无二致。许道勋、徐洪兴两先生在他们合著的《中国经学史》中概括指出：

关于“经学”的含义，学术界争论不大，基本都同意是指对儒家经典注释解说、阐发经义的学问。[8]

但事实上，周予同先生的高足朱维铮

周易序

易變易也隨時變易以從道也其爲書也廣大悉備將以順性命之理通幽明之故盡事物之情而示開物成務之道也聖人之憂患後世可謂至矣去古雖遠遺經尚存然而前儒失意以傳言後學誦言而忘味自秦而下蓋无傳矣予生千載之後悼斯文之湮晦將俾後人沿流而求源此傳所以作也易有聖人之道四焉以言者尚其辭以動者尚其變以制器者尚其象以卜筮者尚其占吉凶消長之理進退存亡之道備於辭推辭考卦可以知變象與占在其中矣君子居則觀其象而玩其辭動則觀其變而玩其占得於辭不達其意者有矣未有不得於辭而能通其意者也至微者理也至著者象也體用一源顯微无間觀會通以行其典禮則辭无所不備故善學者求言必自近易於近者非知言者也予所傳者辭也由辭以得其意則在乎

《九经白文》书影 明末秦镤刻本

先生对于“经学”的定义与以上诸说便有所不同，他在《简说中世纪中国经学史——过程、特征与文献》一文的开篇即提出：

经学是中世纪中国的统治学说。[9]

所谓“统治学说”，即统治者用以维系其统治地位，论证其政权、政策之合法性的政治学说，属于国家意识形态的范畴。与此相类，干春松先生在《制度化儒家及其解体》一书中使用“儒家典籍经学化”这一概念[10]，也是将“经学”理解为具有官方意识形态色彩的国家政治理论。朱维铮、干春松二先生与上举李威熊、林庆彰、岑溢成、许道勋等诸先生关于“经学”之定义的最大不同在于，后者将“经学”归结为一种“学术”或者“学问”，而前者则认为“经学”是一种“统治学说”，这两者之间的重要差异在于：若其为一种“学问”，则“经学”主要是一个学术史领域内的概念；而若其为一种“统治学说”，则其更多呈现的是其参与政治思想史的一面，换言之，对于“经学”这一概念的认识，关系到我们以何种角度切入当代经学、经学史研究的问题。

究竟中国历史上的经学是一种贯穿官方意志的“统治学说”呢，还是一门自有学术传承的“有修贯之学问”呢？我们不妨从“经学”形成的历史背景来看。

众所周知，真正意义上的“经学”始于汉武帝建元五年“五经博士”的建立，在此之前，《易》《书》《诗》《礼》《春秋》等虽或有“经”之称，但只是存在于学者的著作或言论之中，并未得到官方的认可。汉武帝“五经博士”的设立以及随后置博士弟子员等措施，使得《易》等几部书具有了所谓“法定”的地位，自此以后，汉代诏令、奏策等官方文献大量引用这些经典中的语句作为论据，国家选拔人才、太学教育，也都围绕这些经典展开，正是有了这一系列的制度保障，五经之学在汉代迅速发展，“罢黜百家，表章六经”[11]的局面就此出现。

就汉代君臣而言，“罢黜百家，表章六经”的目的，自然不是为了推动某种学术研究的兴盛，他们崇儒的目的，乃在于以儒家所崇尚的“王道”治国：将“六经”的经义贯彻到国家行政乃至社会伦理的方方面面，以经术缘饰吏治，因此，西汉的经学具有鲜明的实用化倾向，以《诗》为谏书、以《尚书》治河、以《春秋》决狱，都体现出经学建立之初与国家政治之间的紧密联系。可以说，“六艺”之所以一变而被尊以“经”名，并不在于其作为学术本身之优劣，而在于它所传达的儒家思想适应了汉武帝为代表的一批君臣的政治理念，“六艺”虽然本非儒家所独有，但经过孔子的倡导以及孟子、荀子等孔门士人的研习、传授，在汉初，“六艺”已经俨然成为儒家学说的载体，儒家的治国理念、人伦理想，都被灌注于“六艺”以及相关的传注说记之中。这些理念在得到汉武帝的认可后被用为国家意识形态，“六艺”随之也就获得“五经”的身份而被称为法定的“官学”。

通过回顾“经学”的建立过程，我们会发现，确如朱维铮先生所言，无论是拥有法定权威地位的“经”本身，还是围绕“经”展开的经学，就其赖以成立的基础而言，皆在于其“国家意识形态”的地位，也就是作为“统治学说”的属性。从这个意义上来说，“经学”不是严格意义上的独立的学术，而是一种历史现象：从建元五年（前136）至清代覆灭，在漫长的中国历史上，始终存在着这样一类典籍，它们被赋予至高无上的权威地位，帝国的政令和君臣之间的议政都以之为依据，官方的各种行政举措则以取法于这些典籍而获得合法性，各种选举制度、学校教育都围绕它们展开，它们的影响力及于社会生活的方方面面，是受到官方制度保障和社会普遍认可的国家意识形态。这应当被视做“经学”的基本要义。冯友兰先生在《中国哲学史》中认为董仲舒之时“以利禄之道提倡儒学，而儒学又须为上所定之儒学”，由是“而经学时代始”[12]，也是从官方化、制度化的层面来认识“经学”的本质。本田成之在《经学史论》中指出：“中国人日常的风俗习惯的规范，大部分在经学上有根据。比方一件事，若是在经学上没有根据的，那就失却他的价值了。从这看来，经学在中国，乃是有最大权威者。”[13]这正揭示出“经学”作为国家意识形态，在整个社会生活中具有的权威性和影响力，自汉至清的历代帝王极力尊奉群经，正是基于它们作为国家意识形态的特殊地位。

而当经学具有了“官学”的地位之后，释经也就成为随之而来的一项重要工作。“六艺”形成于上古，又经历了秦火，无论是文字，还是训诂，与西汉的通用语言都有了较大的差异，由此，研究经典乃成为专门之学，所谓“通经以致用”，原是建立经学的初衷，但随着“通经”的难度越来越大，“致用”也就逐渐沦为遥不可及的梦想，特别是随着两汉之际古文经学的兴起，“通经”与“致用”之间的关系越来越疏离，在法定“官学”名义的保护之下，“通经”逐渐具有了学术的自主性，不再以影响政治、参与政治为直接目的，所谓“穷则独善其身，达则兼济天下”，“经学”逐步显示出它的双重身份：一方面，它是朝廷采用的统治学说，是国家用以缘饰吏治、控制舆论、引导民心的工具；另一方面，经书文本自身的丰富性却又使得它们成为士人的立身之学，成为士人用以上追圣贤、究通大道的阶梯。“圣人也者，道之管也。天下之道管是矣，百王之道一是矣，故《诗》《书》《礼》《乐》之归是矣”[14]，荀子所建立的“道——圣人——经典”之间的关系最终发展为“原道——征圣——宗经”的模式，长期影响古代士人，从汉学到宋学、清学，虽然历代的经学研究差异极大，但治经以立身的信念却始终如一。在这个层面上，经学作为专门之学，具有其他学术所没有的信仰的力量。

事实上，作为这一层面的“经学”早在汉代便已经出现，《汉书》所谓“经学精习”“经学尤明”[15]，都是就其作为专门之学的意义而言的。而到了清代，作为“学问”意义的“经学”取得了极大的成就，清代学者对于“经学”这一概念的认识也大多从这一层面出发，如陈澧在《示沈生》中论及“经学”云：

所谓经学者，非谓解先儒所不解也。先儒所解，我知其说；先儒诸家所解不同，我知其是非；先儒诸家各有是、各有非，我择一家为主，而辅以诸家，此之谓经学。[16]

而焦循在《与孙渊如观察论考据著作书》中对于“经学”的定义尤具学术眼光：

经学者，以经文为主，以百家子史、天文、术算、阴阳、五行、六书、七音等为之辅，汇而通之，析而辨之，求其训故，核其制度，明其道义，得圣贤立言之指，以正立身经世之法。以己之性灵，合诸古圣之性灵，并贯通于千百家著书立言者之性灵，以精汲精，非天下之至精，孰克以与此。不能得其精，窃其皮毛，敷为藻丽，则词章诗赋之学也。[17]

而钱大昭还将汉代以来的“经学”分为两途：

世之谈经学者有二焉。一为训诂之学，一为义理之学。言训诂者，初以《尔雅》为宗，爬搜古义，神而明之，足以蕲至圣贤格物致知之妙，故两汉经师莫不从事于此。魏晋以降，儒者不遵师说，意主穿凿附会，甚或以一字一义之异疑经背传，而汉学浸废。迄于有宋，名儒辈出而义理之学兴焉。考亭朱子以《论语》《孟子》为至精，复取《戴记》之《大学》《中庸》二篇合为四书，阐扬奥旨，谭艺益深，故宋儒之经术为最醇。自明代设科取士，用以命题，数百年来，虽山陬海澨，无不知奉朱子集注为质的，非此遂无以为进身之路，故讲习尤为急务也。然浅识之士，又往往徒执圣贤经传为功名利禄之阶，迄无人焉能探赜索隐，深求夫道之所存，此所谓舍本逐末，行之而不著，习矣而不察，君子未尝不病之。[18]

通过上面的梳理我们可以发现，即使是作为历史的“经学”，同样也是一名而兼有二实：它既是“中世纪的统治学说”，是具有国家意识形态色彩的政治学说；同时在事实上也发展成为一种专门之学，在中国古代学术史、文化史上处于核心地位。厘清“经学”的这两个层面，对于我们界定经学史的研究领域具有关键的意义。

二

对于作为历史的“经学”而言，其所具有的国家意识形态与专门之学这两个属性之间是有着密切联系的，正因为经学具有国家意识形态的地位，围绕其展开的专门之学才能长期在中国学术史中占据核心地位；然而另一方面，由于经典本身的多面性，作为专门之学的经学研究在对于经典的理解方面却往往与“官学”主张并不一致。在历史的不同时期，民间的经学研究与国家意识形态之间呈现出某种张力，乃是中国文化史上极为重要的一个现象。我们研究经学史，当然要同时照顾到经学作为国家意识形态和作为专门之学这两个层面的历史发展，并试图探讨这两者之间的互动关系。

更进一步，作为国家意识形态的“经学”与作为专门之学的“经学”所指涉的“经”是否是一致的呢？关于这个问题，此前学者似乎较少注目。我们且看后者，作为专门之学的“经学”在汉代形成，其研究的对象就是包括《周易》《尚书》等在内的儒家经典，这一传统随着目录学上“经部”概念的形成而得到进一步强化：在隋唐以后，作为专门之学的经学，其研究的对象以及研究的成果，例如传注、义疏、异同评、述议等，均被收入“经部”，成为一个特定的学术领域。经部的范围随着历代经目的变化而呈现出不断扩大的态势：早期的“经部”仅以传统的“九经”以及《论语》《孝经》《尔雅》为条目，而随着北宋时期《孟子》由子书升为兼经[19]，到南宋时期，《孟子》以及与之相关的各种研究著作也都升入经部，形成今天我们看到的经部格局。不过，从整体上来说，“经部”的范围以及内部的子目划分，在历史上还是比较稳定的。

而与之相比，作为国家意识形态的“经学”的范围则要复杂得多。上文已言，这一层面的“经学”其核心在于“统治学说”的身份，而在传统社会的背景下，则表现为一系列的制度保障：

第一，国家意识形态通过以太学为代表的学校教育向全国推广，因此，被称做国家意识形态的“经”首先必须立于学官，由专门的或兼习的博士进行教授。

第二，自隋代科举制度建立以后，科举便成为国家选拔人才的主要渠道。作为官方考试，其科目的设置、命题的取向都贯彻并体现着国家意识形态。因此，具有统治学说性质的“经”自当跻身科举考试，在明经、进士等科目中作为应试科目或策论的命题范围出现。

第三，自汉代设立五经博士起，中央朝廷为了统一经义，便常常组织由学者、官员参加，并由皇帝亲自主持的讲经活动，这一活动在两晋南北朝之后逐步制度化，形成了经筵讲习的传统。君臣围绕经典，探究经义，讨论时政，充分体现了“经”与国家政治之间紧密的联系。因此，作为统治学说的“经”自然也应当在经筵讲习的范围之内。

第四，自汉代起，随着经学的建立，在诏令、奏折中援经以议政便成为中国古代政治的重要特色，体现了“通经以致用”的政治理想，故此，作为统治学说的“经”也应当作为援据常常出现在各种官方文献中。

笔者以为，上述四点是我们判断一部典籍、一种学说在某一时期是否可以被称为“经”“经学”的基本依据。而照此看来，我们发现，与作为专门之学的“经学”

所体现出的持续性、稳定性不同，作为国家意识形态的“经学”在历史上常常是变动不居的，我们不妨选择几个历史的横截面来进行比较：西汉武帝时初建的经学以《易》《书》《诗》《礼》《春秋》为基本架构，构成了最早的经学格局。而随着历史的发展，各经出现严重的师学分化，到唐代初年，作为国家意识形态的经学便是以《周易》王弼注、《古文尚书》孔传、《毛诗》郑笺、《周礼》郑注、《仪礼》郑注、《礼记》郑注、《左氏春秋》杜注、《公羊春秋》何休注、《穀梁春秋》范宁注为核心，辅以《论语》《孝经》等兼习之书而成的新格局。到北宋王安石熙宁变法，则以《周易》《尚书》《毛诗》《周礼》《礼记》为“五经”，辅以《论语》《孟子》，其他经典一概废黜。到了南宋时期，又以《周易》《尚书》《毛诗》《周礼》《礼记》《春秋》为“六经”，辅以《论语》《孟子》《孝经》。至于明代中后期，则奉“四书五经”为“经”，纯用宋儒传注，其他的经典和汉唐注疏既不立学官、亦不与科举，成为鲜有人问津的“古学”。可见，在不同的时期，作为国家意识形态的“经学”，其具体所指，几乎各有不同。

然而，我们的问题仍未得到完满的解决。既然通过上面的论述，我们已经明确了作为“国家意识形态”的“经学”与作为六艺之学的“经学”在共时条件下常常并不吻合，那么，我们还要进一步追问，经学与“国家意识形态”这两个概念，在传统社会中是否是完全对等的呢？换言之，朱维铮先生说“经学是中世纪中国的统治学说”，此言无误，那么，可否反过来说，“中世纪中国的统治学说是经学”呢？只有厘清了这一问题，我们才能最终清晰地认清“经学”的“国家意识形态”属性。

如果用一视同仁的眼光来考察中国文化史，参照上文确定的作为“国家意识形态”这一层面的“经学”的认定标准，我们会发现，在历史的某些时段，“国家意识形态”所依托的典籍范围似乎超过了我们通常所理解的“经学”的范围：王莽秉政期间，“大司马护军褒奏言：‘安汉公遭子宇陷于管蔡之辜，子爱至深，为帝室故不敢顾私。惟宇遭辠，喟然愤发作书八篇，以戒子孙。宜班郡国，令学官以教授。’事下群公，请令天下吏能诵公戒者，以著官簿，比《孝经》”[20]。这是以御制之文比附于“经”之始；此后，唐高宗仪凤三年（678）五月，诏“自今已后《道德经》并为上经，贡举人皆须兼通，其余经及《论语》任依常式”[21]。我们知道，在初唐的“九经”制度里，《论语》尚不具“经”的名义和地位，只能以“传”的身份厕列群经，这一地位一直延续到唐末。而这里，高宗以“《道德经》”为“上经”，显然已经将其抬至高于《论语》，乃至高于传统“九经”的地位。不独于此，在此之后，高宗、武后、玄宗朝的君臣奏论中多次引《道德经》为据，且其序常常在《论语》之前[22]，在太学、科举中，《道德经》都占据了自己的地位，与儒家诸经相抗衡。可见，在唐代，《道德经》所代表的道家思想确曾一度进入国家意识形态的层面，我们常说的“儒道互补”在这一历史时期内已不仅仅表现为一个抽象的概念或者如西汉“霸王道杂之”[23]那样作为一个意念上的共识存在，而是通过相关制度的建立呈现出了制度化的、显性的格局。

此外，武则天时期曾短暂地以自己主持编纂的《臣轨》二卷取代《道德经》，用之于科举[24]；北宋徽宗政和年间，徽宗亦曾崇奉《黄帝内经》等道家经典，以之入科举、置博士，后来又崇奉《圣济经》[25]。总之，在这些特定的历史时期，这些典籍无疑都曾具有国家意识形态之文献载体的属性。可见，在中国古代社会，即使是汉武帝“遵行儒术”之后，也并非自始至终仅以儒家一家作为统治思想。

但是，我们注意到，无论是王莽时期的《戒子书》八篇，亦或唐、宋诸帝曾尊奉过的《道德经》，帝国在尊崇这些典籍的时候，无论怎样提高它们的地位，但始终不使它们与儒家诸经相混杂，例如崇《道德经》最盛的盛唐时期，以《道德经》与《孝经》并为上经，并且在贡举中命所有的士子试《道德经》，但当时科举中明经科试“九经”，道举科试《道德经》《庄子》《列子》《文子》四书，虽是“每年准明经例举送”[26]，但毕竟名义不同，《道德经》虽然名义上称“经”，在实际上也进入了“兼习”之书的范畴，但终归不与“九经”相混，不在“明经”所举经目之列。

总之，在汉武帝尊儒以后的传统社会中，以“经学”为载体的儒家思想在绝大多数历史时期内，是几乎独尊的国家意识形态，但我们也要注意到，在某些历史时期，亦曾有其他思想、典籍进入国家意识形态。然而有意思的是，这些典籍即便是被明确地称为“经”，但其学却从未被称为“经学”。显然，在传统社会中，自汉武帝遵行儒术时以儒家“五经”之学为经学后，“经学”这个概念便与儒家紧密结合起来了。故此，“经学”固然可以被称为国家统治学说，但反过来，国家统治学说却并非总是“经学”，这是我们认识“经学”的国家意识形态属性时必须引起充分注意的[27]。

三

事实上，我们反观上文所举包括周予同先生在内的各家对于“经学”的定义，会发现，关于经学的研究对象是“具有国家意识形态地位的典籍”这一点，历来的学者都无异议。周先生在关于“经”的定义中特别强调其是由“中国封建专制政府‘法定’”的，何耿镛先生在《经学简史》中强调：“以经学为基本思想的儒家思想，是中国封建社会居统治地位的正统思想，是封建统治者维护和延续其专制统治的精神支柱，经学与整个封建制度的命脉血肉相关”[28]；而许道勋、徐洪兴二先生在《中国经学史》中也反复指出：“‘经’的本身就是封建政府和封建统治阶级用来进行文化教育和思想统治的主要工具，同时也是封建政府用来培养和选拔人才的主要准绳”，“‘经’基本上成为整个中国封建社会中合法的教科书”[29]。显然，诸位先生已然注意到“经学”的第一要义乃在于其国家政治学说的身份，作为学术、学问的“经学”乃是以此为基础而展开的。只是由于长期以来，我们过于看重“经学”的纯粹学术意义，经学与儒学、经学史与儒学史几乎被视为一体，类似“经学就是儒学”这样的观点流传广泛，而如今，我们厘清了“经学”这一概念在历史上的两重涵义之后，对于经学史的研究领域也自当有一个新的界定。

笔者认为，当代的经学史研究，应当至少涉及以下两个基本方面：

第一，由于“经学”是“中世纪的统治学说”，具有中国传统社会国家意识形态的地位，因此，研究经学史，首先要研究这个“统治学说”在历代形成、发展、演变的历史，探讨其不断调整的背后的影响因素，以及由之带来的社会影响。我们知道，作为国家意识形态，不仅中国有，外国也有；不仅汉代以后有，汉代以前也有。然而，“经学”的特殊性在于：在自汉武帝至清末的近两千年里，中国的国家意识形态是通过一批主体基本稳定、范围略有增减、阐释随时而易的经典来进行维系的。这些经典并非由当朝的帝王撰结，也不是神秘的宗教典籍，而是继承自遥远的上古时代，探讨宇宙、人伦等各种问题，历代的君臣通过对于这些经典的不同择取以及不同角度的阐释，使得王朝的一切行为获得合法性、正义性。这样一种“统治学说”的形态，不仅在中国历史上独一无二，在世界史上几乎也是绝无仅有的。我们研究经学史，应当善于将中国的政治史、制度史、社会史与经学史结合起来，对“经学”这一历史现象进行研究，研究中国为什么会有“经”，历来的统治者和朝野士人是如何利用对于“经”的不同阐释达到各自的政治目的[30]；研究不同的时代“经”

的范围何以发生改变，并探究这些变化背后的政治、思想因素[31]。就文献范围而言，这一部分的研究所涉及的，主要是历代官方文献中与经典有关的部分，以及历代官方的经注。在研究中，我们特别要考虑到时代的因素，譬如研究唐代经学史，便要以唐代的“经学”观念来决定研究的领域。换言之，作为国家意识形态的“经学”之史研究，在不同时代所要面对的经典范围是不同的。

第二，“经学”同时又是“六经之学”，是中国古代学术最为核心的部分，因此，我们研究经学史的另一个重点，是要系统地研究作为学术史的“经学”之史。在这一方面，近代以来的学者取得了卓著的成果，经学之汉学、宋学和清学都获得了深入的研究，近年来林庆彰先生所倡导的对于元明经学的研究，使得我们对此前认识比较概念化的元明经学也有了更为切实的了解。历代经学研究著作的整理、经学家生平的考定、历代经学思想的探讨，是作为学术史的经学研究的三个基本任务。而由于经学从来不是单纯的学问，它毕竟有国家意识形态的身份。因此，即使是学术史的研究，也要关注其与国家政治、社会思潮之间的关系，一些学者虽然没有参加政治，但通过注经、解经、授经表达、传播自己的政治理想。还有一些学者借助经典建立自己的哲学体系，而这些都与当时的社会背景有着紧密的联系。此外，国家对于民间经学的态度、朝野经学研究的不同取向，也都是经学史研究的重要内容。

注释：

[1] 林庆彰主编《五十年来（1950—2000）的经学研究》，台北：学生书局 2003 年版，第 92 页。

[2] 例如关于“超经学”，周予同先生在《怎样研究经学》一文中谈到：“老实说：经学研究的现阶段就是‘超经学的研究’……所谓超经学，就是要超汉宋学，超今古文学之经学的研究。再详细点说，就是知道经学有汉宋学的不同，知道经学有今古文学的不同，然而不受它们的拘束。这所谓不受拘束，并不是治经不谈‘家法’，而是以‘家法’或学派为基础而否定了它，超越了它，而到了一个新的阶段。”在《中国经学史讲义》中，周先生亦表示：“我们是‘超经学’派，先要跳进去，还要跳得出来。”朱维铮编《周予同经学史论著选集》（增订本），上海：上海人民出版社 1996 年版，第 633、831 页。

[3] 周予同《“经”、“经学”与“经学史”——中国经学史论之一》，朱维铮编《周予同经学史论著选集》（增订本），上海：上海人民出版社 1996 年版，第 656 页。

[4]《“经”、“经学”与“经学史”——中国经学史论之一》，第 656、657 页。

[5] 李威熊《中国经学发展史论》，台北：文史哲出版社 1988 年版，第 3 页。

[6] 林庆彰《诗经学史研究的回顾与前瞻》，钟彩钧主编《中国文哲研究的回顾与展望论文集》，台北：“中央”研究院中国文哲研究所筹备处 1992 年版，第 349 页。

[7] 岑溢成《〈诗补传〉与戴震解经方法》，台北：文津出版社 1992 年版，第 3 页。

[8] 许道勋、徐洪兴《中国经学史》，上海：上海人民出版社 2006 年版，第 8 页。

[9] 朱维铮《中国经学史十讲》，上海：复旦大学出版社 2002 年版，第 2 页。

[10] 可参干春松《制度化儒家及其解体》，北京：中国人民大学出版社 2003 年版。

[11]《汉书》卷六《武帝纪》，第 212 页。

[12] 冯友兰《中国哲学史》，北京：中华书局 1961 年版，第 40 页。

[13]［日］本田成之著，江侠庵译《经学史论》，上海：商务印书馆 1935 年版，第 7 页。

[14]（清）王先谦《荀子集解》卷四《儒效》，北京：中华书局 1988 年版，第 133 页。

[15]《汉书》卷八一《匡张孔马传》，第 3332、3353 页。

[16]（清）陈澧《东塾集》卷四《示沈生》，光绪十八年菊坡精舍刻本，第 32 页 B。

[17]（清）焦循《雕菰集》卷一三《与孙渊如观察论考据著作书》，清道光岭南节署本，第22页B。

[18]（清）钱大昭《四书就正录序》，王昶《湖海文传》卷二一，清道光十七年经训堂本，第14页B—15页A。

[19]可参拙文《〈孟子〉升经考——并论两宋正经与兼经制度》，《中华文史论丛》2010年第3期，第137页。

[20]《汉书》卷九九上《王莽传》，第4065—4066页。

[21]《旧唐书》卷二四《礼仪志》，北京：中华书局1975年版，第918页。《新唐书·选举志》："及注《老子道德经》成，诏天下家藏其书，贡举人减《尚书》《论语》策，而加试《老子》。"《新唐书》卷四八，第1161页。

[22]《唐大诏令集》载，《元和圣文神武法天应道皇帝册文》云："《书》不云乎：'乃圣乃神，乃武乃文。'传曰：'惟天惟大，惟尧则之。'则，法也。王者昭事，上帝取法于天。《道德经》曰：'天法道，道生一。'唯上圣至德，兼则利物，行清净自然之道，为能应之。"这里取《尚书》《论语》《道德经》之文解释帝之尊号，足见《道德经》之地位，已与儒家诸经传相抗。《旧唐书·房玄龄传》载房玄龄奏议中称："《周易》曰：'知进而不知退，知存而不知亡，知得而不知丧。'又曰：'知进退存亡，不失其正者，惟圣人乎。'由此言之，进有退之义，存有亡之机，得有丧之理，老臣所以为陛下惜之者，盖此谓也。老子曰：'知足不辱，知止不殆。'谓陛下威名功德，亦可足矣。拓地开疆，亦可止矣……愿陛下遵皇祖老子止足之诫，以保万代巍巍之名。"此是以《周易》与《老子》并举，并以老子为"皇祖"，用《周易》《老子》之言劝诫太宗。又萧颖士《为从叔鸿胪少卿论旱请掩骼埋胔表》："臣闻《道德经》曰：'大军之后，必有凶年。'《论语》亦曰：'因之以师旅，加之以饥馑。'盖云曝骨中原，感动和气，疵疠是作，灾害用生。"萧颖士乃当时著名的儒臣，然奏议中尤称《道德经》，可见当时《道德经》在国家政治话语中的重要地位。（宋）宋敏求编《唐大诏令集》卷七《帝王》，北京：中华书局2008年版，第46页。《旧唐书》卷六六，第2465—2466页；（宋）李昉等编《文苑英华》卷六二四《表》，北京：中华书局1966年影印本，第3236页上栏。

[23]《汉书》卷九《元帝纪》，北京：中华书局1962年版，第277页。

[24]《旧唐书·礼仪四》载："则天长寿二年，自制《臣轨》两卷，令贡举人为业，停《老子》。"《旧唐书》卷二四，第918页。

[25]《宋史·徽宗纪》载："丙戌，诏太学、辟雍各置《内经》《道德经》《庄子》《列子》博士二员。""壬辰，班御制《圣济经》。"《宋史·选举志三》载："徽宗崇尚老氏之学，知兖州王纯乞于《御注道德经》注中出论题，范致虚亦乞用《圣济经》出题。"《宋史》卷二一，第400页；卷一五七，第3690页。

[26]《旧唐书》卷二四《礼仪四》，第925页。

[27]或许从某种意义上说，既然"经学"的内核是作为国家经典的学说，则王莽之《戒子书》，唐中宗、玄宗之《道德经》，武后之《臣轨》，宋徽宗之《道德经》《圣济经》亦无妨称之为"经学"之"经"，但既然我们所研究的"经学史"是以历史上既定的"经学"作为研究对象，则我们似乎亦不便强改古人之惯例，以古人以为非"经学"之物强为"经学"。历史的发展永远不会呈现为完美的逻辑，但我们的研究则常常需要一个清晰的界定，这是学术研究和史实之间难以克服的矛盾，不过，只要我们尊重历史传统，不以今人之眼光强夺古人之名目，则庶几可以两相兼顾，执乎其中。

[28]何耿镛《经学简史》，厦门：厦门大学出版社1993年版，第1页。

[29]许道勋、徐洪兴《中国经学史》，上海：上海人民出版社2006年版，第8页。

[30]可参周予同《"经"、"经学"与"经学史"——中国经学史论之一》，第659页。

[31]关于这些问题的探讨，笔者已有所尝试，可参拙文《南宋以来"十四经"考述》，《史学学刊》2010年第10期，第42—48页；《再论"十三经"的结集与〈十三经注疏〉的编撰》，《国学研究》第25辑，第257—300页。

（本文得到教育部博士研究生学生新人类项目的资助。作者系北京大学中文系博士生）

澳门三家诗词选

冯刚毅诗词选

暮秋初访龙岩

喜陪群彦访龙岩，恰值金秋散宿岚。
虎逐梅花林翳翳，楼迎客子土醰醰。
美人端睡江山稳，国士纷来日月涵。
海峡一衣还带水，吐虹舒锦咏东南。

题咏成客家土楼

四山环抱水潆洄，一带修篁绕宅栽。
木阁土楼剥朱漆，兰庭草院润苍苔。
彩衣嫁女犹须轿，乐手操琴不用台。
忽见檐间纷撒豆，蜜蜂林莽采花回。

浣溪沙・敬和厚示教授永成楼韵咏振成楼

水抱山环草木幽，绿茵平展崛崇楼。窘卢陡岸傍清流。
搜秘客家偕俊侣，倾情海峡写高秋。锻金漱玉纪嘉游。

贻吹叶艺人阮宏昌

一叶吹歌曲曲新，乱飞花雨浥轻尘。
永成楼畔振成侧，怎把欢容迓远人。

念江山睡美人

仰对星辰百万春，即今玉体尚横陈。
画图省识浑如梦，想见当年睡美人。

游梅花山虎园

啸天壮志复谁论，雾掩梅山访虎园。
寄语兽王休怅惘，锦纹斑驳得繁蕃。

览培田古民居

天畔青山合，荒村在闽西。
官家墙染墨，民宅瓦涂泥。
石巷唯闻犬，桑园独听鸡。
忽惊车影至，童叟目俱迷。

烛影摇红・步文华光原韵再咏江山睡美人

凭吊芳容，低徊暗自空幽咽。江山相并耸双峰，仰卧流余血。茶女神狮永诀。念凉秋、堪吟一阕。事惊兜率，志感灵霄，始怜高节。
海峡同欢，朱华尽管纷成雪。美人遥望但销魂，笑上桃花靥。忠义千秋不绝。向神州、心悬日月。玉凝琼鼻，宝嵌星眸，共朝天阙。

石门湖上漫兴

如酥嫩雨簌平湖，恍是初春暖欲苏。
百壑争奇皆竞碧，一枫专美已成朱。
顿时大匠难措手，信有新诗可入图。
愿与同游各名士，赓唐续宋作佳模。

北京荣耀奥运行（七古）

宙斯神庙香烟起，奥林匹亚随竞技。
纪前七七六年时，乐声诗韵频交织。
马如逐电人奔鹿，力士牛角铁饼掷。
胜者头戴橄榄冠，圣火长传由此始。
百年大梦彩霞生，一朝申奥喜终成。
卧龙昂首吞云雾，睡狮展鬣睡全醒。
扬眉渐可消块垒，顿教举国尽欢腾。
华夏鹏飞当此日，令人长忆张伯苓。
鸟巢巨大应无匹，水晶宫阙尤惊世。

馆场一一入蓝图，不但恢宏且奇丽。
嘉树婆娑绿荫凉，蓝天澄澈白云乡。
京华渐见车尘少，新路条条阔且长。
此日祭坛求圣火，化作祥云千万朵。
深谢普罗米修斯，人间得赖消灾祸。
圣火相传五大洲，路途修远跨全球。
胜迹文明多所及，横空越海自悠悠。
祥云奇绝抗风雨，生生不熄随风舞。
千程万里复归来，渐由港澳还内陆。
自南向北东复西，通衢大邑涉云泥。
祥光更罩珠峰顶，彻照寰瀛沐庶黎。
二〇〇八八又八，火树银花千万发。
彩焰通明耀北京，鸟巢长城齐喷洒。
击缶高歌气象恢，华夏文明扑面来。
千尺长幅任舒卷，盛会帷幕徐徐开。
白纸一张天地绘，水墨渐分青与黛。
诗书礼乐尽包涵，山川日月全承载。
太古遗音续续弹，太极圆圆扣五环。
丝路才听驼铃响，又见海上挂风帆。
星光熠烁嵌天幕，琴韵琤琮流碧落。
渐由恬淡转辉煌，朝暾待吐将喷薄。
金发清讴一曲春，乍闻天籁吐芳唇。
金丝玉屑难为喻，荡魄摇心属女神。
冠盖京华二百国，碧眼朱须黄黑白。
历届元首此回多，东道国宴欣奉客。
稚女甜歌忒动听，绻绻深怀爱国情。
不料小荷方总角，已然邀宠满寰瀛。
万方乐奏挥彩旆，队列如河立腾沸。
五星红旗手中擎，巨人引领中华队。
流水行云态自然，猿攀鹰击力无边。
王子飞天燃圣火，祥云一举揭新篇。
陆海空军齐戒备，举世精英安莫悸。
萨翁慈厚笑颜开，罗老端严意亦恣。
赛场虎斗复龙争，既存友谊亦公平。
欲将金典从头数，聊借彩毫写丹青。
举重若轻臂使指，惯常一举几娇叱。
莞尔随心摘首金，自此英名人皆识。
所向披靡枪法神，韩朝不敌两称臣。
几是满环非幸致，义夫欣喜得传薪。
肇庆英雌善柔道，慈母有女堪称道。
扯牵交搭力强横，鼓乐喧天传捷报。
一举扬名上峰巅，健儿可幸有清泉。
面含憨笑真堪爱，正是英雄出少年。
一击即中真罕有，娇娆不道神枪手。
激射常得贯红心，群雌落寞尊为首。
辗转翻腾靓态多，蝉联金典羡双娥。
飞鱼激跃欢同调，插入清池水不波。
岌岌高台临碧水，凌空剧运谁堪比？
双猴误踏筋斗云，不期栽进晶宫里。
力士尤钦女娉婷，屹立如山鼎可擎。
成功卫冕殊非易，又一金牌灿若橙。
抓能直臂须神力，挺不沉腰凭大气。
杠铃渐觉铁沉沉，欲创新猷应不畏。
鞍前杠上尽精英，体操吊环样样能。
普世豪强皆不敌，团队坚牢定可赢。
彩蝶一双燕一对，轻灵何似双姝配？
浑然璧合更珠联，鲤跃龙门清波碎。
群雄敛手意何如？平生从不叹无鱼。
倚剑仰天一长啸，空林顿觉叶萧疏。
壮士最强推挺举，开把奇高因劲膂。
抓举亦是力沉雄，夺金气势无人御。
重任肩承倍可亲，小丫美态剧无伦。
女团终结无金史，涕流相拥露情真。
连番满贯名气重，美女神枪人共宠。
赛前夜梦摘金牌，赛后果能偕美梦。
健儿相并共称雄，鲤跃鹰扬霎霎同。
弹起半空离跳板，悄无声息入池中。
渊停岳峙神光炯，一举惊天天下定。
举世青垂女中豪，凌烟阁上留形影。
翩翩如蝶浪中游，丽人秀劲慑浮鸥。
刷新纪录初惊世，归来爱读逍遥游。
鞍杠操环得三昧，昔时蹇滞今无对。
不甘落后一千年，全能王岂虚名位？
步枪激穿透红心，强势娇娥勇夺金。
带雨梨花笑靥美，掌声暴响泪沾襟。
百步穿杨今复见，首金载史归射箭。
巾帼如何逊须眉？为国争光心一片。
厮缠扑捽艰还烈，久持尚未分轩轾。
欻然一蹶定乾坤，对手伏地难对决。
垒石排山实可惊，英雌于此下连城。
夺金告慰天堂母，不负今人大孝名。
举坛为有巨无霸，陪练壮男常挨打。
日将冢田甘服膺，一朝煊赫惊天下。
多年美梦每萦心，一举收齐八面金。

此日高奏得胜令，阴阳和合夜沉沉。
一羽勿谓轻且小，重似泰山难言表。
愿为炎黄脸贴金，双娇夙愿今终了。
场上翻飞羽毛球，一攻一守兴方稠。
国外女将连败北，美人三度写春秋。
步枪且看三姿赛，吞吐随心豪气在。
不偏不倚技奇高，打遍战场难有对。
百艇齐驱绿水长，四人双桨力方强。
反超英手冲前线，水军破例获金章。
霸王花是出山虎，女跤王乃盘根树。
门牙落地无处寻，摘金首在先修补。
黑马脱缰莫可偕，白场夺冠技奇佳。
红旗狂喜高高举，忘了穿鞋未穿鞋。
天马行空难着迹，妙技翻鞍真用力。
一洗万古凡马空，下马铁钉钉在地。
女队三英合一心，国球首度冲四金。
精彩剧怜无懈击，桂冠稳戴值歌吟。
翻飞一羽随挥洒，个中翘楚称王者。
且是人已早推崇，艺高可见非虚假。
六奖尊荣落郭家，天姿俪影玉无瑕。
一跳称王惊世界，入水无声咽浪花。
身上铜肌包铁骨，臂间青筋条条突。
操环自在任施为，力压群雄气风发。
美眉虽小却功深，绝活高难莫可寻。
高低杠上莺难及，罕以同分抑柳金。
玉燕翻空轻且捷，雏鹰亮翅难平贴。
娉娉袅袅一娇娥，夺冠奇快众心折。
六合横空卷乱云，乒坛鏖战正纷纷。
一林落叶秋风扫，祝捷男团耳又闻。
跳板争锋非玩笑，身出寒门堪自傲。
桂冠戴上健儿头，九州一日新星耀。
跳床高跃屡翻空，正如活虎与生龙。
主帅休兵输副将，依然一炮便披红。
身怀绝技莫生骄，双杠难得高轻飘。
两度四金真不易，玉人助战未魂销。
艺高一届三加冕，阮囊今日突丰满。
赤子钦怀恻隐心，愿为灾区多献款。
水上轻飘疾赶风，卅年磨剑已成锋。
昔时邛海渔家女，霜刃凌霄化作虹。
无影高脚谁与说？尊号武林称灭绝。
是宗飞鸿或小龙？韩女无其英与烈。
独立高台渡若飞，飞鱼吹浪浪微微。
分超名将海斯曼，一块金牌自抱归。
国球创下千秋业，外邦欲效难为法。
国歌声里三红旗，女团又揽前三甲。
力抑群侪技绝伦，纵情哭泣为殊勋。
球拍搧凉成一绝，临场早已惯风云。
双人静水划快艇，众艇如箭碎明镜。
天然绝配驶于前，苇丛惊起孤鸿影。
对垒须臾臂即伤，古巴国手便归降。
可惜此意犹未尽，膂力无穷空自强。
黑马名不见经传，倏然杀出拳坛颤。
五十一金绩辉煌，中国军团堪盛赞。
风仪优雅体高挑，自俄居美尚垂髫。
霍尔金娜差可比，舞姿入乐更多娇。
跑速如飞如闪电，肤光墨色开新面。
奇人来自牙买加，未尽余威神已眩。
水星来客逐沙鸥，大河深睡也飘浮。
一届独抱金牌八，十一金牌尔最牛。
津巴布韦归何处？女子仰泳破世录。
浑身溜滑拟飞鱼，池底潜龙应一族。
蜻蜓点水只徒劳，竿子撑空丈八高。
艰辛历尽知多少？开怀灿笑领风骚。
牛山濯濯多腴态，白血不思曾侵害。
廿里悠长逐波涛，金典强书诚可贵。
倾盆白雨竟淋漓，剧战金沙汗两滋。
伞衣五彩周遭满，抖擞精神在此时。
长路跑来多滞阻，洋娃挥汗浑如雨。
敢是青春可逼人，神采飞扬完壮举。
白肤硕汉有英颜，铁臂高擎抓举顽。
坐马沉腰还挺举，尽皆超重稳如山。
腰圆膀阔真雄壮，怒叱声中谁与抗？
英雌一举慑英雄，遗世独立真雄放。
为因高瘦觉多筋，目悬双镜亦斯文。
三度跳高终逾越，半空飘落一丝云。
飞人起跑意萧索，势处高寒人寂寞。
斗场只恨少刘翔，不是苍鹰谁与搏？
万众围观夹道旁，不徐不疾路因长。
先犹相簇无前后，继而便作领头羊。
沙池金屑照目耀，大步流星忙远跳。
黑姝笑靥露阳光，稳操胜算应先料。
万米长途位独尊，平头为使汗难存。
该国姑娘多善跑，劲如黑马作狂奔。
眼底金沙波演漾，凌空一跃将三丈。

武林空自说轻功，莫与此女同较量。
深目微髭暗独嗟，征程百里望无涯。
回头鹗顾无跟者，跟者唯有摩托车。
金发蓝睛神爽迈，蹈空蹑虚终无碍。
纹丝不动看横竿，霎时人已横竿外。
地中海状额头宽，绝艺全精十八般。
百国同场竞高下，尽皆慑服胆心寒。
玄肤雪齿人诚朴，更自头光兼额突。
沙场一翦却惊心，黑风掠处疑虎扑。
长发垂肩秀可嘉，远自香都涉想遐。
人在闲中犹竞速，玉人巧踏小轮车。
公路驰驱人汗漫，双轮争逐非游玩。
英姬且喜获抡元，手上捧金容光灿。
短发乌浓目炯然，颔蓄微须突两颧。
今时非尚武士道，且让和融化大千。
俯仰随心姿自媚，但凭自动来冲刺。
金丝高鼻美人鱼，碧水蓝天由肆恣。
斑马狂奔特可惊，沙场争竞意难平。
欲完体育强国梦，翘首伦敦冀得成。
剑指长天无与比，重拙大为真主旨。
古时一剑却雄师，今时潇洒如骑士。
金榜题名喜共呼，熠熠群星入画图。
一颦一笑皆鲜活，脑中长刻不模糊。
清歌曲曲随风送，妙舞支支裙带动。
春江花月夜沉沉，仙乐悠悠人间弄。
彩焰银星明复灭，人潮舞浪散还拢。
美眉密密吻飞抛，健儿跃跃心难控。
此中满含惜别情，不待语言祈珍重。
明日君西我复东，欢会何时能再拥？
勿伤世事常倥偬，莫恨世情常似梦。
五洲同属地球村，深情厚谊心头种。
熊熊圣火歙和光，冉冉祥云渐收藏。
锦涛与会见隆重，罗格致辞意味长。
规模世纪无伦比，成就千秋绩尚煌。
环旗转致伦敦市，金塔生辉耀尧疆。
愿得寰瀛长休战，殷期黔首有余粮。
同一世界同一梦，渐臻和乐渐无殃。
漫想不幸庄梦绚，自豪皆因国力强。
已过月圆向月缺，金宵怅惘作华章。

（作者系澳门中华诗词学会创会理事长）

冯倾城诗词选

临江仙·乡愁（用晏几道韵）

蓬岛金风依约，神州玉露纷垂。鹊桥架起是何时？只期珠合浦，不忍蝶分飞。
遥想他年携手，那堪此夜沾衣。常相隔海诉相思。又将星子摘，日盼彩云归。

高阳台·登南昌滕王阁

遥对西山，近依南浦，负城更又临江。杰阁重寻，一时意绪纷扬。流丹耸翠层霄上，是思成、仿宋摹唐。千三年、卅劫难磨，饱历沧桑。
元婴画蝶今何在？论千秋胜事，最是思王。一序长传，顿成莫铄金章。落霞孤鹜齐飞处，看长天秋水苍凉。更开怀、俊侣相携，正待高翔。

石州慢·畅游庐山

秀极匡庐，幽绝洞天，曾是仙宅。汉时司马长游，唐代青莲欣历。谢公屐齿，遣兴复有东坡，醉吟又岂无居易？上溯望千秋，觉风流飘逸。
名迹！好山藏鹿，五老峰南，尚留书室。九叠屏风，影落明湖青碧。银河倒泻，纵目瀑悬前川，飞流直下三千尺。爽气荡尘襟，助凌云词笔。

浣溪沙·读陈伯辉词翁《省堂诗词三集》

一卷芳菲意象新。河山吟就系黎民。多情自古属骚人。
岂是苦吟唯集句，善为快咏可通神。泛槎

词海羡超尘。

忆故乡开平碉楼群

连月违和觉倦慵，春游惜未得相从。
碉楼亟盼魂能绕，玉苑犹思梦可通。
绿野待裁诗卷里，青山冀纳画囊中。
已闻自力心方醉，何日更临马降龙？[1]

题美女图（为《丽人行》书画联展而作）

月魄冰魂不易逢，珠帘卷处想娇容。
黛眉深锁春心远，愁在湖波怨在风。

注释：

[1] 注：澳门笔会5月初组团专访开平自力村碉楼群与立园，惜抱恙未得相随。开平现存碉楼1800多座，2007年6月列入世遗名录。其中以自力村与马降龙碉楼群最负盛名，被选为广东最美丽的地方，立园则为一中西合璧风格之华侨名园。

（作者系澳门中华诗词学会理事长）

龚刚诗词选

遣　怀

客舍天南已数年，词关别绪懒成篇。
庭中木叶疏犹密，江左琴音去复还。
王谢功名仍寂寂，庄骚才性自翩翩。
一朝别却春江水，且向沧波悟镜缘。

拟《登鹳雀楼》有作

皓月当空照，桐花傍树幽。
横添三副泪，思接半塘秋。

注：易顺鼎曰："人生必备三副热泪，一哭天下大事不可为，二哭文章不遇知己，三哭从来沦落不遇佳人。"

钱锺书百岁诞辰感赋

汪荣祖教授邀余赴台，共研"钱学"，叶嘉莹、余光中等名家硕儒亦应邀与会。时近钱锺书百岁华诞，有感而成此诗。

睥睨士林遭众忌，求存以默岂初衷？
英伦岛上曾观海，绳武堂中始发蒙。
妙手织文兼韵散，灵心悟道贯西东。
平生际遇同槐梦，达者逍遥不待风。

张爱玲九秩华诞感赋

现代小说名家张爱玲九秩华诞之际，奉到香港浸会大学林幸谦教授来函，邀余赴港研讨其人其文，以示纪念。因思张氏生平遇合、说部造诣，实颇多可堪讽咏者，爰赋诗以志感。

画就蛾眉多少恨，风鬟雾鬓有谁怜？
凭栏每羡双飞燕，临牖常窥一线天。
韵接红楼金锁记，梦回南浦半生缘。
团圆心事不堪问，暝色苍苍渐化烟。

贺新浪网新千家诗开版

柳岸蝉鸣夜未休，寒烟轻笼渡沙洲。
临风太白解忧酒，乘兴子猷招隐舟。
古韵醇浓良可咏，诗情要渺美宜修。
一江碧浪逐星辉，对月遥闻海客讴。

咏　扇

月下观荷忆幼年，手挥一柄静生烟。
童心不解炎凉意，但借清风不问禅。

（作者系澳门大学中文系博士生导师）

夔州八咏

梁　东

鹧鸪天·魂梦

何处高秋下露微？参差琪树映清晖。无心早岁耽风色，有酒中宵到古夔。
魂万里，故飞飞。似闻顿挫出惊雷。楚天未尽三更鼓，落木萧森入梦回。

鹧鸪天·星辰

昨夜灵河涤世尘，芒寒色正出天真[1]。无私助曜穿今古[2]，有烂垂文动鬼神[3]。
清浅浅，意殷殷。众星鱼贯出夔门。长庚梦得青莲韵[4]，壁是天心峡是魂。

鹧鸪天·猿声

失落瞿唐漠漠烟，未闻长啸走高猿。岂如滚雪临江岸，漫说孤云落石山。
缘底事，起无端。偏从白帝问青莲。游轮此日悠然过，莫道今生过险滩。

鹧鸪天·竹枝

日出三竿金叵罗，长刀短笠定风波。红花春水宁如是，平地波澜奈若何。
烟柳陌，水清蓑。人家峡上白云多。若晴若雨巴山雾，都入竹枝击壤歌。

巫　山

夔州又见半轮秋，影动瞿唐不系舟。
身揽彩云当对酒，神追白帝莫登楼。
千年杜宇声声血，一段巫山点点愁。
如画江川其助我，霓虹天外雨初收。

白　帝

公孙旧业烟尘尽，白帝城头浴日波。
道是永安图社稷，却无常胜起干戈。
桃园义失三分鼎，家国灰飞一统歌。
夜雨猿鸣当解语，后人偏把剑重磨。

梅　溪[5]

客心常驻古夔州，德共冰壶去复留。
每饭忠怀担国运，三更魂梦挹江流。
兴诗明道甘棠业，行路薰风稻粱谋。
澹澹梅溪堪照影，使君一步一回头。

铙　歌[6]

汉鼓吹歌天外冷，巫山樵采入荒村。
牵江断骨孤云暗，隔岸离魂夜色昏。
滟滪悲鸣声转寂，黄牛激浪水曾温。
巴人一曲千秋唱，应是诗痕夹泪痕。

注释：

[1] 刘禹锡《柳礼部纪》：“繁星丽天而芒寒色正。”

[2] 李商隐《贺老人星见表》：“近晓流光，欲助无私之日。”

[3]《诗》：明星有烂。

[4]《唐书》李白传：“母梦长庚星而生白。”

[5] 王十朋，南宋名臣，号梅溪。有政声，自谓“忠犹杜甫，未尝一饭忘君”。离夔时犹登山回望。

[6] 汉鼓吹铙歌《巫山高》为汉武帝军中乐歌。据认为是最早的夔州诗。牵江即拉纤。

（作者系中华诗词学会常务副会长、《中华诗词》社社长）

还研阁诗选

诸培南

学画随感

平生画理好求探，流派相传未易谙。
欲摹宋元非古意，即从现代写江南。

科研随感二首

源流溯问究何难，踏雪迎霜待渡寒。
且把扁舟寄水曲，躬身攀拔九重山。

巉级初登力倦始，漫看好景信无虚。
云开日丽奇峰出，此去何由踌焉躇。

咏下雨机理

奥秘无穷说太空，谁将信息揭鸿濛。
尘埃积聚分相态，尽属熵功焓变中。

咏时差

眺望舷窗日出迟，雪山大海目纵移。
行程万里来欧陆，正是斜阳月上时。

与硅九零班毕业生话别

朗月清风人世秋，何时真去广寒游。
飞天须有玻陶物，且教且研意未休。

题《五湖烟水》长卷

五湖烟水足牵情，春到江南景色清。
最是波光融会处，远天帆影接空明。

题《锡麓金秋图》轴

龙光塔尖矗高空，此日寻游迥不同。
引得澄湖波起绿，超前造化建奇功。

题《鼋头渚飞云阁外图》轴

浩渺波涛远接天，凭栏坐歇望渔船。
青山抱映湖光好，阁外飞云何处边。

题《莫干山朝霞图》横幅

布谷声中烟雨茫，晓来山脊沐朝阳。
熏风送入千顷碧，独写清凉此一方。

题《黄山北海始信峰图》轴

北海迎看山色奇，苍茫烟雨忽来时。
飞雾过后丽峰现，始信造化是吾师。

题《雁荡山小龙湫》扇页

凝灰巨岩挟飞流，疑是蛟龙腾出湫。
云树遮幔迷暗谷，雁山无处不清幽。

题《雁荡山天柱峰图》轴

半山拔地起云崖，天柱峰高举世夸。
紫岩青苔托密叶，清泉激石伴人家。

广西考察纪游题《平乐待渡》尺页

江流截夺入西江，渡口宽平乐水淙。
才觉青濛山雨歇，轻舟已靠越前泷。

题《漓江雨意图》尺页

苍浑清秀解何为，重抹烟云漓水居。
竹露分凝声响杳，半窗山影现还虚。

（作者系同济大学教授）

赵大民诗词选

赵大民

秋韵八题（选四）

秋　湖

雁去秋容淡，云亭碧落遥，
澄湖明似镜，只为测天高。

霜　叶

一夜西风紧，长林万木凋，
枫园霜叶好，偏向晚霞烧。

残　荷

菡萏香消尽，枯莛荡碧波。
犹忆芳华日，相思梦几多？

观　菊

芳草濡寒露，金英独傲霜，
繁枝托秀色，魏紫伴姚黄。

中秋遥寄

羁旅逢佳节，披霜待玉蟾。
团团出岫岭，皎皎挂中天。
素魄临秋浦，清辉耀大千。
遥怀沽上月，可似晋阳圆？

癸酉中秋客居并州，不得与家人共赏明月，因用老杜《月夜》韵遥寄津门家人。

辛未岁末抒怀

辛未年将尽，搜神入《剑南》[1]。
凭诗裁别传，感事肃高贤。
桃柳期花信，松竹耐苦寒。
登高岑远目，春在绿畴间[2]。

红岩村

巴山蜀水好渝洲，雾锁层楼几度秋。
黄桷笼荫迎远客，青松夹道立高丘。
周公董老开基业，武将文豪搏逆流。
一代贤能皆驾鹤，高风劲节鞭后俦。

歌乐山（江姐、陈然就义处）

歌乐山前发浩歌，英雄壮语泣山河。
红梅立露犹滴泪，翠柏临风尚婆娑。
死不更言忠信守[3]，生当取义践悲歌[4]。
英灵瞻罢沉吟久，万木萧萧下乱柯。

谒黄帝陵（二首）

桥山龙驭寓神龙，翠柏青松造化工。
沮水三环浮凤阙，祥云七色绕苍穹。
南襟泾洛关河壮，北枕高原气象雄。
华夏一心黎庶仰，欢游胜迹帝陵中[5]。

文祖衣冠何处寻，轩辕灵祀古绵今。
手栽巨柏犹含翠，足踏青磐尚有痕。
逐鹿中原存宝鼎，桑蚕百姓奠斯文。
炎黄裔胄追先祖，大业修成隆祭尊[6]。

无题（四首）

有情有义是公仆，无势无权做诗翁。
诗艺千年犹可道，仆逢六秩必辞公。
东邻有女好颜色，西舍须眉善运营。
下海公关两走俏，百无一用是书生。

有义有情是公仆，无刚无欲做词翁。
词无肝胆空风月，仆有嘉行喜政声。
为仆常怀周总理，吟诗窃效楚屈平。
诗心政见两相济，不信人间无大同。

有情有义是公仆，非盗非娼做文翁。
倡盗离经干法度，文章媚性最高明。
偎红倚翠金瓶体，丰乳肥臀小桃红。
传语潘娘惜莲步，神州今日尚追星。

有义有情是公仆，安贫乐道做吟翁。
诗吟美善一肩月，政倡廉洁两袖风。
莫忘莫失唯党性，不贪不腐亦豪雄。
无亏晚节存霜志，一曲悲歌天地红。

浣溪沙·咏茶（四首选二）

酒废烟辞独嗜君，人生况味苦中吟，诗香茶色两知音。
龙井新芽鲜透齿，庐山云雾绿沾唇，清风一盏碧螺春。

梅子花开茶秀芽，雀舌才吐一些些，前山忙坏几人家。
欲问茶山春几许？村姑笑绽两腮花，满身清露映朝霞。

满江红·五湖烟水西子魂[7]

浩浩斯湖，洪波涌、水天无际。绵今古、包孕吴越，羞惭西子。七十二峰云带翥，八千顷碧烟波序。荡小舟、惊散水中凫，双飞羽。
浣纱石，今似昔；溪畔女，知何去？殆湖心秋月，旧情犹记。去日绮年方豆蔻，归来鬓鬓飘霜絮。问碧波、谁吊丽人魂？天无语。

水调歌头·登岳阳楼

久慕洞庭水，今上岳阳楼。云天浩渺无际，雪浪没渔舟。包孕巴陵胜状，吞吐万千气象，三楚望中收。多少兴亡事，都付大江流。
登高楼，思文叟，久凝眸。心存天下忧乐，一《记》著千秋。后世谁堪伯仲，今古几多贤圣，吟啸未能休。千载传华藻，贵是为民忧。

望海潮·喜迎澳门回归

荷莲掬蕊，濠江澄澈，澳门自古尧封。汉鼎久铭，唐钟早铸，巍巍华夏一宗。南国沐春风。一朝遭劫掳，骨肉飘零。四百年来风雨，菡萏几枯荣。
神州大业中兴。看参横斗转，海晏河清。妈祖紫烟，松山翠影，江山毕竟多情。莲岛耀五星。唤闻公妙笔[8]，重赋新声。喜颂金瓯完固，四海共升平。

水龙吟·纪念周恩来总理百年诞辰（二首）

少年课业津门，文思才智惊师友。含英咀粹，忧时愤世，气吞山斗。宰辅襟怀，干城将略，大江歌酒。赖严翁慧眼，辨才识玉，游学去，东西走。
寂寞神州风雨，问灵均、吟魂安否？巴黎巷陌，里昂侨寓，有人悲吼。异国月明，天涯游子，四方辐辏。唱悲歌一曲，风云际会，试经纶手。

建国总理枢机，经天纬地甘棠叟。宵衣旰食，披肝沥胆，为国奔走。万隆精神，外交典范，千邦翘首。更斗魔驱瘴，临危不惧，鞠躬瘁，心血呕。
今届百年诞日，喜津门、馆堂初就。海河流翠，盘山凝碧，戴瞻星斗。华夏楷模，民族正气，万人额手。信千秋百代，丰碑永著，共山河久。

六州歌头·纪念五四运动八十周年暨李大钊诞辰一百一十周年

百年回首，慷慨尽悲歌。强国志，兴华梦，岁蹉跎，尽消磨。志士争投笔，赴国难，思奋起，尝薪胆，哀民瘼，激清浊。忽震春雷，“五四”风云卷，大气磅礴。把锤镰高举，妙手起陈疴。马列传播，奏凯歌。
有千言论，万言策，文章笔，济世谟。宣真理，肩道义，护新柯。拓先河，赞庶民胜利，和南北，斗群魔。拘囹圄，矜高节，气巍峨。引颈从容就义，星河黯，滦水横波。仰英名千古，浩气壮山河，万世楷模。

注释：

[1] 陆游《剑南诗稿》。

[2] 余于是年冬编写京剧《钗头凤》及传纪文学《陆游》，足不出户者凡三月，待竣稿，已冬去春来矣。

[3] 陈然烈士生前有遗著《论气节》，文中引《礼记》“生不亏其义，死不更其守”句以自勉。

[4] 悲歌即国际歌，1949 年 10 月 28 日烈士歌而就义，年仅 26 岁。

[5] 桥山因其山形似桥而得名，黄帝陵寝建于其上。陵高 3.6 米，方圆 48 米，前竖墓碑一统，高 2 米，镌“桥山龙驭”四字，笔势遒劲，传为唐人所书。

[6] 相传黄帝生于轩辕之丘（今河南新郑县），长于姬水，逝于荆州（今河南阌乡县）。位于黄陵县城北的黄帝陵，是他的“衣冠冢”。

[7] 五湖即太湖，因湖区跨江、浙两省，总面积达 2338 平方公里，故有是称。

[8] 闻公，指爱国诗人闻一多先生。他曾于 1925 年赋《七子之歌》，借《诗经·凯风》之喻，痛惜“国疆崩丧”，切盼澳门早日回归祖国。

（作者系天津人艺资深编剧、导演）

紫石斋序跋

漆永祥

《北京大学四院院士名录》序

四院者，北大燕园四院也；院士者，栖居四院之八十余位各路好汉，实乃一九九三级北大诸院系博士生也。他人戏谑为“和尚”，我辈谦称为“院士”。自九三年秋于今，众家好汉，聚于院中。奇文共赏，疑义相析。并食同寝，情笃意深。不意聚日无多，今忽别离。故造此《名录》，以资互通声息，兼寄永久。序曰：

燕园四院，居院中央。地脉旺而气盛，人灵毓而孔扬。八方辐凑，本有文理之别；四季咸欢，实无你我之分。三载于兹，英雄做无聊事；悬灯在侧，孤愤读不平书。篮球场上蜷曲，称母牛队；半尺桌前捉对，开拖拉机。鼓腹踞坐，指天说地品姝；方格厮杀，抽烟骂娘悔棋。形如寒山头陀，笑托盂钵；身无寸金之文，愧对妻儿。盼得红袍披身，难成正果；岂知黄面相对，匆做别离。前生四院之约，期期已尽；此后万年之情，绵绵难绝。愿我院士，弘我院威。各展抱负，互为风云。造此名录，惟冀年祺！丙子（1996）仲夏小暑之日，紫石居士戏题于四院一〇一室。

《紫石斋说瓠》序

说瓠者何？瓠为瓜蓏、为葫芦、为康

壶、为虚无。以盛水浆，其坚不能自举；剖以为瓢，则瓠落无所容。然庄子曰：不必忧其瓠落无所容，以为大樽而浮乎江湖。故余之说瓠，记述小民疾苦，则皆为实录；踪迹仙怪妄诞，则半属凿空。不庄不谐，亦神亦颠。斥鬼说狐，难入高士之目；指天戳地，不跻大雅之堂。身居人海，鲜有庙廊之语；心归莫野，颇多江湖之思。故每欲觅大椿于无何有之乡，彷徨乎无为其侧，逍遥乎寝卧其下矣。

又说瓠之文，非驴非马，非散非杂，非古非今。无庄骚之瑰奇，少马班之整饬，厌六朝之藻丽，鲜韩柳之畅达。但以平常日用，描摹心志；惟用俗语俚言，闲话家常。我手写我，世上无此文体；笑骂由他，人间绝少知音。若必有类，则紫石斋之说瓠体乎？

此中文字，多竹头木屑，琐语谰言。乃穷极无聊之日，抑郁孤愤之时，忆往昔之岁月，叙今日之诡言。淙淙汩汩，既冗且长。每欲删繁就简，无处下手；常恨语重句沓，惟有挠头。昔先师李教授庆善先生诲之曰：汝所为文，遣词结句，颇耗心血，又气脉流畅，自具精神，然能长而不能短，是所憾焉。若以小块之文，铸就思精之篇，方为高境界耳。小子勖之哉！惜光阴倏迫，马齿徒增；文无长进，学难自立。青荧灯火，烛台迷雾；冷落书斋，案头生冰。每思先师之言，略无地以自容矣。然又尝思之，若拦截设坝，其势不能畅流；惟导引疏渠，其性适足消遥。故任其瓠落溢滥，正所谓积重难返，无可如何者矣。

故读者诸君，于此等说瓠文字，耐读则读之，不耐读则弃之可耳。于余则度日之需，于君为哂笑之资。古语曰：“白头如新，倾盖如故。”释氏曰：“矗妙之识，迁流随缘。”王子安曰：“情往似赠，兴来如答。”其语虽异，其义则一焉。余述汉唐之事，犹白头宫女，絮絮叨叨，时断时续；君窥狐鬼之怪，若红粉少年，莺莺恰恰，或笑或啼。则各取所需，两不相欠也。昔杨升庵有言：“知我罪我《春秋》笔，今吾故吾《消遥篇》。”若是者，则余小子何敢，亦惟师其意而已焉。升庵生时，隐于疯颠，迹类狂徒。若小七者，乃真疯颠狂徒也。知我罪我，其在读者诸君乎！紫石斋主匆草于京西寓舍，时丁亥桂月上浣。

漏雨楼、百鸣室与紫石斋
——《紫石斋札记》序

文人设斋号之风，起自南宋，而史传皆从略。斋号每出己意，字则命之亲长者居多也。斋号大盛于明，至清尤烈。如藏书家黄丕烈字号斋名，若求古居、士礼居、太白楼、太白堂、见复斋、陶陶室、养恬轩、养恬书屋、小千顷堂、石泉古舍、冬蕙山房、小茭芦馆、百宋一廛、红椒山馆、学山海居、联吟西馆、读未见书斋、碧云群玉之居等，多达半百，且各有掌故，颇见意趣。此特甚者，即穷儒学究，茅屋凄风，亦必取名挂匾而后已。

余曾于拙著《乾嘉考据学研究》之《后记》署“漏雨楼百鸣室”，友人函札通问，深意若何？近年与友朋往还书札，及拙著《江藩与〈汉学师承记〉研究》《江藩集》《东吴三惠诗文集》诸书末，又自识曰“紫石斋”，遂又有问及所藏紫石，值阿堵物如干者，余惟含胸糊噜而已。

偶忆中国社科院历史所刘教授起釪先生之言，或问先生高名大义微言之所在，先生答其为“起”字辈，伯氏起釚，仲氏起釗，叔氏起釪，若以耕夫村妇之语读之，实即刘老大、刘老二、刘老三也，岂有深意藏诸其间哉！此可谓妙解耳。

余之所谓室名斋号，更无甚意趣，然微有纪实之意存焉。九八年时，在中关村科学院四环路北，赁屋两间，一北一南，为四楼顶层。夏日午后，室内高温，达四十度之上，西仄墙面，烫热至不可触手，比至凌晨，暑气方散，未及凉适，初阳又升。倘秋日淫霖，则屋顶因多年失修，漏雨淅淅，杯接碗盛，叮咚嘀哒，此所谓“漏雨楼”也。

又其时斗室之中，电视机、收音机、电冰箱、计算机主机声，稚子哦声，及乎硕鼠磨牙声，浑然相杂。而楼下汽车，飞速驰过，书架玻璃，当当随响。尤不可堪者，窗下320路公交车，每晨至晚，小公共售票员，无休无止，引颈振臂：“320——白石桥——木樨地——西客站——走啦——。”宏丽嘹亮，高吭悠长，日接一日，年复一年。呼喝者或男或女，或长或少，有高清浏亮如小号者，有腔润浑厚似圆号者，有尖厉凄苦若板胡者，有嘶哑断续仿沙锤者。未几，又筑四环路，马路腹剖，千军会战，挖掘机钻头雷动，铿锵震颤，心胆俱裂，堪比摇滚乐之重金属音矣。而书架玻璃，与其相配，叭叭嗒嗒，犹如密集之鼓点。而环路车辆堵塞，尾灯刺眼，各色喇叭，此起彼伏，充耳竞鸣，又犹若初学者之奏黑管也。诸种声响，七调八弦，杂然齐鸣，合声共调，遂若管弦乐队，弹拨鼓腮而奏焉。余之一双长茧耳，即炼成于彼时也。此即所谓“百鸣室”也。

至于“紫石斋”，以及余初学作文时，曾于无名刊物所署之“武阳”“马泉”诸名号，则更无甚可述，敝人乃中华人民共和国甘肃省漳县（旧称武阳）马泉公社紫石大队人氏也。如此署斋名者，示不忘本根，思恋故土而已，岂有他哉！紫石山人戏书于丁亥菊月枫红之日。

侨紫石斋铭

紫石斋主，客居东韩，而本斋不能迁，遂仿晋人南渡故事，以寓居斗室名之曰“侨紫石斋”。侨斋位于首尔北部，高丽大学所在之开运山腰。山麓有开运寺，山顶为城北区议政府，山左略下乃高大本部校区，山右稍偏则化汀体育馆及足球场也。

楼筑山凹，为四层单面小楼，呈土红色，倚山斜横。三面环楼，皆高出其上。而斋居位于楼之三层西侧，门北室南，宽狭约十平米，呈长方形。南向有落地玻璃窗，置三角小阳台。室内之物，四散错置，有胡床、书桌、电视、电话、空调、挂钟、书架、衣柜、冰箱、饭桌、灶台、靠椅与方凳，皆各备其一，余无长物耳。然一人居之，已颇绰绰。惟北向无窗，通风不便。且光线不足，阴雨雾天，昼日开灯，是则为憾也。至于斋中活物，惟蜷曲小七一只，觅食蟑螂若干，飞袭蚊子三数只。至于微生浮游之物，小七无具眼，故视而不见，不知其几多也。

山中深树郁草，错落交置，自春徂冬，诸花竞放。春怒娇樱，夏红杜鹃，秋艳枫叶，冬冽白雪。而无名细花，丛丛簇簇，点点缀缀，旋开旋谢，旋谢旋开，身前身后，无时无之，摇曳于紫云微风之下，绚烂于月影沟栏之间。香飘四溢，或浓或淡，迷离惹眼，酥醉心脾。漫步九曲花径，遂成幻花仙子矣。

侨迁入斋，收拾数日。腾挪摆砌，敲凿涤濯。遂窗明几净，纤毫不染。凡尘不侵，幽然静谧。安顿的定，喜随心生。凭几依窗，辄为小憩。遂燃熏衣香一枚，驱隔疠气；煮龙井茶一壶，敬献精灵。无车马之喧噪，有徐来之清风。真养生之福地，乃长眉之洞天。自今而后，蜗居斋中。不求尧舜之道，鲜窥濂洛之学。困眠饥食，以永终日。而人静之后，伫立阳台，仰观星河，思往兴来，顿增“似此星辰非昨夜，为谁风露立中宵”之感。一时塞胸，竟不能胜！

然桑民怿（悦）曰：“天壤之间，坐予坐者寥寥，不谓之独，亦勿予同。”是则稠人广众之中，亦将独寐寤言，独寐寤宿，遗世而独立。况余之侨斋，本处须弥之山，竟有泾渭之心。是小七之过！乃端坐颂符，心住伽蓝。铭曰：

侨斋幽僻，开运之阳。风清花馨，是赏是觞。亦醒亦醉，他乡故乡。

（作者系北京大学中文系教授）

冰痕雪影

——倪瓒山水解读（下）

查 律

（2）旷

倪瓒《悼项山清上人》："幽旷山中乐，飘飖物外踪。梵余闲憩石，定起独哦松。花落春衣静，云垂涧户重。依依种莲处，林暝只闻钟。"（《清闷阁遗稿》卷三）谓幽旷之乐在物外。旷原本是远、阔的意思。其《夜泊芙蓉洲寄张炼师》中有句："微风动虚碧，初月照石梁。旷望对清景，赋诗托陈郎。"（《清闷阁遗稿》卷二）"旷望"是由近向远处瞭望的意思，它不是对一个具体视点、目标的凝望，而是大视角、大范围的观望，这种观望是对具体对象的超越，其目的在于当下对"旷"的体验。又如其诗句："青苔网庭除，旷然无俗尘。"[32] 旷是远离尘俗的，故与清相联系，有清旷之说，对旷的体验往往也和寂寥联系在一起。倪瓒在《良常张先生像赞》中谓"登山临水得旷士之乐全"，这"旷士"即"寂寥之士"。"远"是比"旷"更为具体的表述。倪瓒《送惟寅》："春江烟霭绿，远树明清旭。归雁影斜斜，鸣声断复续。陈君挂帆去，似与雁相逐。水际白云度，山中甘雨足。安得从耦耕，柴门艺松菊。去去且入城，怀抱向谁倾。姚公有古道，虚夷多远情。俾尔遂高隐，狂歌乐幽贞。"（《清闷阁遗稿》卷二）"虚夷多远情"见《世说新语·赏誉》："林下诸贤各有俊才子……咸子瞻，虚夷有远志，瞻弟孚，爽朗多所遗。"[33] 在倪瓒的诗中，"远情"又作"远怀"[34]、"远心"[35]。远怀无法与画面表现一一对应起来，但旷还是可以有所指说的，下面结合倪瓒的具体作品略作分析。

作为旷的表现，要求必须使视觉不停留在具体的一石一树的表面形象上。旷是

元 赵孟頫 重江叠嶂图 局部 台北故宫博物院藏

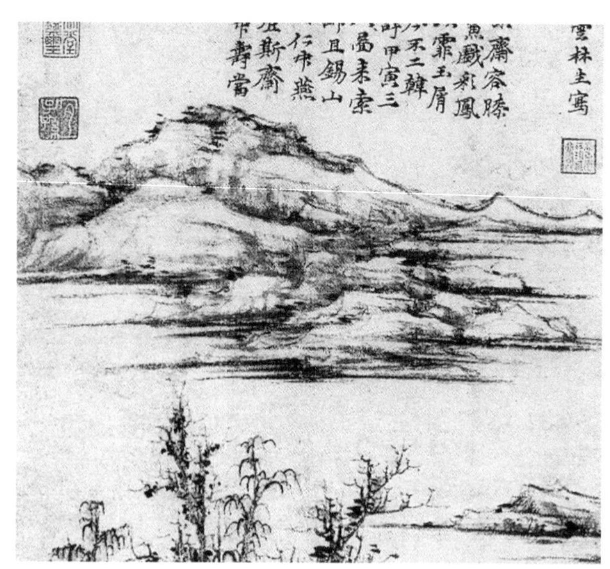

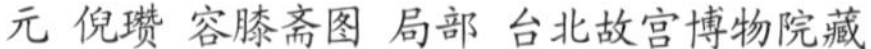

元 倪瓒 容膝斋图 局部 台北故宫博物院藏

元 倪瓒 松亭山色图 局部 美国私人藏

一种整体的感验，如果使视觉在画面上停留于对一石一树精致完美的赏玩上，那么对整体的旷就难以体验了，因此倪瓒对于树石的表现虽然极为精微但是仍然在此层面上予以了超越，其对树、石形象的具体呈现必须以不同于常规的方法来处理。

如图例，赵孟頫的《重江叠嶂图》是师法李成、郭熙作品，我们可以看到他在表现树石的时候，物象的外轮廓基本以明确的中锋勾勒出来，然后再皴染，故树、石形象清晰、厚重有体积感，物象与物象之间、物象与背景之间的区分清晰，这就是宋人的常规表现方法。倪瓒有其独特之处，其关于画石在《画谱册》中有一段叙述："凡写石不可用钩法，钩则板，随手写去，似石则已。要古朴，须少皴，要秀丽，须多染。石脚可写小石为佐，随地坡广窄为之，用墨浓淡正反寓焉。"他明确反对勾勒的方法，所谓"随手写去，似石则已"则重点不在石本身是否完备具体而在于意趣的表达，对于石脚处的小石也是随意而为，"用墨浓淡正反寓焉"，意到即可。

倪瓒画石主要是"要古朴，须少皴；要秀丽，须多染"这两种方法。其画石在不作封闭式外形勾勒的情况下，往往将所画坡石在笔下生发连绵以整体的形态呈现出来，而坡脚处的小石不作具体形面交代，故在视觉上不影响整体的效果。如《安处斋图》的坡石以线条为主，而《容膝斋图》的远处的山石则皴染并施，均以整体的形态展现。倪瓒在表现山石的时候极为注意其整体取势，如《安处斋图》中的坡石中间凸起向两边滑落取势，而《容膝斋图》上部山石轮廓作波状向两边横向运动取势。在倪瓒的山水中，坡石的取势引导着观者的视线，让你的视线不停留于其上的同时更向空旷处运动，使观者对画面中的旷远得以充分体验。

倪瓒的山水主要是由坡石和小树构成的，其对于树的处理类似于对山石的处理。所不同的是，树是一棵一棵独立的，树干无法连成整体，因此以线为主的表现法只能两边勾线呈现树干的外形，但是以此画法则往往不在树干上继续皴染，如《安处斋图》中较大的四树，而线条细润树干单纯，因此也不会吸引观者的视线在此作过多停留。另一种处理法如《松亭山色图》，树干以擦染为主，在表现树干时使墨与线交替出现，墨色时重时轻，因而树干在背景中若隐若现，在隐现中让观者的视线不停地转移，其树旁的独石也是用同样的方法处理的。这样，我们就发现在倪瓒的树、石处理中线条之所以采用较多的侧锋而不以中锋的原因了，中锋实而侧锋虚，中锋易使物象形态趋于独立，而侧锋表现则可以使物象间相联系而成视觉整体，或使物象边缘虚化而与背景自然相融。

现在以倪瓒的《渔庄秋霁图》与南宋夏圭的《松溪泛月图》作比较。后者也在画面上留出大量的空白，但是不同于前者。两者的画面同样以下部为主体，而前者的坡石，中间为聚为紧，两端舒缓，往上堆积的石块有向两旁滑落之势，将视觉引向画幅之外。坡石上的丛树根部聚而枝冠散向中间的空白，与石有离的运动趋势，顶上山坡为两条上下的带状，波动起伏，有强烈的横向运动趋势，对于画幅的两侧有更大的突破力，画幅的头与脚均有空白，因此画面整体产生了辽阔旷荡之感。后者树干双钩，外形明确，为实。小舟向树的方向行进，树的右枝有迎合之意。画幅左上一圆月，呈圆点状，较为安定，树之左枝似与之相呼应，而舟上之人与之相望。画中三个景物间形成呼应关系，可联系成一等边三角形，指向于画面的中心，是潜在的相合关系，因此空而不旷。倪瓒画面中的旷是与清寒联系在一起的，故其在诗中谓“江山玩清远”[36]，以此来看夏圭的《松溪泛月图》，尚可以谈“清”却难以说“远”。

3. 天真的世界

天真是倪瓒崇尚的境界，见其诗《道翁先生取予弃笔戏成五言因次韵》：“生与砚为邻，惟知楮颖珍。饥鸢杂吟啸，那用忧空困。夭矫钟王迹，遒媚骨肉匀。澄怀静临写，时时见天真。”（《清閟阁遗稿》卷二）又跋语《题东坡六诗》：“坡翁此卷笔意比徐季海尤觉天真烂熳也。癸丑中秋同王季耕观于徐良夫之耕渔轩。”（《清閟阁遗稿》卷十一）这两则都是倪瓒谈书法的。前者是说临钟王古迹时的感受，“澄怀”是个前提，内心澄澈则可使“天真”现于笔下。后者是赞赏苏轼的书法，崇其“天真烂漫”。“天真”是从其内心本真而来，“烂漫”则绚烂多姿，这是一种极高的创作境界，难在此“烂漫”即“天真”，非人工刻意而为，故又称天趣。

清华翼纶谓：“倪元镇平淡天真，简而厚，淡而有精彩，绝不经意，纯乎天趣。”[37]说倪瓒的山水平淡，是因为他的画作表现的是对物自身的超越，倪瓒将画面中的物像尽可能简省，只剩下部分坡石、小树以及孤单的亭屋。在具体表现时不在乎单独物象的具体完美，而将其统一在旷远清寒的基调之中，绝不作吸引观者视线

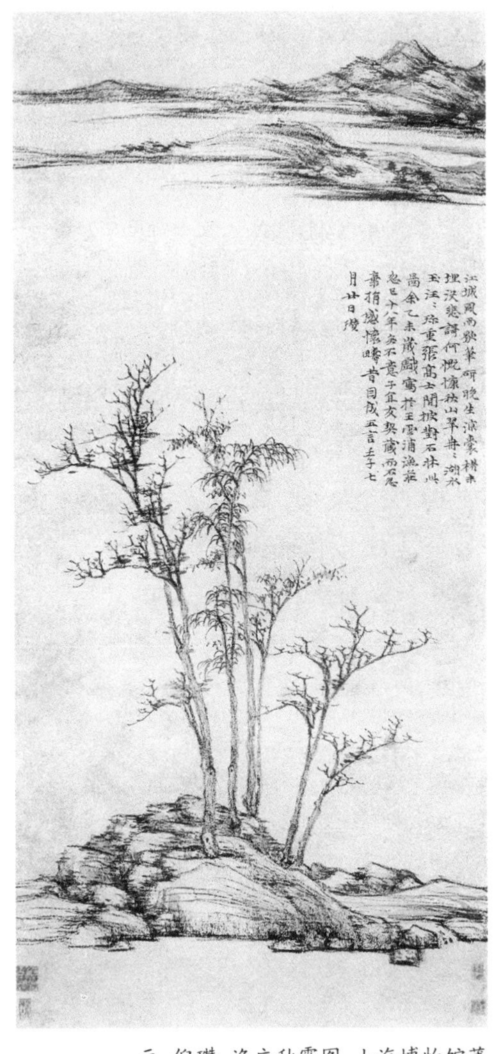

元 倪瓒 渔庄秋霁图 上海博物馆藏

的刻画，纯粹水墨，并且惜墨如金。可以说，他只表现被月光照亮的物象，隐去了不可或见者。同时倪瓒的画是“淡而有精彩”，其精彩处打动着后来的画家，成为他们追求的目标，但是这种表现似乎只是属于他个人的，画中呈现着独有的天趣。故恽寿平说：“云林画天真澹简，一木一石，自有千岩万壑之趣。今人遂以一木一石求云林，几失云林矣。”[38]

对于倪瓒画面中天趣的判断首先是基于“无纵横习气”。董其昌谓：

张伯雨题元镇画云“无画史纵横习气”，余家有此幅。又其自题狮子林图云：“余与赵君善长商确作狮子林图，真得荆关遗意，非王蒙辈所梦见也。”其高自标置如此。又顾谨中题倪画云：“初以董源为宗，及乎晚年画益精诣而书法漫矣。”盖倪迂书绝工致，晚年乃失之，而聚精于画，一变古法，以天真幽淡为宗，要今所谓渐老渐熟者，若不从北苑筑基不容易到。纵横习气即黄子久未能断，幽淡两言则赵吴兴犹逊迂翁，其胸次自别也。[39]

“无画史纵横习气”是倪瓒好友张雨对其的评价，董其昌以为在这点上连黄公望也未曾做到。陈继儒说：

倪迂画在胜国时可称逸品。昔人以逸品置神品之上，历代惟张志和卢鸿可无愧色，宋人中米襄阳在蹊径之外。余皆从陶铸而来。元之能者虽多，然承率宋法，稍加萧散耳。吴仲圭大有神气，黄子久特妙风格，王叔明奄有前规，而三家未洗纵横习气，独云林古淡天然，米痴后一人而已。[40]

然诗如陶韦王孟而不带一点纵横习气乎，余读先生之集，所谓“其文约，其词微，其志洁，其行廉，其称文小而其旨极大”，独先生足以当之。[41]

两则中前者论画后者论诗，谓其书画如一，皆无纵横习气。“其文约，其词微，其志洁，其行廉，其称文小而其旨极大”出于《史记·屈原列传》，同样可以用于对倪瓒绘画的评述。在陈继儒看来，元代画家中倪瓒而外的创作都是有所模仿、承继而来，实际上指画家在创作的过程之中内心对于画面的表现形态上是依托理性来追求和表达的。所谓习气是指不可摆脱的习惯性表现方式，属贬义。说其不可摆脱也有两种情况，其一是画的时候内心认为必须要有的，其二则是除了这些之外不敢、不能有其他的画法。这种创作活动无法做到画面与内心在当下的真正合一。“纵横”二字往往是指在视觉上刺目有不和谐感，这样画面无法做到真正的浑然和圆融自然。陈继儒所谓的“逸品”即

南宋 夏圭 松溪泛月图 北京故宫博物院藏

是当下心绪直接表露的结果，创作时并不考虑其他，当然这个“其他”则往往更多是由在意他人的评判所引发的。

在倪瓒的题画诗中常出现作为动词的“纵横”则不是此意：

黄陵庙前雨过，邯郸谷口风生。

爱杀山人清致，纵横淡写秋声。

（《题竹》，《清閟阁遗稿》卷五）

逸笔纵横意到成，烧香弄翰了余生。

窗前竹树依苔石，寒雨萧条待晚晴。

（《题画竹》，《清閟阁遗稿》卷八）

这两首诗是倪瓒题画竹的诗，这里的“纵横”是其创作时行笔的状态，自由随意而无拘束。“逸笔纵横意到成”道出了其挥写时的出发点及目的，也只有以“意到”为最终指向的笔墨才能做到“无纵横习气”。而这种“意到”是建立在超越技法束缚基础上的，正如倪瓒对好友琴艺的赞扬那样，“两忘弦与手，流泉松吹声”[42]，“爱尔弦手忘，令我形神畅”[43]，这是一种心手无间的状态。对于内心最真切的感念以最为直接的手段呈现出来，此时天真直现，所谓“闲拈逸笔图清思”[44]和“放笔看写狂游图”[45]即是。方薰谓：“仆尝谓读老迂诗画，令人无处着笔墨；觉矜才使气一辈未免有惭德。”[46]纵横习气之弊除了创作时内心在形态上模仿前人外就是“矜才使气”之病，这是一种刻意的表现，是一种虚假的写意。倪瓒论诗“贵眼前句”：

古人有言，诗贵眼前句，又曰，诗忌矜持。若夫“莫赤匪狐”“莫黑匪乌”，眼前句乎？“昔我往矣，柳杨依依；今我来思，雨雪霏霏。”岂有矜持者乎？至于离骚九辨，建安以逮乎陶鲍李杜韩韦，未有一言之不由乎实而事乎虚文者也。国朝赵虞既歌咏其太平之盛，兵兴几四十年鲜有不为悲忧困顿之辞者。秦君文仲则不然，处穷而能乐，颠沛而能正，其一言一字皆任真而不乖其守，闻之者足以惧而劝非，其中所守全而有以乐不能也。富贵而骄淫，贫贱而馁之，吾见累矣，与夫无病而呻吟，骄索而无节，又诗人之大病，其人亦不足道也。（《樵海诗集小引》，《清閟阁遗稿》卷十二）

“矜持”就是刻意，倪瓒更反对“无病而呻吟”。所谓“贵眼前句”即贵当下所得，直从心中而出，不必假于理性的参与，即是天真自现。方薰又说：“倪迂客画正可匹陶靖节诗褚登善字，皆洗空凡格，独运天倪，不假造作而成者，可为艺林鼎足。”[47]“不假造作而成”方是天趣，其诗画持同一主张，同臻妙境。

三、月与倪瓒的绘画美学思想

在元代，儒道释三家趋于合流。略年长于倪瓒的岑安卿（1286—1355）在题为《董止菴诗卷》的诗中谓止菴“刻志求玄理，著书混三教”[48]，比倪瓒略晚的邓雅的《赠一村道人》：“山中有一村道人，萧然布衲乌纱巾。心将白业付孙子，坐对青山忘主宾。啸歌终日泉石趣，呼吸太和天地春。吾儒妙解三教理，不须更说西来因。”[49]我们在倪瓒的文中也能看到相近的说法：

诵诗读书佩先师之格言，登山临水得旷士之乐全，非仕非隐其几其天。云不雨而常润，玉虽工而匪镌。其据于儒依于老逃于禅者欤？（《良常张先生画赞》，《清閟阁遗稿》卷十一）

貌侵而骨立，色敷而内腴，斯遯世之士，列仙之臞，随时以守其分，纵独以乐其迂。寓乎外，或颓然峥名方丈之室，或悠然庄周冥漠之区；及其操于中，则身处仁，行蹈义，又师慕乎圣哲而弗殊。玄冠野服，萧散迂徐。是殆所谓逃于禅，游于老，而据于儒者乎？（《止庵像赞》，《清閟阁遗稿》卷十）

前者说“据于儒依于老逃于禅”，后者为“逃于禅，游于老，而据于儒”。毕竟以“儒”为先，而“禅”则往往是不得已的对世事的逃避。刘纲纪指出当时的文人儒士：

他们原先的家庭秉承宋代理学传统，因此他们自幼就受着儒学的教育，是笃信儒学的。但随着宋朝的灭亡，先是外族的入侵与统治，之后又是大规模的、此起彼伏的农民起义，使这些文人儒者的地位急剧下降，并在战乱中四处流亡逃生。攻读诗书，“学而优则仕”的理想破灭了，于是只好到道家和禅宗的思想中去寻求精神的慰藉，但多数人又仍然执著于儒家理想不愿放弃。因此，一方面在内心里依旧坚守着儒家仁义之道，另一方面在生活上又是“黄冠野服，萧散迂徐”，“或颓然净名方丈之室，或悠然庄周冥漠之区”。儒、道、禅三家思想兼而有之，互通无碍，是元代许多文人的思想的特征。只不过就不同的人来说，三者的比例分量、主次关系有所不同罢了。[50]

倪瓒作为元代后期的文人代表同样是这样的内心状况，但是有他的特殊之处。倪瓒的艺术实践主要是诗文、书画，在他的诗文中表达了对三教的态度和相应理解，同时反映着内心的矛盾、苦楚及应对的选择，而在画上的表现则应该是以道禅为主，本文无意对此作全面的探讨，只是讨论与本文视角密切相关的思想，以助于我们更为深入和准确地理解和把握其绘画形态。

倪瓒论诗主张“吟咏得乎性情之正”：

诗，必有谓而不徒作，吟咏得乎性情之正，斯为善矣。然忌矜持，不勉而自中，不为沿袭剽盗之言，尤恶夫辞艰深而意浅近也。三百五篇之诗，删治出乎圣人之手。后人虽不闻金石丝竹咏歌之音，焕乎六义四始之有成说，后人得以因辞以求志。至其风雅之变发乎情，亦未尝不止乎礼义也。诗亡既久，变而为骚，为五言，为七言，雅体去古益以远矣，其于六义之旨固在也。屈子之于骚，观其过于忠君爱国之诚，其辞缱绻恻怛，有不能自已者，岂偶然哉。五言若陶靖节、韦苏州之冲淡和平，得性情之正。杜少陵之因事兴怀，忠义激烈，是皆得三百五篇之遗意者也。岂流连光景岁锻月练而为缛丽夸大之辞者所可比哉？……正道甫自壮及老，遇事而兴感，因诗以纪事，得杂体诗凡若干首。不为缛丽之语，不费缕刻之工。词若浅易而寄兴深远，虽志浮识浅之士读之，莫不恻怛羞恶是非之心，仁义油然而作也。夫子曰：“诗可以兴，可以观，可以群，可以怨。”又曰：“诗三百，一言以蔽之曰，思无邪。”若夫闻之者善足以训，不善足以省。今之为诗，虽异乎古之诗，言苟合义，闻者有以感发而兴起，与古人何间焉。(《拙逸斋诗稿序》，《清閟阁遗稿》卷十二)

“性情之正”最早见于《诗序》：“孔子尝言‘《关雎》乐而不淫，哀而不伤’，盖淫者乐之过，伤者哀之过，独为是诗者得其性情之正，是以哀乐中节而不至于过耳。”[51] 宋朱熹《论语集注》：“关雎，周南国风诗之首篇也。淫者，乐之过而失其正者也。伤者，哀之过而害于和者也。关雎之诗，言后妃之德，宜配君子。求之未得，则不能无寤寐反侧之忧；求而得之，则宜其有琴瑟钟鼓之乐。盖其忧虽深而不害于和，其乐虽盛而不失其正，故夫子称之如此。欲学者玩其辞，审其音，而有以识其性情之正也。”[52] 钱穆先生解孔子此句为：“哀乐者人心之正，乐天爱人与悲天悯人，皆是人心之最高境界，亦是相通合一者。无哀乐，是无人心矣。无人心，何来有人道？故人当知哀乐之有正，而唯淫伤之当戒耳。”[53] 此强调“哀乐”之于人的意义，而前两者更在于对“哀乐”表现之度的节制。

于倪瓒而言，对“吟咏得性情之正”的强调是“忌矜持”，“不为沿袭剽盗之言”，即所言皆从内心所出，“恶夫辞艰深而意浅近”即避免故作高深的造作之语。“不勉而自中”出于《中庸》：“诚者，天之道也，诚之者，人之道也，诚者，不勉而中，不思而得，从容中道，圣人也，诚之者，择善而固之者也。”[54] 意在“从容中道”，与所论“诗贵眼前句”是相一致的，所以说“韦苏州之冲淡和平”与“杜少陵之因事兴怀，忠义激烈”均“得性情之正”，所解已经改变了此说的本意。

倪瓒要求诗文创作要达到“词若浅易而寄兴深远”。如其《题张外史蒻韭亭》句：“外史词华耿霜月，剑花秋莹鸊鹈膏。皎然光焰照绿水，不假雕琢蜥铅刀。雅音自出性情正，庸工徒为血汗劳。”（《清閟阁遗稿》卷七）“不假雕琢”的“雅音自出性情正”成为了一种创作的境界。其《谢仲野诗序》句：“吟咏得性情之正者其惟渊明乎，韦柳冲淡萧散皆得陶之旨趣，下此则王摩诘矣。何则富丽穷苦之词易工，幽深闲远之语难造？至若李杜韩苏，固已烜赫焜煌，出入今古，逾前而绝后，校其情性有正始之遗风，则间然矣。”（《清閟阁遗稿》卷十二）在此则中“吟咏得性情之正”首推陶渊明，而“韦柳”与“王摩诘”与其是同一脉络下来的，这时的“吟咏得性情之正”又被指为“冲淡萧散”之“旨趣”和“幽深闲远之语”，其实这才是倪瓒此论最后的落脚点，这就由儒而道了。如此则倪瓒的诗歌创作与绘画创作就殊途同归了。

对于倪瓒“吟咏得性情之正”的艺术思想尚可进一步分析。《樵海诗集小引》中说：“秦君文仲则不然，处穷而能乐，颠沛而能正，其一言一字皆任真而不乖其守，闻之者足以惧而劝非，其中所守全而有以乐不能也。”“处穷而能乐，颠沛而能正”是因为他能够“不乖其守”，其“所守全”的是内心之“真”。《樵海诗集小引》中对“国朝赵虞既歌咏其太平之盛，兵兴几四十年鲜有不为悲忧困顿之辞者”是持批判态度的，又说：“诗以吟咏性情，渊明千载人也，当晋宋之间讽咏其诗，宁见其困苦无聊耶？”其实倪瓒所崇尚的是“不汲汲于富贵，不戚戚于贫贱”的本真之心，自言“我拙唯任真”[55]。

严格来说，“不汲汲于富贵，不戚戚于贫贱”是一种操守，又如何成为内心之本真呢？倪瓒对此自有其依据。其《题黄子久画》：“白鸥飞处碧山明，思入云松第几层。能画大痴黄老子，与人无爱亦无憎。”这是他对黄公望的赞语，绝去爱憎是道禅都持的主张。倪瓒为“瞻云轩”赋诗：“戚欣从妄起，心寂合自然。当识太虚体，勿随形影迁。”（《清閟阁遗稿》卷二）“戚欣从妄起”是释家语，“寂”亦为释家语，而“自然”则为道家语，更有“太虚体”则为理学家张载的说法。宋张载谓：“太虚无形，气之本体，其聚其散，变化之客形尔；至静无感，性之渊源，有识有知，物交之客感尔。”（《正蒙·太和篇》）[56]倪瓒《玄文馆读书诗》中有句：“潜心观道妙，讽咏古人书。怀澄神自适，意惬理无遗。谁云黄唐远，泊然天地初。回首抚八荒，纷攘蚍蜉如。愿从逍遥游，何许昆仑墟。”（《清閟阁遗稿》卷二）所谓“识太虚体”则就是要使内心“泊然天地初”。其《义兴异梦篇》中也说：“予兹泊然，抱冲守一。廓如太虚，云敛无迹。”（《清閟阁遗稿》卷一）

在倪瓒看来，“泊然天地初”与“不染”是一致的。“不染”是释家语，在倪瓒处这一思想又是与其对月的审美紧密联系在一起的：

丹桂月光落，猗兰琴调清。
独怜秋鹤瘦，相对夜江横。
芳烈谁先后，才华孰重轻。
道心安有染，无物恼闲情。

（《三芳图》，《清閟阁遗稿》卷三）

衍庆院中无市声，清流堂上晚风清。
一派浊泾从污染，百滩白月见空明。
我性非澄本尔净，外尘徒扰元不惊。
恒公宴坐清凉海，还许游人来濯缨。

（《宿清流堂》，《清閟阁遗稿》卷七）

前一首诗中，“道心安有染”是释家的观点。《舍利弗阿毘昙论·绪分假心品第七》谓：“心性清净，为客尘染。凡夫未闻故，不能如实知见，亦无修心。圣人闻故，如实知见，亦有修心。心性清净，离客尘垢。凡夫未闻故，不能如实知见，亦无修心。圣人闻故，能如实知见，亦有修心。”[57]人的心性原本清净无染，后因凡尘侵扰，故有染不净，修心养性则可去尘返净。人心因染而有烦恼，无染则“无物恼闲情”。倪瓒为体验无染所设置的情境是“丹桂月光落，猗兰琴调清”。在后一首诗中，“百滩”因明月而“见空明”，原本受到污染的浊泾惟于月下得净，对之而得“空明”之感，这是一种当下的超越。倪瓒对人称“江南古佛”的中峰明本极为推崇，其《题本中峰观莲像》中句：“善矣不尘仍不染，美哉如玉复如金。”（《清闷阁遗稿》卷七）此也是其自身向往的境界。但是从倪瓒的诗画来看，更在于明月朗照下对“无染”的体验，而并非达于“不尘不染”的彻悟。

倪瓒对净的体验和追求离不开其所处的山林世界。其诗：“十二月十七日过与之洛涧山居留宿，忽大雪作，及明起视户外岩岫如玉琢，削竹压倒，径无行踪，飘瞥竟日，至暮尺余，因赋诗留别。世途萦荏苒，岁宴不知归。密雪竹林夜，挑灯共掩扉。萧条尘虑净，讽咏玄言微。遇此岩中赏，心事怅多违。”（《清闷阁遗稿》卷二）“密雪竹林”之夜，“萧条”而使“尘虑净”。又《画竹寄友人》：“先春竞桃李，凌阳叹蒲柳。谢君静者徒，种竹安所守。亭亭清净心，郁郁霜雪后。赋诗寄远怀，此君真可久。”（《清闷阁遗稿》卷二）前者是真正的雪夜，此“郁郁霜雪后”更应该是月下之“霜雪”，月使人心净。《略上人松月轩》：“虚牖宿闲云，长松挂明月。道人初定起，净境无炎热。手持青鸾帚，衣扫石上雪。泠然涤心尘，寂照光不灭。”（《清闷阁遗稿》卷二）此“净”即内心之“洁”，明月可“涤心尘”，故又说：“凉月纷纷疑积雪，凝晖散彩白于银……河汉无声风露寒，心境泠然同一洁。”（《刘君元晖八月十四日邀余玩月快雪斋中对月理咏因赋长句二首·其二》，《清闷阁遗稿》卷六）明月给予他的是“寂照”之光，为其带来内心的光明与澄澈。又：“醉中了了梦中醒，好语狂言不用听。莫起黑风飘鬼国，长教明月照中庭。”（《人我二首·其二》，《清闷阁遗稿》卷八）“黑风飘鬼国”是《观世音菩萨普门品》中七难之第三难罗刹鬼难，罗刹鬼是专吃人的鬼。意为在心中有如明月长照中庭则净洁而烦恼不起。因此明月对于倪瓒来说不仅在夜空之中，更在其内心之中。倪瓒为金安素作《懒游窝记》句：“金君安素，高卧林居，慕杨许得尸解上道。乃怡神葆和，内视密盻，焕标霞之孤映，朗性月之独照，因名其斋曰懒游焉。”（《清闷阁遗稿》卷十二）所谓“性月独照”是指内心之月对心灵世界的独自照亮。倪瓒作《金粟道人小像赞》：“谓其有意于荣进，与咏歌弹琴诵古人之书，谓其阔略于世故，与能廓充先世之业昌，大其门闾，逍遥户庭，名闻京师。忽自逸于尘氛之外，驾扁舟于五湖，性印朗月，身同太虚，非欲会玄觉于一致而贯通于儒者耶？”金粟道人为顾瑛晚年之号。“自逸于尘氛之外，驾扁舟于五湖”亦可用于倪瓒本人，而“性印朗月，身同太虚”为两人共同的追求。“性印朗月”，则心性合于朗月，澄澈清寒。

至此我们可以知道在倪瓒的生活和艺术世界中“朗月”的性质和意义了，这一外在之物因其带来的特殊审美感受最终使其身心与之相融，在其孤高的人生历程中使心灵得以徜徉和寄托。他面对纸素的不停挥写是对这种生命体验和追求的呈现和升华，故倪瓒以其看似单一的绘画表现形态充分而自适地成就了只是属于他个人的笔墨天地，成为后人赞叹和仰慕的孤峰。后人在不断追慕的过程中试图对他有所认识和理解，同时希冀自己也能够如其一样，然而总是有所隔膜，总在遥望中而难以真正把摸，因为我们缺乏与他同样的人生经历和相应的体验深度。

注释：

[32] 倪瓒《与张贞居云林堂宴集分得春字》：“青苔网庭除，旷然无俗尘。依微樵径接，曲密农圃邻。鸣禽已变夏，疏花尚驻春。坐对盈樽酒，欣从心所亲。”（《清闷阁遗稿》卷三）

[33] 朱铸禹汇校集注《世说新语汇校集注》，上海：上海古籍出版社 2002 年版，第 376 页。

[34] 倪瓒《画竹寄友人》：“先春竞桃李，凌阳叹蒲柳。谢君静者徒，种竹安所守。亭亭清净心，郁郁霜雪后。赋诗寄远怀，此君真可久。”（《清閟阁遗稿》卷二）

[35] 倪瓒《和朱秉中二首·其一》：“僦居茅屋碧江浔，花落空阶一尺深。山简由来狂爱酒，管宁不复顾锄金。长鲸吸浪成何事，老鹤鸣皋见远心。中岁畏从亲友别，自怜黄发已侵寻。”（《清閟阁遗稿》卷七）

[36] 倪瓒《宿王耕云山居》：“城市厌烦燠，江山玩清远。盥濯临石湖，吟啸望云巘。范公游集地，登陟尘情遣。凄凄靡遗构，郁郁犹荒苑。仙人王子晋，抱道云舒卷。凤吹翔河汾，鹤巢来栖偃。凉风纵逸棹，溪水清涴涴。何当采灵芝，忘年从嵇阮。”（《清閟阁遗稿》卷二）

[37] 华翼纶《画说》，《美术丛书》三集第十辑。

[38]（清）恽寿平《南田画跋》，安澜《画论丛刊》，北京：人民美术出版社 1960 年版，第 185 页。

[39]（明）董其昌《容台集》别集卷四，明崇祯三年董庭刻本。

[40]（明）陈继儒《妮古录》卷一，明宝颜堂秘籍本。董其昌《画禅室随笔》（文渊阁《四库全书》本）亦录此则，惟“承率宋法”作“承秉宋法”。

[41]（明）陈继儒《倪云林集序》，《陈眉公集》卷七，明万历四十三年刻本。

[42] 倪瓒诗：“至正四年十一月，袁员外来林下，为留兼旬。腊月十七日，快雪初霁，庭无来迹，与仆静坐因取琴鼓之。古音萧寥，如茂松之劲风，春壑之流水。员外时年八十有二，颜貌筋力未如四五十许人。为言，甫弱冠遭逢盛明，初宰当涂，过九华山，道逢神人，与枣食之，后数数见梦寐间，若冥感玄遇者。员外韬耀蕴真，仕禄以自给，不为人所知，岂郭恕先之流欤？为赋五言以赠。郎官调绿绮，谷雪赏初晴。两忘弦与手，流泉松吹声。问言逾八十，云尝见河清。挂帆望九华，神人炊相迎。啖以海上枣，欢爱若平生。玄遇宁复得，惜哉遗姓名。”（《清閟阁遗稿》卷二）

[43] 倪瓒《听钱文则弹琴》：“牛鸣野窌中，鸡登山木上。黄钟杂姑洗，春容以清亮。别鹄暮鸣飞，流水春演漾。爱尔弦手忘，令我形神畅。忆昔擅能事，宋袁余所向。钱君生独后，超轶绝尘鞅。操琴晚闻道，月斧挥天匠。杳如清庙瑟，朱弦听叹唱。古道久寂寥，古音亦沦丧。促轸泪沾缨，歌诗重悲怅。”（《清閟阁遗稿》卷二）

[44] 倪瓒《后数年复次韵》：“忆昔舟归雪浦滨，松林瑶草欲生春。闲拈逸笔图清思，今日披图似隔尘。”（《清閟阁遗稿》卷八）

[45] 倪瓒诗：“十一月廿三日率性德原共载过林下而余适不在，遂返棹还家，明日诗来因次韵重邀之。云林风雪德不孤，指顾可求涂岂迂。两忘主宾政自好，一以礼法何其拘。我方飘忽念岁月，君乃疏豁笑人奴。再为理棹急相就，放笔看写狂游图。”（《清閟阁遗稿》卷八）

[46]（清）方薰《山静居画论》卷下，清《知不足斋丛书》本。

[47] 同上。

[48]（元）岑安卿《栲栳山人集》卷上，文渊阁《四库全书》本。

[49]（元）邓雅《玉笥集》卷五，清抄本。

[50] 刘纲纪《倪瓒的美学思想》，《朵云》第 62 期《倪瓒研究》，上海：上海书画出版社 2005 年版，第 128 页。

[51]（宋）朱熹撰《诗序辨说》，明津逮秘书本。

[52]（宋）朱熹撰《论语集注》卷二，《朱子全书》第六册，上海古籍出版社、安徽教育出版社 2002 年版，第 89 页。

[53] 钱穆撰《论语新解》，成都：巴蜀书社 1985 年版，第 69 页。

[54]（汉）郑玄注、（唐）陆得明音义《纂图互注礼记》卷十六，《四部丛刊》景宋本。

[55] 倪瓒《赠张士行》：“云门有逸客，非仕亦非隐。玉井千尺泉，此士难汲引。结交云林叟，不顾俗嘲哂。我拙唯任真，子德常戒谨。相知既有素，力学仰颜闵。久别见容色，英资固天禀。欲疏不能忘，欲亵不可近。”（《清閟阁遗稿》卷二）

[56]（宋）张载《张载集》，北京：中华书局 1978 年版，第 7 页。

[57]《大正新修大藏经》第 28 册，第 697 页。

（作者系北京大学哲学系博士后）

张彦远“自然”与朱景玄“逸”之关系辨

樊艳芳

《历代名画记》被称为中国古代“画史之祖，亦为画史最良之书”[1]，张彦远提出了绘画品评“五品”说，关于他的最高品评“自然”观专门研究者甚少。朱景玄的《唐朝名画录》是中国古代第一部断代绘画史，书中朱景玄提出了他的绘画品评思想“神、妙、能、逸”四品说，他提出的“逸品”思想在绘画品评史上有其独特的地位。对张彦远“自然”一品进行论述的学者，多将其等同于朱景玄绘画品评的“逸品”，而笔者则认为彦远之“自然”与景玄之“逸品”是不可同日而语，不相同的。

一、“自然”与“逸”研究现状概述

自近代以来，学术界对张彦远《历代名画记》研究者众多，无论是研究专著，还是学术论文俯拾皆是。然而，从艺术哲学和审美理想的角度看，《历代名画记》中所阐发的中国绘画美学思想，是 20 世纪 80 年代以后《历代名画记》研究的一个侧面[2]，也即从 80 年代开始，学术界开始了对张彦远美学思想的全面研究与探讨。现在所知对“自然”观做专门论述的文章有：日本学者谷口铁雄的《关于张彦远品艺中的“自然”》、张少端的《论不“了”之“了”——张彦远的艺术自然观》、《荣宝斋》2009 年第 3 期刊登的《论张彦远的“自然”美学观》。

朱景玄的《唐朝名画录》作为古代绘画的第一部断代史，书中作者也提出了其独特的美学见解“逸”，近代研究他的美学思想的学者也很多。有关张彦远的“自然”与朱景玄的“逸”之间的关系，很多学者在他们的文章或著作中也给予了论述和评价。

金维诺先生在《〈历代名画记〉与〈唐朝名画录〉》中说：

《唐朝名画录》承袭并发展了张怀瓘、李嗣真等人品评画家的体例……李嗣真《续画品录》今传本，虽系伪作，但其《书后品》则列李斯等五人为逸品，并予推崇，这一方面说明李氏也反映了崇尚“逸品”是当时的一种风尚，是同时期艺术认识水平的反映，这与《历代名画记》推崇“自然”是一致的。[3]

朱景玄的《唐朝名画录》成书于张怀瓘《画断》和李嗣真《续画品录》之后，他们在思想上是一脉相承的，朱景玄“逸”的提出，可能受到了两位前辈的影响，由此可见，金维诺先生认为唐代在审美风尚上推崇“自然”与推崇“逸”是一致的。

葛路先生在《中国古代绘画理论发展史》中说：

稍晚于张彦远的文学评论家司空图，论诗分廿四品，有雄浑、冲淡、劲健、自然等等，在文学评论史上，分品最多。有些品格比如自然品有云，“如逢花开，如瞻岁新”，倒同四格中的逸格和五等中的“自然”等有近似处。[4]

此四格中的逸格即当指朱景玄的“逸格”，所以葛路先生在论述唐代诗歌品评时委婉道出“自然”与“逸格”“有近似处”。

叶朗、王鲁湘在《张彦远的再发现》中说：

张彦远的“自然”相当于黄休复的“逸格”，而张彦远的“神”“妙”与黄休复的“神”“妙”正好重合。张彦远的“精”（包括“谨细”），相当于黄休复的“能”。张彦远的“五等”之间的逻辑关系同黄休复的“四格”之间的逻辑关系是完全一样的。[5]

黄修复的“逸格”是对朱景玄“逸格”的发展，只是将朱景玄的“逸格”从第四位提到第一位，他们在内容和意义上是大致相同的，对画家的品评亦是如此，叶朗、王鲁湘两位先生认为张彦远的“自然”相当于“逸格”并且是重合的。

才彦平先生在《“自然”在中国古代画论中的美学含义》中说：

后来朱景玄提出一个“逸品”的概念：“其格外有不拘常法，又有逸品，以表其优劣也。”（朱景玄《唐朝名画录·序》）所谓“逸品”，也就是张彦远说的“自然”者。[6]

才彦平先生再次明确地指出张彦远的“自然”与朱景玄的“逸品”是一样的。

罗世平先生在《20世纪唐代书画研究》中说：

认为张彦远的“自然”与李嗣真的“逸品”、张怀瓘的“神品”在位置上是大致相同的。他同时又注意到唐代的书论中与“自然”相同的主张，进而得出结论说，张彦远“精通书论”，在书论的基础上加以有效的活用，从而进一步建立了“自然”这个品第的最高标准。（谷口铁雄《关于张彦远绘画品评中的“自然”》）[7]

罗世平先生在此认为张彦远的“自然”与“逸”在位置上大致是相同的，李嗣真的“逸品”与张怀瓘的“神品”在各自的品评系统中都处于首要位置，而张彦远在两者的基础上加以发挥确立了“自然”为品评的最高标准，即“逸”在品评系统中亦是最高的标准，因此，将两者的位置和关系相等同。

徐复观先生在《中国艺术精神》中说：

逸格即是得之自然，可知逸与自然是一而非二。黄休复对逸格的说明，与张彦远对自然的解释，也是若合符节。[8]

徐复观先生在此认为张彦远的“自然”与“逸”同出一系并且相同。黄修复之“逸

高简 松下观泉图 局部

格”是对朱景玄“逸品”的发展，虽然朱景玄并没有将“逸品”列入神妙能的品评系统，而黄修复则将其列入同一品评系统，但是两者在内涵上是一致的。

周积寅先生在《中国画论辑要》中说：

朱景玄首先提出逸品，但未特加推崇；对此首先推重的应算是张彦远，不过张的分品未为后人注意。[9]

张彦远对绘画品评中的五等之“自然”一品特加推崇，继张彦远“五品说”之后，黄休复在他的“四品说”中，将“逸品”提在四品之首，随后，“逸品”便被众文人墨客推崇。周积寅先生在此关于“逸品”的观点即认为对“逸品”的推崇应该追溯至张彦远，所以可知，周先生此处认为张彦远的“自然”即是后来黄休复之“逸品”也是之前朱景玄的“逸品”。

纵观上述学术界有关“自然”和“逸”关系的研究可知，几乎整个学术界都认为张彦远的“自然”即是朱景玄的“逸”，认为他们之间是相同的。虽然学术界众多学者普遍认为“自然”即是“逸”，但笔者却不敢苟同。众多学者之所以将两者相等同，原因在于：第一，张彦远将“自然”推崇为绘画品评中第一品，学者们也认为朱景玄在“四品”说中是将“逸品”推崇为最高的，“自然”与“逸”同属一个品评体系，从这个角度出发，将两者相等同是可以理解的；第二，众多学者将张彦远的“自然”思想隶属于道家哲学范畴，“逸”也是属于道家哲学范畴的，他们在张彦远与朱景玄的品评体系中都是最高品评标准。由此，学者们得出“自然”即是“逸”的观点。经过笔者对两者的研读和比较，发现他们之间的关系并非如此。

二、张彦远的“自然”

首先，从张彦远关于绘画功能与起源方面看他关于绘画“自然”观的论述。

张彦远在《历代名画记•叙画之源流》开篇说到：

夫画者，成教化，助人伦，穷神变，测幽微，与六籍同功。

在此明确指出了绘画的教化功能观，将绘画的作用与儒家“六籍”功用相比肩，极大地提升了绘画的地位，并且将绘画的功用问题与儒家思想紧密地联系在一起：“与四时并运，发于天然，非由述作。”此“四时”即是《论语•阳货》中“天何言哉？四时行焉，百物生焉，天何言哉？”[10]中的“四时”，孔子在《阳货》篇中讲到：“四时行，百物生，莫非天理发现流行之实，不待言而可现。”同时张彦远说绘画“发于天然，非由述作”，“天然”在此即是“自然”的意思，即绘画萌生于天然（自然），并非根据既有之理论，这里的“天然”即是儒家的自然万物既有之规律。张彦远在此引用孔子的言论，也许是想说明绘画发生应该和万物的生成发展一样，是顺应天道而为，与“四时”的运行和“百物”的生长是同样的道理，是顺应天道自然规律而形成的。

在《历代名画记•论画体功用拓写》章节，张彦远论述道：

夫阴阳陶蒸，万象错布，玄化无言，神功独运。草木敷荣，不待丹碌之采，云雪飘扬，不待铅粉而白。山不待空青而翠，凤不待五色而綷。是故运墨而五色具，谓之得意。[11]

很多学者认为这段关于绘画用色的论述是张彦远受道家思想的影响而写出的，其实，张彦远的这段话是出自刘勰《文心雕龙•原道》篇：

傍及万品，动植皆文。龙凤以藻绘呈瑞，虎豹以炳蔚凝姿。云霞雕色，有逾画工之妙；草木卉华，无待锦匠之奇。夫岂外饰，盖自然尔。[12]

按：刘勰《文心雕龙•原道》的思想又主要出自《周易》一书[13]，而《周易》又是儒家的经典著作，所以《文心雕龙》的成书在很大程度上受儒家思想影响。从而，张彦远这段关于绘画创作的文字在很大程度上是受儒家“自然”观思想的影响。

人以外其他事物，无论是动物或植物，也都有文采。龙和凤以美丽的鳞羽，表现出吉祥的征兆；虎和豹以动人的皮毛，而构成壮丽的雄姿。云霞的彩色，比画师的点染还美妙；草木的花朵，也并不依靠匠人来加工。这些都不是外加的装饰，而是它们本身自然形成的。“盖自然尔”的“自然”在此的意思即是：绘画所表现的是天然形成的事物的本真状态。

其次，从张彦远关于绘画品评的“五品”中来进行分析他的“自然”含义。

张彦远的绘画五品说：

夫失于自然而后神，失于神而后妙，失于妙而后精。精之为病也，而成谨细，自然者为上品之上，神者为上品之中，妙者为上品之下，精者为中品之上，谨而细者为中品之中。余今立此五等，以包六法，以贯众妙，其间诠量，可有数百等，孰能周尽？非夫神迈识高，情超心惠者，岂可议乎知画？[14]

张彦远的绘画品评标准包含了谢赫之“六法”，即被张彦远所推崇“自然”之品级画家的绘画作品则必须具有这六项绘画准则，并且将这“六法” 发挥至极致，才能被列为“自然”品级画家。即张彦远的“自然”品第的标准是需要与谢赫的“六法”相符合的，绘画作品需要对“六法”的表现面面俱到，淋漓尽致。

所以，张彦远的“自然”对绘画作品本身而言是包含了“六法”在内的、有法度的绘画形式。

再次，从张彦远对画家身份和人品的重视解读他的“自然”。

张彦远在《论画六法》一章中明确地指出画家的身份问题：

自古善画者，莫匪衣冠贵胄、逸士高人，振妙一时，传芳千祀，非闾阎鄙贱之所能为也。[15]

在张彦远看来，作画者必为文人做官者，由此可知，张彦远对画家身份重视的问题是受儒家“入世”思想的影响的。被张彦远推崇为“自然”的画家吴道子被授官“内教博士”，而吴道子本人也是积极入世的官员，他的思想深受儒家影响，其在宫廷绘画中也占有极其重要的地位，

所以，张彦远的“自然”有以下特性：

第一，从张彦远绘画起源的思想根源看，张彦远的“自然”即是儒家思想中的“天然”，即“发于天然”之“天然”，张彦远的“自然”是属于儒家思想范畴的。

第二，对绘画作品本身而言是包含了“六法”在内的、有法度的绘画形式。如：“余今立此五等，以包六法，以贯众妙。”

第三，对画家身份地位有很高的要求，也是对画家人格的品评，而不仅仅是对绘画本身的品评，张彦远所言之“自然”画家，必为入世为官者，如其所言：“非闾阎鄙贱之所能为也”，同时要求画家在创作时要达到高度的身心自由，“不知然而然”。

三、朱景玄的“逸品”

首先，从朱景玄“逸品”所属的思想体系来看。

“逸”在作为审美范畴之前主要是用于对人物的品评，在《论语·微子》中有：

逸民：伯夷、叔齐、虞仲、夷逸、朱张、柳下惠、少连。子曰：不降其志，不辱其身，伯夷、叔齐与！谓：柳下惠、少连，降志辱身矣。言中伦，行中虑，其斯而已矣。谓：虞仲、夷逸，隐居放言。身中清，废中权。我则异于是，无可无不可。[16]

《论语》中指出的逸民多为注重个体的自由和精神的解放，不愿为国事所羁绊，他们追求超凡脱俗、隐居山林的出世生活，而这种出世的精神追求则与儒家的“入世”思想是相悖离的。“逸”作为艺术的审美范畴始于崔瑗《草书势》：

观其法象，俯仰有仪，方不中矩，圆不副规。抑左扬右，望之若欹。兽跂鸟峙，志在飞移；狡兔暴骇，将奔未驰。或知主点南，状似连珠，绝而不离。畜怒怫郁，放逸生奇。[17]

此时，“逸”在书画品评中，指不拘于法度和规矩的高度个性的艺术创作。“逸”作为一种审美范畴的兴起，与魏晋南北朝时道家庄学所追求的“隐逸人格”的追求有关，即“逸”的美学思想主要是受道家哲学思想影响的，属于道家思想体系。

其次，从朱景玄绘画神、妙、能、逸四品分属的品评系统来讨论他的“逸品”。

朱景玄在《唐朝名画录》中说：

以张怀瓘画品断神、妙、能三品，定其等格上中下，又分为三。其格外有不拘常法，又有逸品，以表其优劣也。[18]

可见，他未尝认为逸高于神或神高于逸，而是说逸品不在神、妙、能的品评体系之内，他的内在规定性是“不拘法”[19]。此种说法，在《四库全书》提要和余绍宋的《书画书录解题》中都有相应的论述。《四库全书》提要述：“所分凡神、妙、能、逸四品，神、妙、能又各别上中下三等，而逸品则无等次，盖尊之也。”[20]余绍宋在《书画书录解题》中说：“是编以神、妙、能、逸分品。前三品具分三等，逸品则不分。盖既称逸，则无由更分等差也。”[21]他们都认为“逸品”独立于“神、妙、能”体系之外不做品格高下之比。

再次，从朱景玄对其列入“逸品”画家的品评分析它的“逸”。

在《唐朝名画录》中，被朱景玄列入“逸品”的画家一共有三人，即王墨、李灵省和张志和。其中谓王墨曰：

王墨者不知何许人，亦不知其名，善泼墨画山水，时人故谓之王墨。多游江湖间，常画山水松石杂树。性多疏野，好酒，凡欲画图幛，先饮。醺酣之后，即以墨泼。或笑或吟，脚蹙手抹。或挥或扫，或淡或浓，随其形状，为山为石，为云为水。应手随意，有若造化。图出云霞，染成风雨，宛若神巧，俯观不见其墨污之迹，皆谓奇异也。[22]

朱景玄对“逸品”画家王墨作画的评述，“性多疏野”，首先从画家本人方面来讲，画家本人品质和性情与受传统儒家思想影响的文人的性情是相对立的。其次，“逸品”画家作画时不拘于法度和规矩，随意而为，或扫或抹，亦做泼墨山水，画中不见笔迹，而这种作画的方法是与谢赫的“六法”相背离的。

朱景玄对李灵省的评价为：

李灵省落脱不拘检，长爱画山水。每图一幛，非其所欲，不即强为也。但以酒生思，傲然自得，不知王公之尊重。若画山水、竹树，皆一点一抹，便得其像，物势皆出自然。或为峰岑云际，或为岛屿江边，得非常之体，符造化之功，不拘于品格，自得其趣耳。[23]

对张志和的论述为：

张志和或号曰烟波子，常渔钓于洞庭湖。初颜鲁公典吴兴，知其高节，以渔歌五首赠之。张乃为卷轴，随句赋象，人物、舟船、鸟兽、烟波、风月，皆依其文，曲尽其妙，为世之雅律，深得其态。[24]

最后指出其列入“逸品”三人的绘画特征为：“非书之本法，故目之为逸品，盖前古未之有也，故书之。”从朱景玄对三人绘画的品评之中，可知朱景玄所列之逸品即是独立于神、妙、能之外的“不拘常法”者，逸品画的作者为“性多疏野”者，逸品画不见笔迹，随性而为，超越了常规的法度和规矩。

即朱景玄之“逸品”之特征为：

第一，“逸“作为绘画品评的审美范畴，它隶属于道家哲学思想体系。

第二，“逸品”画家作画时不拘于法度和规矩，随意而为，或扫或抹，画中不见笔迹，形式不受法度的约束，不拘于笔墨的运用，立于“六法”之外，所以与“六法”背道而驰。

第三，“逸品”画家的性情豪放，多为山水之间隐逸之士，与儒家的入世思想相对立。

四、“自然”与“逸”辨

首先，从上两节总结出“自然”与

"逸"的特性来看，两者在绘画品评上是不相等同的。

其次，我们从张彦远《历代名画记》与朱景玄《唐朝名画录》记载的画家吴道子与王墨的不同品评来分析。

朱景玄在《唐朝名画录》中讲到："画者圣也。盖以穷天地之不至，显日月之不照。挥纤毫之笔，则万类由心；展方寸之能，而千里在掌。至于移神定质，轻墨落素，有像因之以立，无形因之以生。"[25]这即是朱景玄绘画品评中最高一品"神品"的境界。朱景玄在他的《唐朝名画录》中，将吴道子列入"神品上"，也即朱景玄对吴道子绘画的充分肯定。"天授之性，年未弱冠，穷丹青之妙"，"舞毕，夺笔俄顷而成，有若神助，犹为冠绝"，"不以装背为妙，但施笔绝迹，皆磊落逸势"[26]。朱景玄在此说吴道子之画下笔如有神、笔迹绝妙，即在此指出吴道子在画画时的自由创作状态与用笔，犹如神助。由此可知，朱景玄之"神品上"其实犹如张彦远之"自然"一品，只是张彦远将朱景玄之"神品"加以发挥至极致。换言之，此处之"自然"或可谓"神之神"或"神极""极神"，如果再套用一下谢赫的表述方式，即为"神极参'自然'"了[27]。所以，张彦远在《历代名画记》中将吴道子列入"自然"一品是很正常和有法可依的。如果将"自然"与"逸"相等同，那么在朱景玄的品评中应该将吴道子列入"逸品"行列，如果这样，"逸品"与"神妙能"将属于同一品评系统，而这样就与朱景玄的整个绘画品评体系发生矛盾，与事实不相符。

朱景玄在《唐朝名画录》中将王墨列入"逸品"，是由于其"性多疏野"，"以墨泼"，"脚蹙手抹，或挥或扫"，"非画之本法"，故曰其为"逸品"。在朱景玄看来，王墨的绘画不拘法度，不受束缚，运墨中不见笔迹，随意而为之，所以将其列入"逸品"。而张彦远对王墨绘画的评介和态度与朱景玄则截然相反："虽乏高奇，流俗亦好……而后落笔有奇趣，顾生乃其弟子耳。彦远从兄监察御史厚，与余具道此事，然余不甚觉默画有奇。"[28]由此可知，张彦远对王墨的评论为，虽然缺乏超俗的气韵，但为一般人所喜好，在张彦远看来，并没有感到王墨的绘画有多少奇趣。而且在《论画体功用拓写》章节中，张彦远还说："如山水家有泼墨，亦不谓之画，不堪仿效。"这是因为，在张彦远看来，"泼墨"之画是没有"笔迹"在其中的，没有"笔法"于谢赫"六法"是缺其一法的，不可以谓之画，很显然，张彦远对王墨的态度是不以为然甚至认为他的画不可称之为画。所以，张彦远对王墨的评论与朱景玄的看法是完全不同的，由此可见，张彦远之"自然"与朱景玄之"逸品"是截然不同的。

再次，从"自然"与"逸"所属的品评体系来分析。

张彦远关于绘画五个品评等第的描述："夫失于自然而后神，失于神而后妙，失于妙而后精。精之为病也，而成谨细，自然者为上品之上，神者为上品之中，妙者为上品之下，精者为中品之上，谨而细者为中品之中。余今立此五等，以包六法，以贯众妙，其间诠量，可有数百等，孰能周尽？非夫神迈识高，情超心惠者，岂可议乎知画？"[29]张彦远将"自然"列为五品之中最高的一个品评等级。首先从形式上看，在张彦远的品评系统中，自然并非独立于神、妙、能体系之外……至少从形式上看，自然与神、妙、能是不可分割的。其次，根据张彦远自己说的"余今立此五等，以包六法，以贯众妙"一段话，也可以看出"自然"是与其后的四品相联属的，它们一起组成了以六法为内在规定性的自然、神、妙、精、谨细这样一个品评系统[30]。

朱景玄："以张怀瓘画品断神、妙、能三品，定其等格上中下，又分为三。其格外有不拘常法，又有逸品，以表其优劣也。"[31]《四库全书》提要曰："所分凡神、妙、能、逸四品，神、妙、能又各别上中下三等，而逸品则无等次，盖尊之也。"[32]

朱景玄将逸品列于神、妙、能三品之外，以表其优劣，并没有将逸品列入张怀瓘的绘画品评之神、妙、能系统之内。清唐岱《绘事发微》中所云："古云：画有三品，神也、妙也、能也；而三品之外，更有逸品。"亦即"神""逸"两品作为绘画品评的最高范畴不属于同一品评系统，它们之间并不存在孰优孰劣的差别。[33] 所以，从"自然"与"逸"两者所属之绘画品评系统来看，它们不属于同一绘画品评系统，所以二者在绘画的等第品评上是不能等同的。"自然"与"逸品"是不能相提并论的。

结论

从上述"自然"与"逸"关系的论述，可知它们是不能相等同的。众多学者认为"自然"即是"逸"的观点是不能成立的，而学术界众多学者将两者相等同的原因是什么呢？笔者认为，其原因可能是学者们在研读二者时没有将其所属的思想体系进行正确的定位，阅读两本著作时没有将二书结合起来进行仔细认真的品读，以致造成对两位品评思想的误读。

注释：

[1] 余绍宋《书画书录解题》，北京：北京图书馆出版社 2003 年版，第 105 页。

[2] 罗世平《回望张彦远——张彦远〈历代名画记〉的整理与研究》，载《湖北美术学院学报》2005 年第 4 期。

[3] 金维诺《〈历代名画记〉与〈唐朝名画录〉》，载《美术研究》1979 年第 2 期。

[4] 葛路《中国古代绘画理论发展史》，上海：上海人民美术出版社 1982 年版，第 50 页。

[5] 叶朗、王鲁湘《张彦远的再发现》，载《美术》1987 年第 12 期。

[6] 才彦平《"自然"在中国古代画论中的美学含义》，载《艺圃》1993 年第 3、4 期。

[7] 罗世平《20 世纪唐代书画研究》，载《美术研究》2000 年第 2 期（总第 98 期）。

[8] 徐复观《中国艺术精神》，上海：华东师范大学出版社 2001 年版，第 163 页。

[9] 周积寅《中国画论辑要》（增订本），南京：江苏美术出版社 2005 年版，第 174 页。

[10]（宋）朱熹《四书章句集注》，北京：中华书局出版 1983 年版，第 180 页。

[11] 冈村繁《历代名画记译注》，上海：上海古籍出版社，2002 年版，第 99 页。

[12]（南朝）刘勰著，周振甫注《文心雕龙注释》，北京：人民文学出版社 1981 年版，第 1 页。

[13] 范明华《〈历代名画记〉绘画美学思想研究》，武汉：武汉大学出版社，2009 年版，第 149 页。

[14]《历代名画记译注》，第 102 页。

[15]《历代名画记译注》，第 64 页。

[16]《四书章句集注》，第 185 页。

[17] 转引梁红燕《"逸"从隐逸人格向审美范畴的演进》，载《华北电力大学学报》（社科版）2005 年第 1 期。

[18] 于安澜《画品丛书》，上海：上海人民美术出版社 1982 年版，第 68 页。

[19] 韩刚《神逸两品之源及其位置考》，载《荣宝斋》2006 年第 1 期。

[20]《画品丛书》，第 65 页。

[21]《画品丛书》，第 66 页。

[22]《画品丛书》，第 88 页。

[23]《画品丛书》，第 88 页。

[24]《画品丛书》，第 88 页。

[25]《画品丛书》，第 68 页。

[26]《画品丛书》，第 75 页。

[27] 韩刚《神逸两品之源及其位置考》，载《荣宝斋》2006 年第 1 期。

[28]《历代名画记译注》，第 490 页。

[29]《历代名画记译注》，第 102 页。

[30] 韩刚《神逸两品之源及其位置考》，载《荣宝斋》2006 年第 1 期。

[31]《画品丛书》，第 68 页。

[32]《画品丛书》，第 65 页。

[33] 韩刚《神逸两品之源及其位置考》，载《荣宝斋》2006 年第 1 期。

（作者系四川大学艺术学院硕士生）

儒道思想对黄宾虹画学的影响

杨一家

黄宾虹是20世纪中国画坛的巨擘，他的作品历来被世人称道。因为他饱读圣经贤传，并能将其融会贯通到其画学体系中，开一代绘画之新风。本文试从儒家学说和道家学说的角度入手，旨在探索研究这两家学说对黄宾虹画学体系所造成的影响。希望不仅能明确黄宾虹善用阴阳虚实、自然之美的画学原理，更能彰显其"修齐治平"的大儒风范和散淡清通的审美准则。

黄宾虹（1865—1954），一生经历了两个世纪，画了数以万计的作品，这得益于他对绘画锲而不舍、坚持不懈、"三更灯火五更鸡"的勤奋与努力。更重要的在于他能饱学古学经典，通于儒、道学说，并能融会贯通，成其画学体系。

宾虹一生从少年到青年，抱着读书取仕之愿，读经三十余载，直至康梁变法失败后，求仕无望，"及年三十弃举业"。在那举国动乱之际，中国文化思潮离不开改革和强国的主题。宾虹热心于参加民主革命，亦试图使国家革新图强，后因"私铸"事件被迫出行上海到国学保存会，协办《国粹学报》和《神州国光集》。1912年宾虹邀集同道创立贞社，以"保存国粹、发明艺术、启人爱国之心"为宗旨。他把所有精力投入到传统保护和研究学术之中。他说："逊清之际，大夫谈新政，办报兴学……时议废弃中国文字，尝与力争之，由是而专意保存文艺之志愈笃。"20世纪初中国经过"洋务运动""百日维新"之后，五四运动接踵而来，民主、自由、人权思想在国民意识中迅速传播，是承续传统还是中西合璧，摆在宾虹面前，他选择了前者。他说："鄙意以为画家千古以来，面目常变而精神不变，因即平时搜集元、明人真迹，悟到笔墨精神。中国画法，完全从书法文字而来，非江湖朝市俗客所可貌似。鄙人研究数十年，宜与人观览，至毁誉可由人。而操守自坚，不入歧途，斯可为画事精神，留一曙光也。"他要坚守、保存和挖掘传统文艺，以使民族文化重兴、国家振兴，而不顾个人毁誉。宾虹的以文兴国之人生取向，有异于古代超脱尘俗、冷眼观世之隐士。饱读儒家学说的宾虹是"入世"的，他始终视国家、民族文化振兴为己任，不放弃"修、齐、治、平"的儒家思想。

宾虹画学之成因，除了贯通儒家学说之外，还吸收了"老庄"学说的有益部分而加以运用。

一、儒家学说的影响

（一）宾虹青年时的读经取仕历程

一个艺术家的成长，离不开其生长的环境与他所受的家庭教育。特别是绘画，唐张彦远言："自古善画者，莫匪衣冠贵胄，逸士高人，振妙一时，传芳千祀，非闾阎鄙贱之所能为也。”在古代，商而优则学，学而优则仕，没有较丰实家境，穷人难以入学，更何况习画了。宾虹有幸生于书香世家，父黄定华，字定三，号鞠如。清太学生，善吟咏，嗜读书，手录善本，工擘窠大字，喜作画，善梅竹，喜与能文之士、宦游名公相交往。于浙江金华设广达布总号，屋宇数十间，家境殷实。宾虹幼承父教，六岁入塾，从此开始了读经入仕的举业历程。宾虹在他众多论著中述及了其早年习经举业之经历。

宾虹在《自述》言：“予向，原名质，江南歙县籍，前清廪贡生……幼以先人避洪、杨乱，随侍浙东，习金华诸儒理学，弱岁应试返歙，读乡先生江、戴遗书，又族祖白山公《字诂》《义府》、春谷公《梦陔堂文说》《经说》，因喜治经。稍长，馆穀金陵，邗江垂十年，得友当代贤士。于方伯荫霖、赵廉访尔巽莅皖，新筑敬敷书院，郡守以高材生荐入院。及年三十，弃举业。”以此可见宾虹的读经历程。《自撰年谱稿片段》：“庚午……前聘汤溪邵赋清师，年六十余，为余童子师，家塾藏有《字汇》等，稍稍能检阅，粗知字有形声谊，能好问。”（庚午，六岁）又言：“辛未……孙太史来浙至金华，馆余家塾，为荐歙文学程健行师，为余兄弟授四子书及五经，凡五年。”（辛未，九岁）又言：“……乙亥，聘赵经田、应芹生师。五经毕业，习为诗，又李泳棠师，李灼先师。”（乙亥，十二岁）《洪孺夫人行状略述》：“余年十四，奉父母命，偕胞弟仲方赓、族侄石珊、崇保，由金华寓居返歙，应院试。督学孙公莱山毓汶，取余文与西溪汪古修君列高等。”《自撰年谱稿片段》：“庚辰，返歙应院试，获隽。族众以余名元吉……迁城东三元坊，从黄芸阁师习举业。”（庚辰，十七岁）《九十杂述》：“丙戌后返歙应试，改名质，旋食饩。奉父母大人返歙，应紫阳问政诸书院课，受知于谭仲修山长。从乡父老游，知汪容甫《述学》、洪北江《更生斋》诸集，学为骈俪文，并金石书画谱录。”（丙戌，二十三岁）《歙潭渡黄氏先德录》：“幼雇乳媪，长延经师，历聘邵赋清、程健行、赵经田、应芷宾、李泳棠、李灼先诸先生来家授读。又谴余问业于黄芸阁、汪仲伊师者数年，悉多一时耆宿。”汪宗沂，字仲伊，光绪庚辰进士，为清末国学大家。宾虹深受其影响。

《九十杂述》：“戊子游金陵，识甘叟元焕、杨叟长年及仪征刘氏诸学长，知有东汉、西汉之学。游维扬，知有族祖白山公生《字诂》《义府》，碓夫公《广阳杂记》，为颜、李之学，旁及绘画，于黄山诸家尤笃好之。”（戊子，二十五岁）《宾虹杂著·仁德义庄旧闻》：“光绪甲午，余方丁外艰，读礼家居。”（光绪，三十一岁）《八十自叙》：“继北行，学干禄以养亲。时庚子之祸方酝酿，郁郁归。”（庚子，三十七岁）光绪三十一年废除科举后，彻底断绝了宾虹的举业生涯。然而正是这三十多年饱读儒学经典的历程，充实了宾虹的学术素养，使其能够厚积薄发，成就大家。

（二）儒家经学在宾虹画学中的折射

儒家经学包括《周易》《尚书》《诗经》《周礼》《仪礼》《礼记》《春秋左传》《春秋公羊传》《春秋穀梁传》《论语》《孝经》《孟子》《尔雅》等十三部儒家经典，世称十三经。宾虹自幼习经而深晓其义理，读《孟子》言：“胸中发浩荡之思，腕底生奇逸之趣。”（《画学散记》）读《论语》而言：“古来文章道德之士，依仁游艺，情性所适，笔墨挥洒，往往天机洋溢，无意求之而恣肆超迈，实为画史不能及。”（《论东坡开文人墨戏画》）读《周易》而言：“古今学者，事贵善因，亦贵善变。《易》曰：‘变则通，通则久。’……尝稽世界图画，其历史所载，为因为变，不知凡几千移，画法常新，而尤不废旧。”（《新画法序》）宾虹以儒家经学阐释古今画理。在中国历史上国画名手大都为饱读经书之士，如顾恺之、阎立本、王维、苏东坡、赵孟頫、“元四家”、“清四王”等等，皆欲使中国画之“浑厚华滋”的审美特点，与儒家所倡导“温柔敦厚”的道德审美合二为一，而为中国画之正脉。

宾虹在画跋及绘画文论中，多引证儒家经典以释画理。他在《古画微·论上古三代图画实物之形》中云：“黄帝之世，仓颉造六书，首曰象形，言制字者先依类而象其形，时有史皇，以字作画著，当为画事之始，画与字其由分也。且上古云鸟、蝌蚪、虫鱼、倒薤之书多类于画，其形犹存。有虞氏言欲观古人之象，曰日月、星辰、山龙、华虫、宗彝、藻、火、粉米、黼黻、絺绣十二章，用五彩彰施于五色，是画用之于服饰矣。夏后氏之远方圆物，贡金九牧，铸鼎象形，百物为之备，使民知神奸，是画用之于铸金也。《史记》称伊尹从汤言素王及九主之事，谓凡九品，图画其形。《尚书·说命篇》言：恭默思道，梦帝畀予良弼，其代予言，乃审厥象。俾以形旁，求于天下，说筑傅岩之野，惟肖。是虞夏、殷商之际，民风虽朴，而画事所著，故综合天地、山水、人物、禽鱼鸟兽、神怪百物而兼有之，已开画故实与写真之先声矣。至于周代尚文，郁郁彬彬，粲然可睹。职官所掌，绘画攸分。《家语》记孔子观乎明堂，睹四门墉，有尧舜之容、桀纣之象。又有周公相成王，抱之负斧扆，南面以朝诸侯之图。《离骚》言楚有先王之庙及公卿祠堂，图天地山川神灵，奇伟谲佹，与古圣贤、怪物行事，是其时画壁之风，已盛于列国。”此宾虹通经史而悟画理。

《虹庐画谈》言：“中国画重水墨，先讲用笔，墨法、章法次之，设色又次之，仰观天文，俯察地理，近取诸身，远取诸物，全是精神文明。欧洲列邦，画从远光镜收入，取法为多，乃是物质文明，此其不同。今于不同之中而求其同。先言画有变易、有不变易、有简易，三者可以尽之。一曰变易。上古时代……画以记数，石炭墨色，猩红赤色……殷契周金图画亚形中作人物神怪；春秋战国，宗庙、祠堂、舟车、器用皆具采饰……六朝碑碣造象而上，三唐二宋，绢纸留传，水墨丹青……元初之高克恭、赵孟頫宗法北宋……及董玄宰上师北苑，下启明末常州、嘉兴。新安诸名家，而画入正轨。二曰不变易。天有日月，地有江岳，人有手足耳目，以及草木、鸟兽、昆虫、鳞介，类以群分。犁然名别，虽或风云霜雪，四时迁移，山崩川竭，古今灾异，飞潜动植，各因气候，合其土宜，品种繁多，变亦其偶，而不变其常。《易》曰：‘立天之道曰阴曰阳，立地之道曰柔曰刚，立人之道曰仁与义’……天不变，道亦不变。不变在精神，不在物质。物质之变，或数十年即有异同，而不变之精神永留万古，以之谓民族性不可失也。三曰简易。变与不变，要在理法。”《古画微》：“道法自然，人与天近，物质有穷，精神无穷。《易》曰：‘穷则变，变则通，通则久。’先儒言：‘天不变，道亦不变。’变者人事，士先志道，据德依仁，归纳游艺，以底于成。”《说艺术》言：“《易》曰：‘道成而上，艺形而下。’换言之，道是道理，艺是工作。古圣人如周公之多才多艺，孔子之不试故艺。道可坐而言，艺必起而行。”宾虹作画，言左笔为钩，右笔为勒，为太极之形。观宾虹画作，浓淡相宜，虚实相生，或点或线，线面相错，圆浑自然，华滋厚实，宛若天成，均为就宾虹学《易》而悟画学之技法而言。对于画学之传统与创新，他说：“画学有民族性为遗传法，有时代性为变易法。”此为学《易》悟画学民族性与时代性的辩证关系。

《释艺》：“《诗·小雅》曰：‘我执黍稷。’农人树艺五谷，为民食以养口体；学子求精艺术，习绘画以养精神，其视养口体尤重。”《华南特刊小引》：“夫重华治盛，作五采之彰施；二《南》化成，为四诗之弁冕。宣圣删书之直笔，绘画载夫唐虞；太史问俗于辎轩，《国风》先乎《雅》《颂》。中天之世，文物炳焉；至人之情，哀乐正矣。”以上二则均为宾虹悟《诗经》之论。

《书体之变迁及其派别》："《周礼·地官·小司徒·保氏》：'养国子以道，乃教之六艺。一曰五礼，二曰六乐，三曰五射，四曰五驭，五曰六书，六曰九数。'郑注云：'六书，象形、会意、转注、指事、假借、谐声也。'通于书之义理，措笔而知意，见笔而察本，不特点划模刻而已。"此读《周礼》而悟笔意。宾虹作画，提倡以书入画，他认为："画本六书象形之一，画法即书法，习画者不究书法，终不能明画法。六艺之母，言书不言画，画属书之中。"（《说艺术》）故观宾虹画作笔笔分明，或篆或籀，或行或草，而臻其妙。他说："吾尝以山水作字，而以字作画……凡画山，其转折处，欲其圆而气厚也，故吾以怀素折钗股之法行之。凡画山，重向背处，欲其阴阳之明也，故吾以蔡中郎八分飞白之法行之。"（《宾虹传纪年谱合编》）点、线、面的结合是构成画面的主要因素。宾虹作画，以书法之笔韵，即以线条勾勒山之骨貌、转向，树之长势、穿插，石之结构、分布，房之坐落、位置，或实或虚，以墨点布其苔草、远树，以渍墨、淡墨铺为面布其阴阳向背。宾虹作品画风多样，有以点为主，亦有线为主，或随性，或随意，或随纸质材料而定法，层层点染，积墨晕渍，画面斑驳陆离，参差离合，滋厚润重，近视不成物象，远视物象井然。

黄宾虹 山水 102cm×44.5cm 浙江省博物馆藏

《画学散记》言："宋立画学，遂进杂流，犹令读《说文》《尔雅》《方言》《释名》等篇，各习一经，兼著音训，要得胸中有数十卷书。免堕尘俗。"《论魏晋六朝记载之名画》："自晋郭璞作《尔雅图》，而《周易》《毛诗》《春秋》《孝经》，其图尤盛梁代，然犹意存考证名物、羽翼经传而已。"《中国画导读》言："三代迄今，上下数千年，纵横十万里，皆迁变而靡已，《易》

曰：‘穷则变，变则通，通则久。’《诗》曰：‘不愆不意，率由旧章。’孔子曰：‘温故而知新。’欧人亦曰：‘世界无新物。’亦所谓今日之新者，明日为旧，而昔日之旧者，今又翻新。知新之由旧，则无旧非新。载稽典籍，明此可试论中国之画学。”《诫某校学生宣言》：“昔顾亭林有云：‘士有俗儒之学，有通儒之学。’文字始此，艺术亦然。急近名，徇时好，营营于目前者，俗儒之学也。崇雅正，祛邪伪，汲汲于千古者，通儒之学也。”上述画学之论为宾虹熟读各经学而通于画学之义。画者，文之极也，多文而能晓画，宾虹浸淫经学，可谓通儒之士。学经而悟画理，故宾虹画作能有书卷之气，而入雅格。

《国画理论讲义·学识》：“古人言垂教，传于后世。口所难状，手画其形，图写丹青，其功与文字并重。人非生知，皆宜有学，成己仁也，成物智也。《大学》言：‘格物致知。’《中庸》曰：‘好学近乎智。’《说苑》亦云：‘以学愈愚。’学问日深，则知识日广。故孔子论为学之序，必先智者不惑，而仁勇之事，尤非智者不能为。孔子又曰：‘好智不好学，其蔽也荡。’子贡曰：‘学不厌，智也。’人生于世，惟学可以化为智，而智者更当好学而疑焉。”又云：“董玄宰言：‘读万卷书，行万里路。’乃可作画。画学之成，包涵广大。圣经贤传，诸子百家，九流杂技，至繁且赜，无不相通。”《某刊发刊词》言：“惟我孔子，生当列国，君权旁落，民学勃兴，内圣处王，集其大成，传之奕世，古所未有。”上述可见宾虹通儒之学养。

宾虹论画有“文人画”“名家画”“大家画”之分，所谓文人画者，他说：“常与诵习古人诗文杂著，遍观评论画家记录，笔墨之旨，闻之已稔，虽其辨别宗法，练习家数，具有条理。”这是作为一个画家具备的最基本的修养与才学。第二等是名家画，他说：“深明宗派，学有师承……得笔墨之真传，遍览古今名迹，真迹力久，既可臻于深造。”有师承真传，能笔精墨妙，深谙画理者，谓“名家画”。最高级者谓“大家画”，他说：“道尚贯通，学贵根底，用长舍短，器属大成。如大家画者……一代之中，大家曾不数人。”“大家”者能取长补短，根底深厚，融会贯通，集大成者。宾虹审时度势，以经学之素养，以通儒之智慧而悟画学之循序渐进之理，以学人之笔，以书入画，磊落大方，气韵华滋，反对邪、甜、俗、赖，提倡画学内美，即是宾虹以儒家治学精神而得画学之真谛。

（三）宾虹处事多以儒学“修齐治平”作为自己的行为规范

1951年宋文彬回忆说：“宾老为余言，平生不与人争名利，争权利，虽处逆境亦欣然自得，又谓长寿必须胸襟扩大，即孟子所谓养我浩然之气也。”（宋文彬《记一个文化名人笔下的三十年》）宾虹在《中国画史馨香录》中说：“我仪其人，当如忠孝素著，为旷世逸才之蔡邕；武才高于世，无骄尚之情，从容淡净，不交结俗人之张衡，遮或近之。而惜乎蔡伯喈之三绝，所画赤泉侯五代将相，既不复存，张平子之通五经、贯六艺，写建州蒲城山兽，亦徒成往事。而仅留此片石，不传作者之名字，穆穆皎皎，以岿然存于千古，殊深吾低回往复，思古人于不置也。”宾虹心仪儒家提倡的“忠孝仁义”之为人处事之本。他在《历代画家派别》言：“古代画家，艺事之一端耳，大而用之于邦国，足以正名物，察群伦，翊赞谟猷，羽翼经传。其与文字同功；小之悬于一家一室之中。坐观卧游，适性怡情，有忘功利，轻富贵之志，其用可以免害避俗，可以却病延年。”此论与孟子所言“穷则独善其身，达则兼济天下”，无不相通。他在《画学之大旨》进一步明说：“画以求智，先别品流。志道据德，依仁游艺，穷则独善其身，达则兼济天下。文以载道，艺是学文。古人重学轻于文，后世重文轻于学，故学人之画如元季大痴、明末浙江僧，其自称如此、名副其实者也。正人心，端风化，功参造化，妙合自然，此其上也。博综古今，师友贤哲，狂狷自喜，淡泊可安，不阿时以取容，无骄奇而立异，此其次也。”在《宾虹画语》言：“画学为士大夫游艺之一。古之圣哲，用之垂教，以辅经传，因必有图。其后高人逸士，寄托情性，写丘壑之状，抒旷世之怀，无名与利之见存也。”此言为艺之道，亦是修身治国之道。

儒家所提倡的“修齐治平”，为君子士大夫所遵从。宾虹深明其义，他对于当世学人如何安身立命有着自己的见解。他在《某刊发刊词》言：“夫培养人才，以立国家，乐利民生，而成社会。居堂庑者，好善而忘势；安闾阎者，敬业以乐群。兹举数端，明其趣向。一曰立志。游艺之士，不骛声华，据德依仁，是为乐道。二曰敦品。风潇雨晦，金石不渝，辅化绥邦，是为寿世。三曰择交。直谅多闻，集思广益，不干名利，是为爱人。四曰养性。古称书画，名特健药，消除殄戾，是为去疾。”宾虹一生虽未入仕，未能以武士、政客之身份救国家民族于危难之际，然他坚守传统文化，以文救国。他在《画谈》中言：“古有三不朽：立德、立功、立言。中国言成德，欧人言成功。阐明德性者，东方之艺事。矜尚功利者，西方之艺事。意旨不同，而持论异矣。孔子曰：士志于道，据于德，依于仁，游于艺。道德依归于仁，仁者爱人。一艺之微，极于高深，可进乎道，皆足济世。国画肇始，原以羽翼经传，辅助政教，法至良、意至美也。”“一技之微，皆足济世”便是宾虹“以文济世”之愿。而绘事何以有济世之功？他在《国画非无益》论：“今之谈时事者，夸功利而耻文艺，茫茫世宙，其不欲以力征经营，至目图画为不急之务。盖以绘事之设，独宜国家闲暇，无所事事，草野优游乎岁月，庙堂粉饰其太平，初非关于政治之大要，等于人生娱乐，博弈者流而已。乃遍征往史，历考前贤，观其用意所在，至深且远，不徒文人之游戏已也。昔者黄帝之时，史皇作图，原于仓颉，沮诵制造文字并尊……舜之致治，画衣冠以为戮而民弗犯，禹则远方贡金，图物而为之备，使民知神奸。及周之襄，孔子观乎明堂，睹四门墉，有尧舜桀纣之象，周公、成王之事，名彰善恶，足觇兴废，至于徘徊而不能去，岂偶然哉！宋张敦礼谓：画之为艺虽小，其使人鉴善劝恶，耸人观听，为补益岂仅济于众工哉……士夫之画，华滋浑厚，秀润天成，是为正宗。得胸中千卷之书……展观之余，自有一种静穆之致扑人眉宇，能令睹者矜平躁释，意气全消……古者圣王致治，贵于潜移默化，文章礼乐，常有胜于刀锯鼎镬，岂有他哉！”此论可知，画学能“成教化，助人伦”，有时胜于刀锯鼎镬。亦能达“济世”之愿。他在《说艺术》言：“艺术是艺事之道路，行道而有得于心之谓德。如流览山川风景，心中皆有所感想，而得以文字图画发扬之。仁者爱人，艺术感化于人，其上者言内美不事外美。外美之金碧丹青，徒启人骄奢淫逸之思；内美则平时修养于身心，而无一毫之私欲。使从知艺术之途径，得有所领悟，可发扬于世，皆能安身立命，而无忧愁疾病之痛苦。语云：‘艺术救世，是不可不奋勉之也……当之艺术为辅助政教，与文字同功，文以载道，则千古不朽，游艺依仁，可知游非游戏，本仁者爱人之心，所谓君子爱人以德，小人之爱人以姑息。姑息养奸，祸至烈也。’”宾虹孜孜于笔墨“内美”的探索，启人以“仁德”之心，刻苦自励，图的就是“艺术救世”，其拳拳爱国之心，可见一斑。

宾虹画学重内美而言民学，重精神而轻君学。他看中的是民族精神、民学精神。他在《国画之民学》提出了发扬国画“民学精神”的观念：“三代而上，君相有学，道在君相；三代而下，君相失学，道在师儒。自后文气勃兴，学问便不为贵族所有，师儒们传道设教，人民乃有自由学习和自由发挥言论的机会权力。这种精神，便是民学的精神……君学重在外表，在于迎合人。民学重在精神，在于发挥自己。所以君学的美术，只讲外表整齐好看，民学则在骨子里求精神的美。涵而不露，才有深长的意味。就文字来说，大篆外表不齐，而骨子里有精神，齐在骨子里。自秦始皇以后，一变为小篆，外表齐了，却失掉了骨子里的精神。西汉的无波隶，外表也是不齐，却有一种内在的美。经王莽之后，东汉时改成波隶，又只讲外表的整齐……藉此等文化，正可以看出君学和民学的分别。”宾虹言内在美、精神美、骨子里的美，此便是民族自尊自强、生生不息的精神。

《易》曰：“天行健，君子以自强不息。”宾虹一生自始至终都关注着民族和国家的命运，本着自己的学识，为国家作出贡献。宾虹在上海讲谈养生之道时说：“长生之义有二，一种是个人的生命，一种是民族与国家的生命。个人的生命短长，无足轻重。所谓长生者，应注意国族的生命……中国理论，精神胜于物质，不但以精神医个人的病，还能防止国家民族的病症。艺术家就是祛病增寿的良药。历史上凡世乱道衰的时候，正是艺术家努力救治的机会……现在，多少人均抱悲观，实在正可乐观，尤其在文化艺术上大有努力的余地。高剑父先生大书‘艺术救国’，其实唯艺术方能救国。今日各国均知注重艺术与文化。我国文化自有特长，开门迎客，主客均乐，以此可以免去战争，不必残杀了。所以说，艺术是最高的养生法，不但足以养中华民族，且能养成全人类福祉寿考也。”这次演讲充分表现一个大儒艺术家的民族自尊心和自信心，以及以艺术为人类谋福祉寿考的博大思想。

宾虹博大的胸襟，也体现在其作品之中。宾虹多取法北宋画之精神，尤效法范宽之作。范宽作品中正博大，多以高远、深远布局，全景式构图，气势恢弘，画面沉郁苍润，深厚华滋，宾虹心仪其作，尽力追仿，在作品题跋多次提及：“唐人刻画炫丹青，北宋翻新见性灵。深厚华滋民族性，惟家古训已图经”，“栖霞岭下晓望。以范宽意写此”，“范华原画深如夜山，沉郁苍原，不为轻秀”，“北宋画积点而成，层层深厚，云间娄东兼皴带染法，凄迷琐碎，去古已远，兹以渍墨写蜀中山水为之”。又题：“画宗北宋浑厚华滋，不蹈浮薄之习，斯为正轨，及清道咸，文艺兴盛，已逾前人，民族所关，发扬真性，几于至道，岂偶然哉。”……此类题跋甚多，故知宾虹之作，多取法宋画，因为他认为宋画全景式构图，大气磊落，笔墨沉着厚重，苍润华滋，具有民族性。宾虹画作，以书入画，见笔见墨，自然而中正，苍劲而拙厚，以积墨之法力使作品大气雄浑，这便是宾虹博大胸襟之体现。

宾虹作品是入世的，他极少萧疏冷清之作，多画游历名山之迹，画面草木滋茂，小桥流水，农家闲落于葱郁林木之间，或点缀樵夫，游人于上，或一舟数帆优游于江湖，一片太平之景。他在《九十自寿》诗云：“和合乾坤人不老，平分昼夜日初长。写将浑厚华滋意，民物欣欣见阜康。”他的笔下是民物欣然，是理想中的桃花源，是一个通儒画家的精神家园。宾虹一生爱国爱民，热爱生活，始终以赞美自然之情，而挥毫作画，极其所能，表达自然造化的多姿多情。他在一幅画题：“中华大地无山不美，无水不秀。”这便是宾虹热爱国家一山一水的肺腑之言，体现一个儒士画家的拳拳爱国之心。

二、道家学说的影响

宾虹曾言：“圣经贤传，诸子百家，九流杂技，至繁且赜，无不相通。”故知其深入研究诸子百家，然察其画论，除上述论及儒家学说对其影响至深外，他对老庄思想亦作深入研究，并融入其画学之中。他在《国画之民学》言：“中国除了儒家而外，还有道家、佛家的传说。对于绘画自各有其影响……比较起来，中国画受老子的影响大。老子是一个讲民学的人，他反对帝王，主张无为而治，也就是让大家自由发展的意思。”此言可见宾虹对老子颇有研究。

（一）老子《道德经》的影响

《山水画与道德经》便是宾虹以其画学的角度理解《道德经》。其开篇便言：“昔人论作画曰读万卷书，蒙见以为画者读书宜莫先于《老子》。盖《道德经》为首，有合于画旨。《老子》为治世之书，而画亦非徒隐逸之事也。”何谓“画亦非徒隐逸之事？”他说：“古之画者始魏晋，六代之衰而有顾、陆、张、展，五季之乱有荆、关、董、巨，元季有‘元四家’，明末有僧浙江、石溪、石涛之论，皆生当危乱，托志丹青，卒能以其艺术拯危救亡，致后世于郅隆之治，其用心足与《老子》同其旨趣，岂敢诬哉！”又言：“画家首重理法。惟去理法而臻于自然者，可以为道。行道而有得于心谓之德。太上立德，其次立功，其次立言，是三不朽。《老子》古今不朽之书；画亦古今不朽之业。”上述在功用方面论及老子与画学的关系。

在画学义理上观《道德经》，他说：“以山水之心读古人之书，悟文理之妙，有如明太祖云：‘观《道德经》中尽皆明理，其文浅而旨奥……是论《道德经》直谓之论画可也。’清世祖序《老子》云：‘非虚无寂灭之道，亦非权谋术数之学。故其注中所阐明者，皆人事常经。说者谓由睿鉴宏通，包涵万有，随在可以观理，非过谀也，故尚自然。’此‘自然’者，即是《道德经》所言‘道法自然’中的‘自然’。”又说：“世俗之所谓图画者，不过宫室人物之美丽、卉木鸟兽之鲜妍，徒足增益侈靡贪戾之观瞻，而不能为藏息优游之涵养。此人心世道之忧也。夫惟存止足之思，极冲虚之气，行藏无与于己，毁誉可听之人。古之画者，其庶几乎？澄怀观化，少私寡欲，故曰返淳朴，非虚言也。本斯旨也，养身安民，推而行之，谓极之于玄则曰无。”宾虹尚“内美”，重“民学”，故认为《老子·第十九章》“见素抱朴，少私寡欲”，与画学相通。且纵观宾虹绝少妍丽之作，墨韵满纸，笔笔分明，率性而为，生机萌动，复归于朴。

《老子·第一章》言：“道可道，非常道；名可名，非常名。”宾虹认为体道上与画道相通。他说：“道本归自然，名亦未可强求。画以羽翼经传，辅助政教，本来已旧。《周礼·冬官》：画绘之事，杂五色以为设色之工。于是丹青一道，设官分职。郑司农云：画天随四时色，火以圆，山以章，水以龙鸟兽蛇。杂四时五色之位以章之，谓之巧。凡布采之次第，皆循途径。若道路然，莫不各有方位之可言。所谓道可道者是也。虽然，此特言画工之画耳。”宾虹认为“非常道”者即为士习之画。他说：“自南齐谢赫言‘画有六法……是为六画称六法之始。’唐张彦远论画六法曰：古之画，或遗其形似，而尚其骨气。以形似之外求其画，此难于俗人道也。今之画纵得形似，而气韵不生。以气韵求其画，则形似在其间矣。论者往往以气韵为难言。离气韵而谈画法，即是呆法。守其呆法，循其轨辙，亦步亦趋，终成庸夫。五代荆浩《画山水录》云：气者，心随笔远。取象不惑；韵者，隐迹立形，备遗不俗。故曰造化之神秀，阴阳之明晦，万里之远，可得于咫尺间。非其胸中具有丘壑，发而见诸形容，未必如此。自唐至宋，以山水画得名者，类非画家者流。董其昌《画旨》言：气韵不可画，此生而知之，自然天授。然亦有学而得处，读万卷书，行万里路，胸中脱去尘俗，自然丘壑内营，成立浮郭，随手写出，皆为山水传神。因以气韵生动，全属性灵，绘画之事，归于士习。其人为逸才隐遁之流。名卿高蹈之士，悟空识性，明了烛物，得其趣于山水之所作也。”又说：“唐宋以上，画不书名，而名常存；元明之人，生前无名，而名以永。”此为画学中所谓“名可名，非常名”者。

宾虹观《老子·第一章》言：“恒无欲以观其妙，恒有欲以观其徼”，而悟其画学“虚”“实”之理。他言：“‘有无’云者，即画家分虚实之谓也。天地初开，万物化生，自色自形，总总林林，皆莫得而名也。画树木者曰某单夹点叶，画山石者曰某核直皴纹，初不必名其为何树何山，故曰无名。天地之始，有名万物之母，山石则虚之以云烟，山虚则实之以楼阁，自无而有，自有而无。此虚实之间，有笔法、有墨法、有章法。实处易，而虚处难。用实之处，尚可以功力造之；凭虚之处，非可以摹拟为之。丈山尺树，寸马豆人。远人无目，远树无枝，远山无石，远水无波，善用虚也。山腰云塞，石壁泉塞，楼台树塞，道路人塞，善用实也。无虚非实，无实非虚；虚者自虚，而实者非实。故曰：‘有之以为利，无之以为用。’”

绘画技法中虚与实，不仅表现于“山腰云塞”等物象布局中虚与实，在一幅画中整体布局的虚实处理，宾虹也运用自如。或外紧内松，或下松上紧（画上下左右），给人感觉灵动而有生意。他很多画作，构图饱满，笔墨多，实而黑，如行夜山之景。然画面几处空白，犹如透风口，感觉不受压迫和滞息。如围棋之活眼，又如一烛之光通室之明。古人言密不透风，疏可走马。密不透风，有立锥之地，疏可走马，尚有景可观。他不仅用心于有墨处，更着意于空白的处理，能守白知黑。有的画作构图简洁，笔墨少而意境殊胜，此可谓笔简而意繁。何谓简？三笔两笔是简，千笔万笔也是简。何谓繁？画的多是繁，画的少也可以是繁，以一当十亦是繁。他说：“宋人山水无一笔不简，元人山水无一笔不繁。”简与繁不仅在于笔墨，更在于用心。

黄宾虹 野桥山居 87.6cm×48.5cm 浙江省博物馆藏

黄宾虹 山水 120.8cm×47.5cm 1952 浙江省博物馆藏

物象画的齐与不齐，似与不似，宾虹也有他的看法。他说：“作画应使不齐而齐，齐而不齐。此自然之形态，入画更应注意及此，如作茅檐，便须三三两两，参差写去，此是法，亦是理。”宾虹之作，不论树木、房舍，看似笨拙，歪歪斜斜，线条似断非断，实则有意为之，暗合物理。他所画的物象看似不像，他表现的是物象的神韵、精神。他说：“绝似又绝不似物象者，此乃真画。”他不斤斤计较于物的形似，他揭示的是物象的内在本质，是其内美。故其画远视物象井然有序，自然而有生机。

在作画的法度上，石涛曾言：“至人无法，非无法也，无法而法，乃为至法。”世人学艺，从无法到有法，是对事物一无所知到掌握事物的内在规律。有法到无法，是知其规律后，加之技艺纯熟，能随心所欲而不逾矩。按宾虹言：“法从理中来，法备气至，气至则造化入画，自然在笔墨之中而跃然现于纸上。”有法便气至，气至则神至，神至则画臻于自然，而得天趣。以上论及虚与实，繁与简，疏与密，齐而不齐，似而不似，有法无法，均是悟老子论“有无”相对之论。

宾虹云：“昔观董北苑画者，近只见笔墨之流动酣畅，远而望之，则林木之远近，冈峦之重叠，其中村落，映掩浮岚夕照间，半阴半阳，无不毕露。不言章法，而章法自无不妙。与道同归自然。此其所以为神耳。”此言论笔不工而意工也。宾虹此论与王昱《东庄画论》有异曲同工之妙：“有一种画，初入眼时，粗服乱头，不守绳墨；细观之则气韵生动，余味无穷，是为非之法。”此言正是宾虹作品风格的写照。宾虹作品以书入画，率性而为，随兴而作。故其山水画，粗看全是笔，粗服乱头，浑然一片，远视则景物粲然，脉络分明。用宾虹的话说，正可谓：“形若草草，实则规矩森严。物形或未尽有，物理始终在握，是草率即工也。倘若形势工整而生机泯灭，貌式逼真而情趣索然是整齐即死耳。”（《山水题跋》）宾虹画作风格多样，均虚实相生，阴阳相宜，得造化神韵之趣。

宾虹观“五色令人目盲”（《老子·第十二章》)、“知其白，守其黑”(《老子·第二十八章》）而悟：“考吴道子所画多水墨，笔法超妙，为百代画圣。行笔磊落，挥霍如莼菜条。殆又悟老子所谓：‘五色令人目盲，’因思知其白，守其黑者耶！不然，何与世之晕形布色，求物比似者，其不相侔若此，非其神明于画，知求于造物之先，凡赋形出象，发于生意，而能得之自然乎！”

宾虹观《老子·第一章》言：“道法自然。”而悟画学中之“自然”，言：“国画之事有三境：一、举目中所见之实物，描写其观在之‘自然’；二、凭事后记忆而摹写其已过之‘自然’；三、从众多体之‘自然’而创造其思想之国画。”又说：“所谓天地自然之物，收入吾人心目之中，而成为自然者，人人皆同此感觉乎。”“国画之人，以手腕之能事，欲侔造化之生机，此自然之境与摹写自然之境不能强同。”“野外与室中，皆无非摹写自然而已。”（《新画训》）他在《明术》中言：“文艺之极致，吾无以名大，夫亦曰‘自然’而已。自然者无矫揉、无造作，一片天机，活活泼泼。”在《国画之民学》言：“圣人法地，地法天，天法道，道法自然。圣人是种聪明的人，也得法乎自然的，自然就是法。中国画讲师法造化即是此意。欧美以自然为美，国画一理，不过就作画讲，有法业已低了一格。要透过法而没有法，不可拘于法，要得无法之法，方有天趣，然后就可以出神入化了。”以上述可知宾虹悟老子之文，悟画学之“自然”者。上述所论及“自然”者，乃为“大自然”，即“造化”。宾虹一生屡登黄山，多次沿长江入川，登峨眉、青城山，南下桂林，得大量写生画稿，把他临摹的传统山水画与现实真山真水得以印证。他又说：“余游川蜀，由灌县经玉垒关至青城山中，朝夕所见，林峦烟雨，隐现出没，无不摹写，草稿置囊橐中，归而乘兴挥洒笔酣墨饱，益见自然。”此中“自然”者，为不勉强，不呆板之意。他所说的是其画中之神韵，接近于造化，而显生气。他晚年一变早期严守笔墨规范之作，而转向笔墨解构，他或许受西方印象派的影响，笔墨变为奔放、恣肆。把用笔用墨发挥到极致，把“个人”与“自然”融为一体，已是无法而法，得浑然天成之趣，已有强烈的自家气度。在这里，物象的结构、比例、透视已不重要，心中朗然的山水感受，通过笔墨的浓淡干湿趣味，如孩童游戏般的情致，随心所欲，尽情抒写，兴毕，图成。宾虹画风的形成，即得益于大自然之功，即老子所言“道法自然”。

（二）《庄子》的影响

宾虹在《讲学集录·第十讲》言：“书画为最高艺术，以能通于哲学最高之境界。更应多读《庄子》，其中言宋元君画者解衣槃礴，旁若无人，系天趣而无利禄之心。庄子每自比为蝴蝶，曰：‘不知蝴蝶为我，我为蝴蝶。’艺术一道可作蝴蝶观。由青虫蛹化可分三个时期：如青虫期吃叶生长，即研究笔墨临摹，再注重章法、理法；做蛹期，不在多画，应有读书行路之修养，身心俱乐，多看古来名画真迹，多跋涉山水，得云烟出没之景。多阅诗文、评论及自然界之景物；及变蝶而飞，成而栩栩然，可从心所欲而成名家矣。”在《明术》中言：“庄子云：宋元君画者，解衣槃礴，旁若无人。必其卓然自立，诚知抱道之可贵，不甘求悦于人，又克兢兢自守，惟古训是式，不敢自欺欺人。”在《画法略谈》言：

“笔墨、章法，不似而似，是为善学。学画者始由不工求工，继由工求不工。不工者，工之极也。《庄子·山木篇》曰：‘既雕既琢，复归于朴。’”又说：“画重精神，不在外貌。有为法所不能绳者，无法而有法，成为绝技。语云：‘老庄告退，山水方滋。’山水画法，尤为无穷。虚实变化，通于哲学。老子言：‘道法自然。’庄子云：‘运斤成风。’是善言哲理，而为画学证明者也。”上述文论均为观庄子之文悟画学之理。

《画学升降之大因》言：“庄子载：‘宋元君者，图画众史皆至……真画也。’观其气度大雅，旁若无人，以视众史。伈伈伣伣，慑服于权威之下，奚啻霄壤，善哉！邓椿有云：多文晓画。惟蒙庄之文，能状画者真态。可知画家能手，别有一种高尚思想，不假修饰，嚣嚣自得，流露形骸之外，初非人世名利所能扰。如此可以论古今优劣也。”中国画的创作是个人行为，重个人精神释怀而轻事物之描摹，作画提倡心无旁骛，胸有成竹，自然天成。宾虹深领其意，他在《画学散记》中言：“作画于搦管时，须要安闲恬适，扫尽俗肠，默对素描，凝神静气，看高下，审左右，幅内幅外，来路去路，胸有成竹，然后濡毫吮墨，自然水到渠成，天然凑拍。”又说：“古来画家，名于一时，传于千载，其襟怀之高旷，魄力之宏大，实能牢笼天地，包涵造化，当解衣槃礴时，奇峰怪石，异境出墙，一时幻现，而荣枯消息之机、阴阳显晦之象，即挟之而出。”宾虹提倡作画时“解衣槃礴”之状态，顺应内心的感觉，率性而为就是顺应自然，顺应天道而为，方能达到“齐物”，达到“天人合一”之境。“解衣槃礴”亦可解释为心无挂碍，以怡悦之情作画、以兴趣作画，方能入得佳境。

他在《新画训》言：“无论古今之人，绘图之事必自悦豫之心而生，第品类不齐，学诣浅深，姑不具论……今之画者，无论其为鬻艺为余事，但一艺之工，宜先有兴趣。未事之先，跃跃欲试；既事之时，精神完聚；事成之后，余勇可价，皆所谓愉快之心也。苛临事而生厌苦，欲其技之上达，不亦戛戛乎其难之哉。从事画学者，其愉快之心，必当优裕于未事之先，刻意经营与纵笔挥洒，无非见为乐事。逮画既成，幅大或张之于墙壁之上，小或陈于几案之前，闲情坐对，细心赏玩，又有无限之乐趣出于其间。”此言颇有庄子《养生主》庖丁解牛之趣。

宾虹画作，随意性极强，观浙江博物馆收藏其作，多数没有落款，有成品或半成品，几乎没有主题性之创作，风格多样，有以点成幅，有以线成幅，有湿笔为主的，有焦墨为主的。宾虹一生研究笔墨，总结出“五笔”“七墨”法，尤以渍墨、破墨为特色，或以浓破淡，或以水、色破墨，或以渍墨积点，墨气淋漓，氤氲满纸，或以枯笔勾勒，焦墨皴擦，浓墨为实，擦笔飞白为虚，有干裂秋风，润含春雨之韵。宾虹画作物象拙朴，齐而不齐，意趣满纸，恬静之气扑人眉宇，可见其作画意趣平和，随意率真，任性而为。有的作品看似儿童玩乐之作，可知老人作画愉悦之情，如此状态，自然达天人合一之境了。

宾虹学老子而悟“自然”与“虚实”，以技而言。观庄子“化蝶”而悟画学之“三眠三起”，观“解衣槃礴”而悟“天人合一”之真境。

纵观宾虹论艺，可知其通晓儒道两宗学说。宾虹一生治学，对画学、书法、金石、文学、鉴藏、古籍、诗词等无不涉猎，且均有独到之研究。从中可窥见其儒家经学训诂、义理、考据之功夫。宾虹一生磊落，有孟子所言之浩然之气，对画学孜孜以求，不求闻达，以艺术救国为己任，以儒学“修齐治平”作为自己的行为标准。儒家精神在宾虹身上已化成无形之气脉，进其身心，融画学而达“浑厚华滋”之境。此为宾虹画学之“本”。研老庄思想而悟阴阳虚实，而悟自然之美等画学原理，是其画学之“用”。二者终成宾虹宏大而完整的画学体系，成就一代山水画宗师。

（作者系《艺衡》编辑部副主编）

袁行霈书法作品

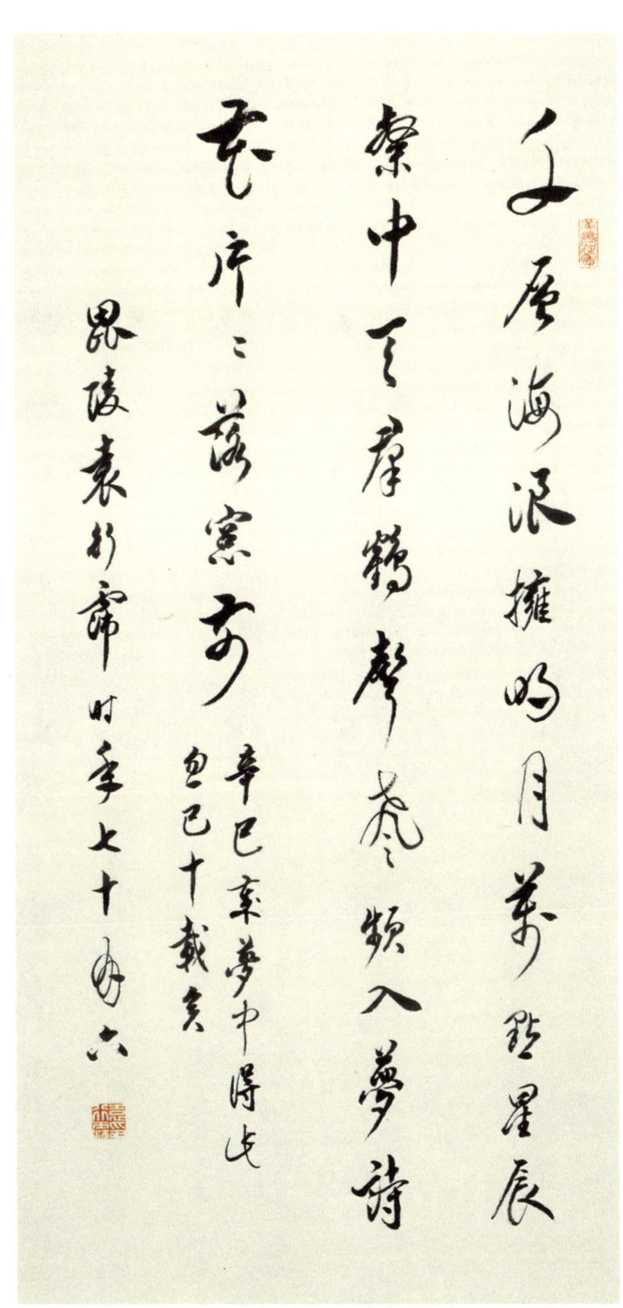

袁行霈 行书自作诗 99cm×50cm 2011

袁行霈，1936年出生，江苏武进人。北京大学中文系教授，北京大学国学研究院院长，中央文史研究馆馆长。出版有《陶渊明集笺注》《陶渊明研究》《中国诗歌艺术研究》《中国文学概论》等。主编有《中华文明史》《中国文学史》等。

口髣髴若有光便捨船從口入初極狹纔通人復行數十步豁然開朗土地平曠屋舍儼然有良田美池桑竹之屬阡陌交通雞犬相聞其中往來種作男女衣著悉如外人黃髮垂髫

人一一為具言所聞皆歎惋餘人各復延至其家皆出酒食停數日辭去此中人語云不足為外人道也既出便扶向路處處誌之及郡下詣太守說如此太守即遣人隨其往尋向所誌遂迷不復

繪桃花源圖最具創之一余深賞之猶記五十年前余卜居百花山中馬峯入雲清流見底與村人往來種作宛如此中人也有詩云彷彿身在武陵花賞得桃溪漲綠痕戴笠荷鋤歸已晚憐人誤認是村人廬舍遠棹藏月不得往日恍如夢中而余亦已老矣輒復如往來奔波於層山叠壑之間乎

辛卯歲上元後三日

愈庵袁行霈

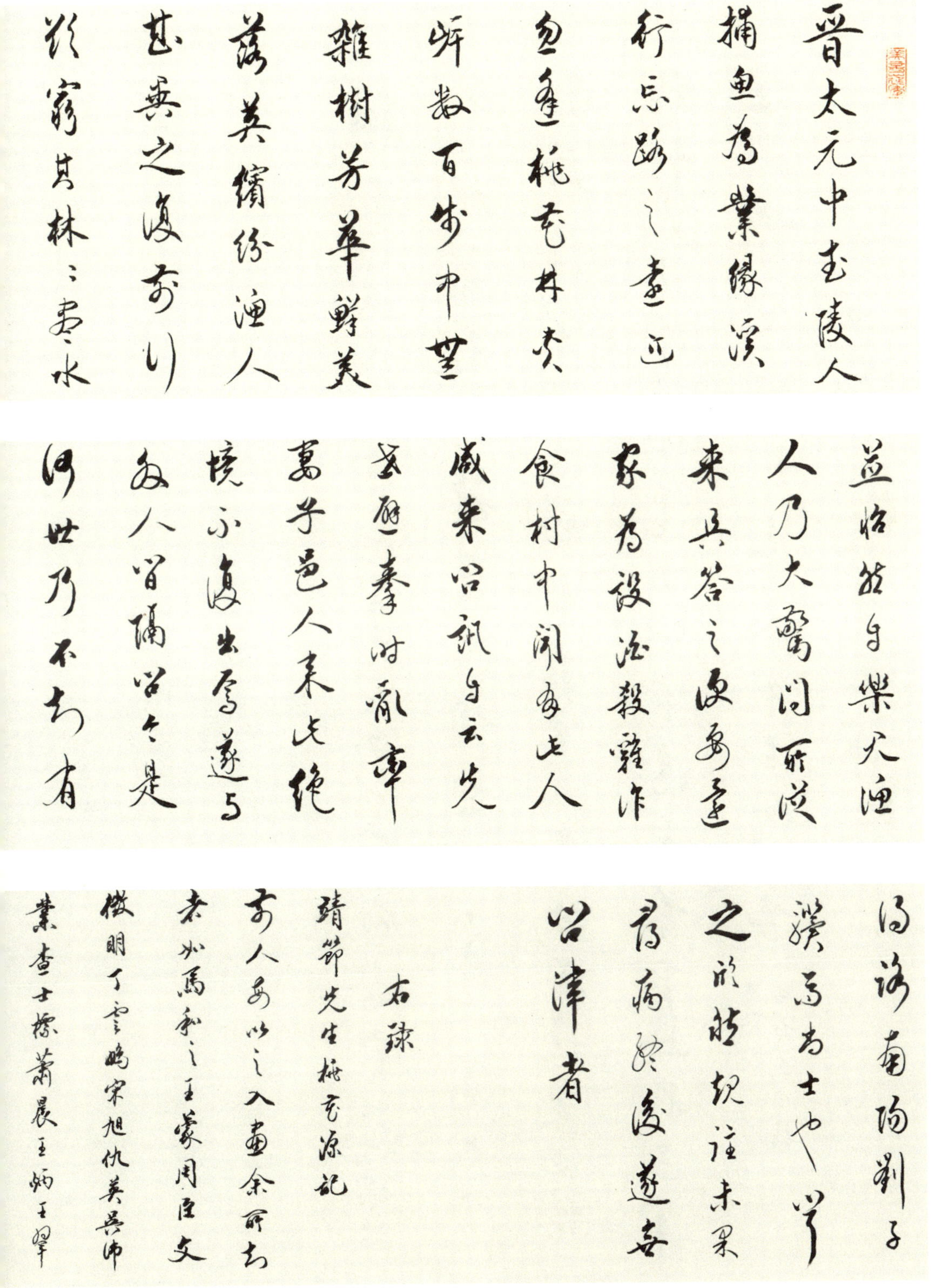

晉太元中武陵人捕魚為業緣溪行忘路之遠近忽逢桃花林夾岸數百步中無雜樹芳草鮮美落英繽紛漁人甚異之復前行欲窮其林林盡水

並怡然自樂見漁人乃大驚問所從來具答之便要還家為設酒殺雞作食村中聞有此人咸來問訊自云先世避秦時亂率妻子邑人來此絕境不復出焉遂與外人間隔問今是何世乃不知有

南陽劉子驥高尚士也聞之欣然規往未果尋病終後遂無問津者

右錄

靖節先生桃花源記前人每以之入畫余所知者如馬和之王蒙周臣文徵明丁雲鵬宋旭仇英吳偉葉查士標蕭晨王炳王翚

袁行霈 行书陶渊明《桃花源记》30cm×440cm 2011

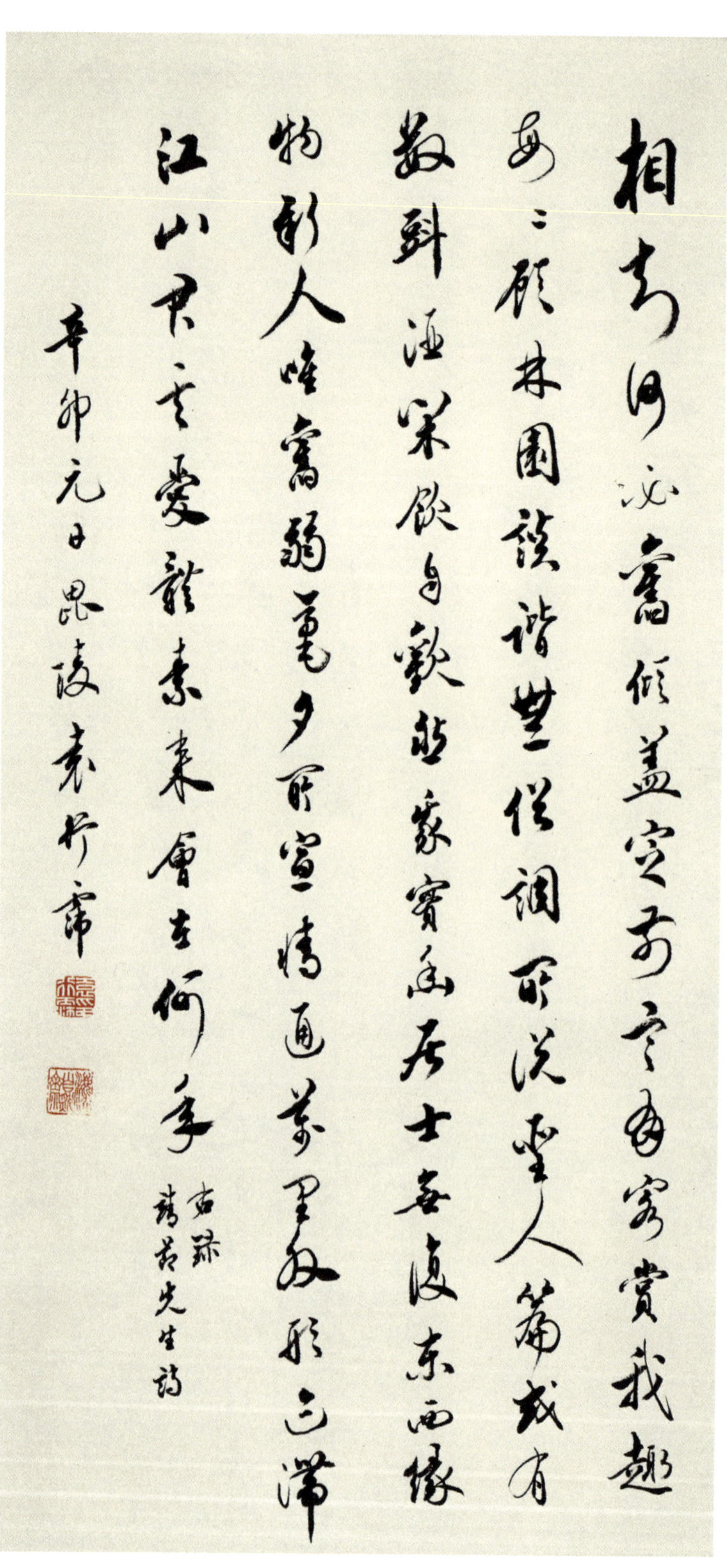

袁行霈 行书陶潜《答庞参军》99cm × 49cm 2011

袁行霈 行书自作诗 99cm×49cm 2011

袁行霈 行书宋词《西江月》四屏之一、二 138cm × 33cm × 2 2010

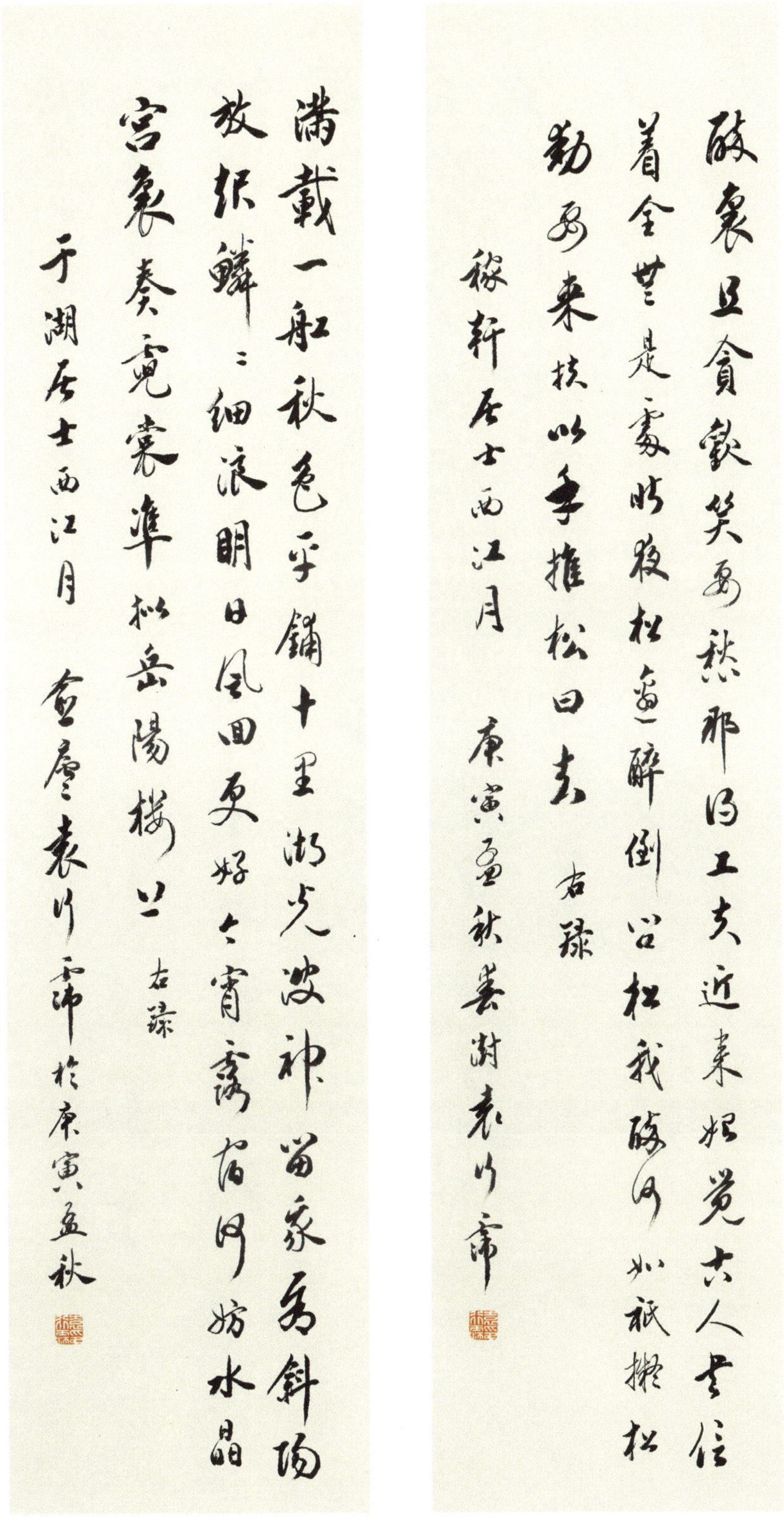

醉裏且貪歡笑要愁那得工夫近來始覺古人書信
着全無是處昨夜松邊醉倒問松我醉何如只疑松
動要來扶以手推松曰去 右錄
稼軒居士西江月 庚寅孟秋甚謝袁行霈

滿載一船秋色平鋪十里湖光波神留我看斜陽
放起鱗鱗細浪明日風回更好今宵露宿何妨水晶
宮裏奏霓裳準擬岳陽樓上 右錄
于湖居士西江月 書屢袁行霈於庚寅孟秋

袁行霈 行书宋词《西江月》四屏之三、四 138cm×33cm×2 2010

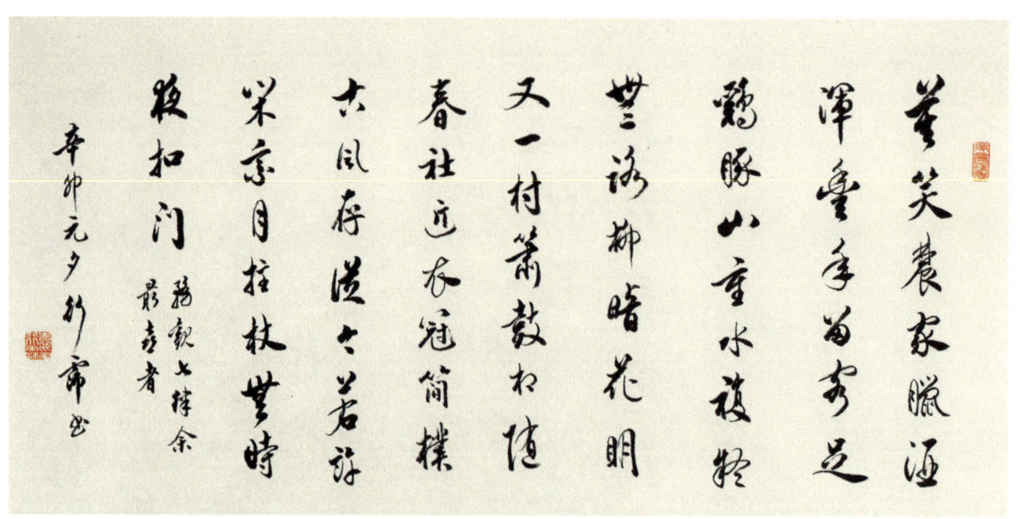

袁行霈 行书陆游《游山西村》49cm × 99cm 2011

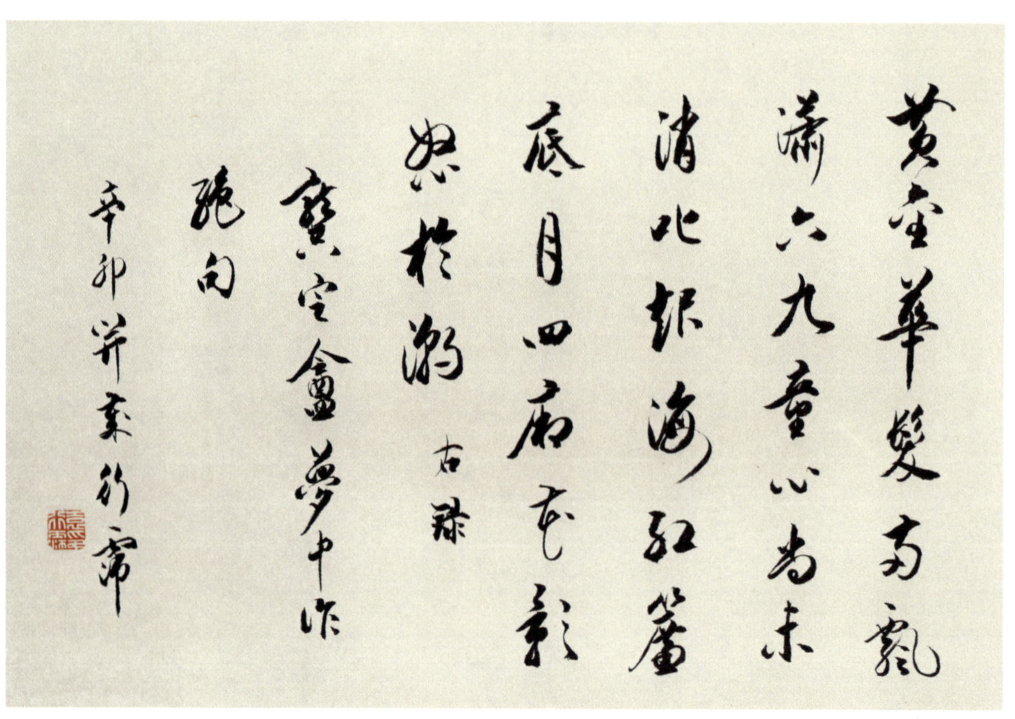

袁行霈 行书龚自珍《梦中作绝句》45cm × 68.5cm 2011

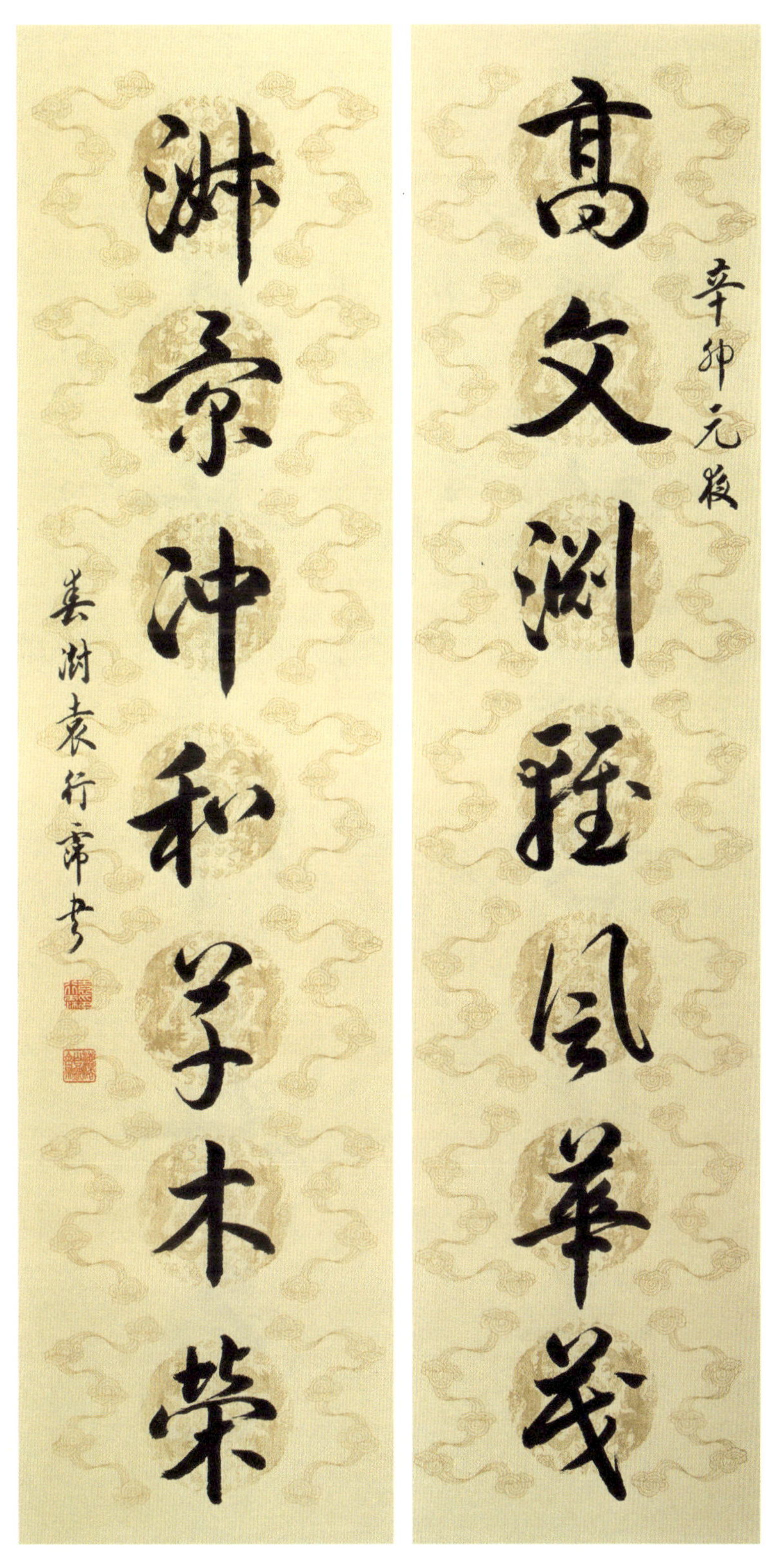

袁行霈 行书七言联 138.5cm×35cm 2011

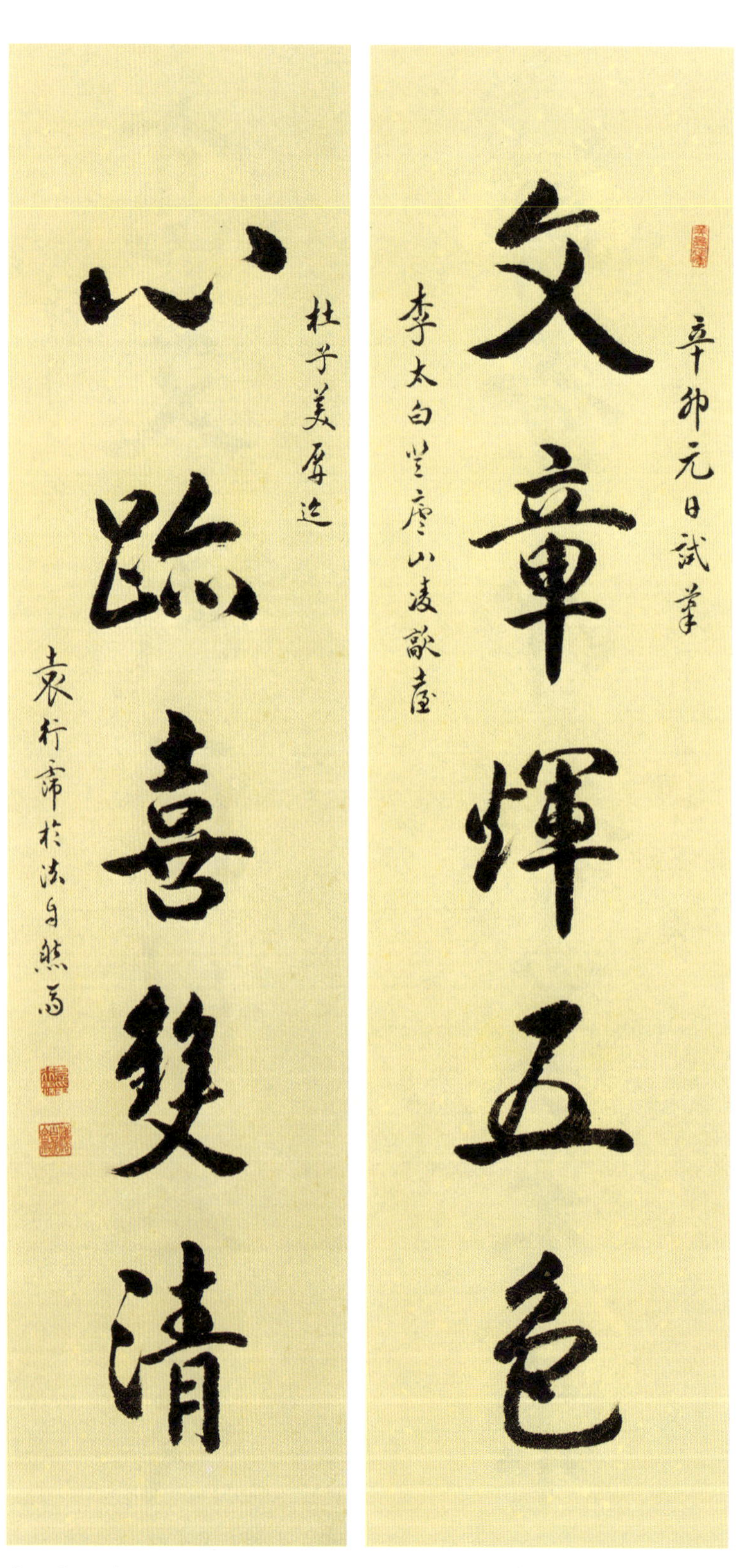

袁行霈 行书五言联 138.5cm × 34cm 2011

黄庭坚《行书懒残和尚歌》卷及其文献题跋

万新华

一、《懒残和尚歌》与《行书懒残和尚歌》卷（原题《黄文节书梵志诗》）

北宋元符三年（1100）正月，即黄庭坚（1045—1105）谪蜀任涪州（今四川涪陵）别驾的第六年，哲宗驾崩，徽宗继位，大赦天下，黄庭坚复官，得“监鄂州在城盐税”之职。这个职位虽不很高，但意味着否极泰来的好开端。较之前，此时的黄庭坚心情变得轻松起来。黄庭坚本应接命赶往鄂州（今湖北武汉），但因江水大涨未能成行，七月遂乘船溯岷江北上四川青神探望姑母和时任青神尉的表弟张祉。他于八月抵达青神，至十一月复还戎州[1]。此次青神之行，黄庭坚除了探亲外，还见到了不少友好，当然免不了参加若干酒宴雅集，精神为之舒畅。七月廿四日，他顺道宜宾牛口庄，拜访“丁父忧”在家的好友廖致平。是夜，廖致平致酒弄芳阁，宾主二人兴酣畅饮，赏荷对弈，谈艺论道，不亦乐乎！廖致平于嘉祐二年（1057）与苏轼（1036—1101）同科进士，官至朝议大夫，未五十而致仕归。黄庭坚与之交情莫逆，经常游宴，曾赋有诗《廖致平送绿荔枝为戎州第一，王公权荔枝绿酒亦为戎州第一》[2]唱和，并为乃父廖翰撰《南园遁翁廖君墓志铭》。逗留期间，沉浸在兴奋之中的黄庭坚大笔一挥，激情书写《懒残和尚歌》卷，并记下了从戎州至牛口庄的行程：

兀然无事无改换，无事何须论一段。直心无散乱，他事不须断。过去已过去，未来何用算。兀然无事，何曾有人唤。向外觅工夫，总是痴顽汉。粮不蓄一粒，逢饭但知吃。世间多事人，相趁浑不及。我不乐生天，亦不爱福田。饥来一钵饭，困来展脚眠。愚人以为笑，智者谓之然。非愚亦非智，不是玄中玄。要去如是去，要住如是住。身披一破纳，脚著娘生袴。多言复多语，由来反相误。若欲度众生，无过且自度。莫漫求真佛，真佛不可见。妙性及灵台，何曾受薰炼。心是无事心，面是娘生面。劫石可动摇，个中无改变。无事何须读文字，削除人我本，冥合个中意。种种劳筋骨，不如林下睡兀兀。举头见日出，乞饭从头律。将功用功，展转冥蒙。取即不得，不取自通。吾有一言，绝虑忘缘。巧说不得，只用心传。更有一语，无过直与。细极毫末，大无方所。本自圆成，不劳机杼。世事悠悠，不如山丘。青松蔽日，碧涧常秋。山云当幕，夜月为钩。卧藤萝下，块石枕头。不朝天子，岂

清 费念慈题签

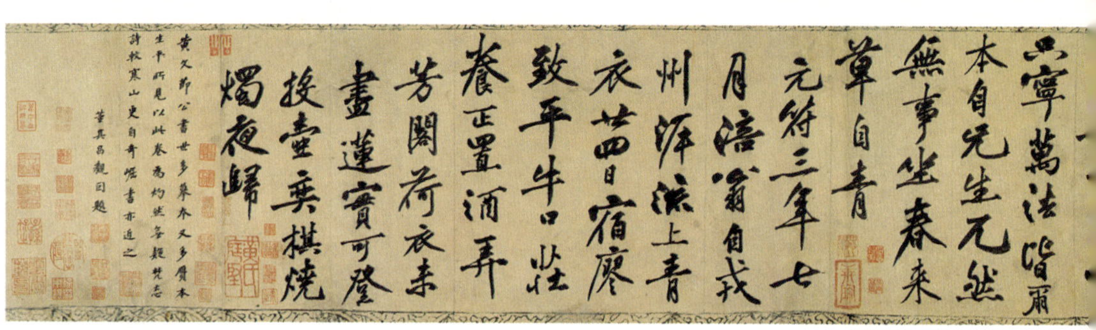

羡王侯。生死无虑，更复何忧。水月无形，我常只宁。万法皆尔，本自无生。兀然无事坐，春来草自青。元符三年七月，涪翁自戎州溯流上青衣。廿四日宿廖致平牛口庄。养正置酒弄芳阁，荷衣未尽，莲实可登，投壶奕棋，烧烛夜归。

《懒残和尚歌》见于敦煌莫高窟洞中发现的唐抄本。懒残和尚，法名明瓒，唐天宝年间禅僧，俗姓及出生地不详，为普寂法嗣，居于衡山寺庙，因其懒惰而称“懒瓒”，又兼之“好食僧之残食”，又称“懒残”。《宋高僧传》卷十九《唐南岳山明瓒传》有云：“释明瓒者，未知氏族生缘。初游方诣嵩山，普寂盛行禅法，瓒往从焉。然则默证寂之心契，人罕推重。寻于衡岩闲居，众僧营作，我则晏如，纵被诋诃，殊无愧耻，时目之‘懒瓒’也。一说伊僧差越等夷，或随众斋餐，或以瓦釜煮土而食，云是弥陀佛应身，未知何证验之？一云好食僧之残食，故残也……敕谥大明禅师，塔存岳中云。”[3]《甘泽谣》则曰：“懒残者，唐天宝初，衡岳寺执役僧也。退食，即收所余而食，性懒而食残，故号‘懒残’也。”[4]

记录懒残事迹的僧传、笔记有《邺侯家传》《甘泽谣》《祖堂集》《宋高僧传》等三十余种。懒残和尚现有五则传说故事：(一)《懒残煨芋》，(二)《懒残去石》，(三)《懒残驱虎》，(四)《懒残垂涕》，(五)《懒残偈颂》。其中，《懒残偈颂》确证无疑，名曰《乐道歌》，共360字，源于《祖堂集》。《景德传灯录》《禅门诸祖师偈颂》则称《南岳懒瓒和尚歌》，《佛祖历代通载》《指月录》《佛祖纲目》《御选历代禅师语录·后集》全录。《懒瓒和尚歌》尽是禅家语，颇似俚语，亦庄亦谐，直率质朴，而机趣横溢，广为唐宋以来文人及禅僧喜爱。

在历代叙述中，懒残和尚被不断神化，俨然被塑造成一个蔑视皇权、轻视富贵、安闲淡泊、随缘任运、高韬出世的高僧形象，充分表现出禅宗的哲学思想和人生理想，对佛僧和士大夫影响颇深。

事实上，黄庭坚因地缘关系，早与源

北宋 黄庭坚 行书懒残和尚歌卷（原题《黄文节书梵志诗》）

于家乡江西的禅宗黄龙派结缘，宦游期间，结交许多佛门高僧。他与禅宗的关系，经常被引述的事迹包括：载于禅宗史乘《五灯会元》，向杭州圆通禅师法秀（1027—1090）及黄龙祖心禅师晦室问道，受其启发；元丰三年（1080）经安徽舒州，游三祖山山谷寺，因景仰三祖而自号“山谷道人”；元丰七年（1084）过江苏泗州憎伽塔，作《发愿文》，戒酒戒色。黄庭坚诗文书札中，也有多篇禅师语录序、劝缘疏文、开堂疏文、禅师像赞、禅寺纪游，也经常书写佛教经典，如《阴长生诗》《释典》《懒残和尚歌》《坐禅箴•杭州王云志逢禅师》《头佗赞》《诸上座》《发愿文》《开堂疏》等，不一而足。可见，参禅修行对于他面对生活与仕途的挫折，文学、书画的创作及评论都有显著影响。

生性佞佛的黄庭坚对懒残和尚行迹自然是熟悉不过的，也十分敬仰懒残和尚的人品德操，在文集中屡及之。如《寄老庵赋》：“维衡岳之懒叟，独金玉其言音。踞烧木以燠寒，投鼻涕而无寸阴。”[5]《张子谦写予真请自赞》：“自疑是南岳懒瓒师，人言是前身黄叔度。”[6] 崇宁三年（1104），黄庭坚自潭州奔赴贬所宜州，正月间经衡岳，亲自登山瞻仰懒瓒隐身之地福岩，赋《阻雨福岩》《离福岩》二诗纪胜，并在《礼思大禅师题名》述及游福岩时之所见：“修水黄某，弟仲堪，子扮、梓、椿、相、税，成都范温、道人文演同来礼思大师。阅三生藏，阅贝多梵字经、二锡杖、象刻佛供；僧俗书经夹，有纤靡如蚁，映光不可读者；及佛牙、舍利、蚌中观音相。宝玩溢目，为书‘观宝轩’三大字。坐独松轩，观老松突兀于众杉间，本无超群之意。崇宁三年正月甲辰。”[7] 期间，他应法轮寺住持禅师景齐之请书唐岑文本（595—645）所撰《大明禅师碑铭》（按：大明禅师即懒残），二月廿二日，黄庭坚撰《重书法轮古碑跋》记其事[8]。崇宁四年（1105），黄庭坚写下《次韵元实病目》，云：“道人尝恨未灰心，儒士苦爱读书眼。要须玄览照镜空，莫作白鱼钻蠹简。阅人朦胧似有味，看字昏涩尤宜懒。范侯年少百夫雄，言行一一无可柬。看君眸子当了然，乃称胸次常坦坦。如何有物食明月，泪睫陨珠衣袖满。金篦刮膜会有时，汤熨取快术诚短。君不见岳头懒瓒一生禅，鼻涕垂颐渠不管。”结尾处，黄庭坚以懒残和尚垂涕的故事，直接打诨通禅。任渊注云：“潭州南岳福岩寺有懒残岩……山谷时在潭州，故引用衡山事，言当遗外形骸，不必以病目戚戚，且终首句之意。”[9]由此可见，黄庭坚与懒残和尚行迹渊源之深。

不仅如此，黄庭坚也对《懒残和尚歌》表达出浓厚的兴趣，多次创作《懒残和尚歌》长卷，或楷书，或行书，或草书。譬如明代画学典籍著录两件：其一，张丑（1577—1643）《清河书画舫》载有严嵩（1480—1565）所藏黄庭坚《草书懒残和尚歌》卷，叹为“笔法妙入神，纸墨完好，真尤物也”[10]；其二，汪砢玉（1587—?）《珊瑚网》录有黄庭坚《楷书懒残和尚歌》卷，然被定名为《黄涪翁正书法语真迹》，李日华（1565—1635）赞为“清遒超朗……又其合作也”[11]。可惜皆已不存[12]。可以判断，《行书懒残和尚歌》卷也是当年黄庭坚所书的重要一件。

黄庭坚的书迹，今日存世者只有行书（包括行楷）和草书二体。两种书体具有其自成一家的强烈面目，在中国古代书法史上能兼善二体且能达高超水平之人，的确并不多见。他的行书学自苏轼，保持着明显的苏轼行书风格。其实，纵观黄庭坚一生，始终与苏轼休戚相关。他师事苏轼，为苏门四学士之首；苏轼遭贬，他也一贬再贬，但他表现出良好的节操，一直坚持自己的初衷。在古代士大夫立身处世中，这始终是一种较高的道德准则。关于黄庭坚书学渊源，杨万里（1127—1206）就经常听到其学苏的表白：“予每见山谷自言学书于东坡，初亦既然，恐是下惠之鲁男子也。”[13]元祐四年（1089），苏轼作札记云：“黄鲁直学吾书，辄以书名于时，好事者争以精纸妙墨求之，常携古锦囊，满中皆是物也。”[14]然而，黄庭坚毕竟是位善学者，丰富的传统通过他的融会贯通皆能化为己用。自与苏轼分别后，黄庭坚书法开始转变，对元祐年间书法进行深刻反省：“余在黔南，未甚觉书字绵弱。及移戎州，见旧书多可憎，大概十字中有三四差可耳。今方悟古人沉着痛快之语，但难为知音尔！”[15]元符元年（1098）二月，黄庭坚从黔州（四川彭水）出发，经长江水路，于六月间抵达戎州，途中“观长年荡桨，群丁拨棹”，对书法用笔形成了更为直观的切身体会：“山谷在黔中时，字多随意曲折，意到笔不到。及来僰道，舟中观长年荡桨，群丁拨棹，乃觉少进，意之所列，辄能用笔。然比之古人，入则重规叠矩，出则奔轶绝尘，安能得其仿佛耶。”[16]于是，黄廷坚上溯晋唐，专拣雄强宽博一路，取法《瘗鹤铭》，康有为（1858—1927）对此有过比较精到的分析：“宋人书以山谷为最，变化无端，深得《兰亭》三昧。至其神韵绝俗，出于《瘗鹤铭》而加新理，则以篆笔为之，吾目之曰行篆，以配颜、杨焉。”[17]所谓“新理”，即指黄庭坚强化视觉对比，在结构上夸张了聚散关系，紧缩中宫而扩张四维，潘伯鹰（1898—1966）称之为“辐射式的结构”[18]。这种结构方式，形成了黄氏字法的强烈个性特征——笔法上增加提按起伏，以战掣激越的涩劲运笔，写出真力弥满的槎枒线条，再加上他本身字形的方正和字势的敧侧以及联贯始终的洒脱气韵，在爽畅奔放的运笔中凭增了一种运动节奏和流畅感，从而与苏轼行书拉开了距离，成为黄庭坚书法风格的基本特点之一。所以，研究者普遍认为，戎州时期是黄庭坚书法的重要转折期，其行书渐入佳境。

黄庭坚曾云“凡学字时，先当双勾，用两指相叠，蹙笔压无名指。高提笔，令腕随己意左右”[19]，“学书欲先知用笔之法，欲双勾回腕，掌虚指实，以无名指倚笔则有力”[20]。黄庭坚如此执笔，是保证中锋写出篆隶般线条的基本要求，而高执笔又是他运动幅度较大的切实保证。

实际上，在北宋书坛中，黄庭坚以杰出的个性、强烈的个人风格与突出的书法技巧而站在创新的最前列。他的书法以势胜，其“辐射”般的结体态度，横向开展、左右牵扯的笔势，以及笔画波曲，注重动作的提按运笔，造成了强烈的贯气节奏，并在既放畅又逆涩的点线运动中创造出了超凡的力感。

黄庭坚行书最有代表性的显然是他的大字。他的大字行书从意适便，一气呵成，往往以奇峭、拗劲、瘦硬的风格出之，以其雄健豪迈的气势和排宕夭矫的笔力开拓出一往无前的大气魄和大格局。有论者认为由于禅宗思想的影响，他以禅意加入书法创作中，表现了无所束缚的精神，追求独特的个性表现，与自由无羁的情感表达。也有学者将黄庭坚此时大字行书，视为其贬谪心态的表现，与苏轼《寒食诗》卷比较，黄庭坚所表现的显然更为复杂。苏轼曾说黄庭坚“以平等观作欹侧字，以真实相出游戏法，以磊落人书细碎事，可谓三反”[21]。此“平等观”“真实相”“磊落人”与“欹侧字”“游戏法”“细碎事”，相辅相成，前者为后者的本质内涵，后者为前者的艺术表现。总的来说，黄庭坚行书风格可归纳为：“字势欹侧，用笔波曲，体态开张，气势磅礴。其‘游戏法’是在激荡的豪情中充分施展的，所以虽奇异却又不失坦荡磊落的士君子风度；是其用笔的波曲和强烈的欹侧开张的体态所构成的‘游戏’意味。”[22]

在总体认识黄庭坚行书风格之后，我们对《行书懒残和尚歌》卷应该形成一个比较清晰的审美框架。《行书懒残和尚歌》卷，黄宋笺，纵 27 厘米，横 430 厘米，连款共 70 行，每行 6 字，共 411 字，不失为巨幅之作。从书法风格上看，《行书懒残和尚歌》卷是典型的辐射式书体，笔势干脆爽利，笔力不同凡响，结构均取斜势，长线短笔，揖让有序，而其瘦劲处，可窥唐柳公权笔意。特别是长线条舒展丰润的姿态，显示出晚年书作得心应手的境界。有些笔划偶然出现飞白，松动而有灵巧之致，更反映出随手拈来时的随机应变的自然韵趣。由于中宫紧密，八方出笔，长枪大戟四处飞舞，加上章法上的大小相杂，其显现出一种雄强的翻飞之势。不过，它又字字独立，不附他字，因而雄健中又呈现出一股奇崛不屈之气。无疑，《行书懒残和尚歌》卷基本反映出黄庭坚晚年行书的精神品格。具体来说，其特征如下：（1）横画的波折明显，毛笔运行中见出锋毫横移过程中的起伏律动，即所谓“战掣”笔法；（2）撇捺开张成为普遍技巧，其开张程度已超出一般结字的常规；（3）字的结体呈中宫收紧的辐射状，态势尽为酣畅，单独的捺笔，尽势宕出；（4）点画的遒劲出现过去未有的坚实，笔力千钧。譬如，“度”“廖”字之“广”，开头三笔“点画撇”，重轻节奏鲜明，横画轻出，撇画尽势，笔道夸张，势尽而止。这是黄庭坚晚年行书的最为重要的特色之一。通篇中的几个“一”字，一波三折，鲜明的提按，使横的中间出现三次明显的缺口，斜势强烈；起倒自然，反映于捺笔，每一捺都有细微的提按动作，线条笔意丰富，如“逢”“趁”“披”“破”“交”等的捺脚，都有精细的用笔，传达一种深沉的笔意[23]。

至于《行书懒残和尚歌》卷笔法控驭从容自如，墨色腴润饱满，个别字的点画、间架，上下字及邻行间，保持着均衡而有轻重、大小、疏密变化及节奏，有些不经意写出的飞白，曳然终止的重捺，或轻钩带笔的牵丝，左右倾侧的体势，都十分流畅自然，毫无迟滞犹疑的现象。需要指出的是，所有这些都是黄庭坚晚年行书名作的共同特征。在创作《行书懒残和尚歌》卷的前后一两年时间里，黄庭坚创作了如下作品：

《寒山子庞居士诗》卷，约元符二、三年（1099—1100），纵 29.1 厘米，横 213.8 厘米，台北故宫博物院藏；

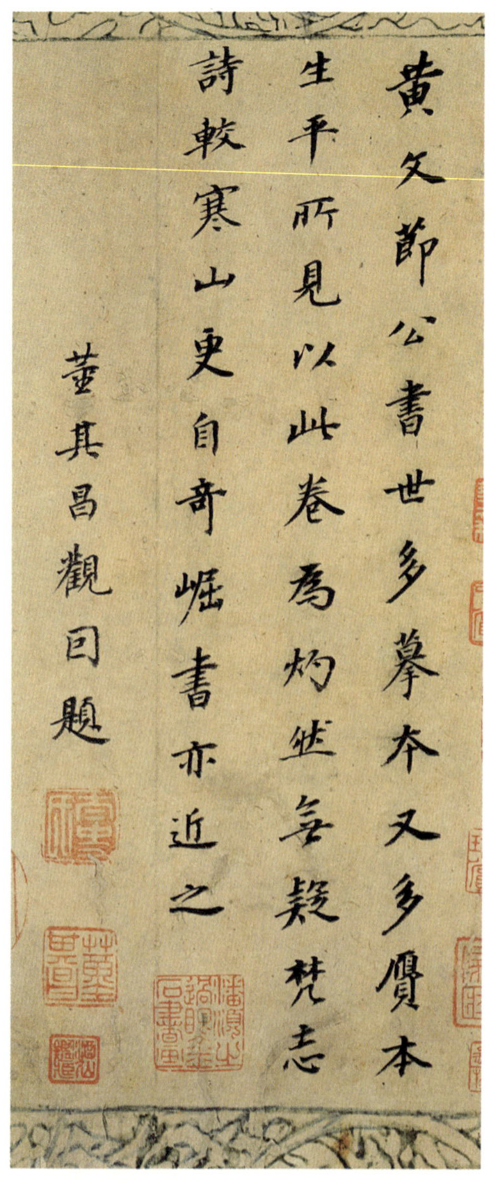

明 董其昌跋

《赠张大同〈送孟东野序〉跋》卷，元符三年（1100）正月，纵 34.1 厘米，横 552.9 厘米，美国普林斯顿大学美术馆藏；

《苏轼〈寒食诗〉跋》，元符三年（1100）秋，纵 34.3 厘米，横 64 厘米，台北故宫博物院藏；

《经伏波神祠诗》卷，建中靖国元年（1101）五月，纵 33.6 厘米，横 82.6 厘米，日本东京细川护立藏；

《松风阁诗》卷，崇宁元年（1102）九月，纵 32.8 厘米，横 219.2 厘米，台北故宫博物院藏。

以上作品用笔方劲斩截有力，结构宽紧有序，其艺术水准虽表现各异且有细小差别；但无论结构、章法，还是风格、气势，《行书懒残和尚歌》卷与之相较，显示出明显的一致性。尽管较于《苏轼〈寒食诗〉跋》等，《行书懒残和尚歌》卷艺术水准稍逊一筹，但与它们应属同一类型是毫无疑义的。只是，《行书懒残和尚歌》卷迄今才从深阁中走出，几乎不为人知。必须强调的是，《行书懒残和尚歌》卷与上述诸作品在整体风格、气息、神韵上的一致性，是其真实可靠的证据。

晚清吴昌硕（1844—1927）在观后发了一通感慨：

山谷书《梵志诗》卷……字体跃跃，皆龙虵飞动气象，读书十季养气十季，积蕴既深，自然流露，非可勉强也。

所谓“积蕴既深，自然流露”，说的是功力，火候到了才能变得自然，火候不到不能勉强。吴昌硕也擅长行书，取势开合颇有黄庭坚遗风。他从创作修养、功力而论出发，想来也是总结自身体会而发的。

最后，需要特别说明的是，黄庭坚书完之后，在卷首、卷末分别钤盖白文长方印“鲁直”、朱文长方印“黄庭坚”，这在北宋比较少见。宋代书画款印之风并不兴盛，尤其在北宋尚未炽起的背景下，黄庭坚作为篆刻用于书法的一个先行人物，可谓是为后人广开风气的。同时，《行书懒残和尚歌》卷有“玄”字避讳，书写时少写最后一点，符合北宋避讳制度。“玄”避赵氏始祖名玄朗，从北宋真宗赵恒大中祥符五年（1012）开始避讳的，这也成为《行书懒残和尚歌》卷创作时间的佐证。

二、从印章、题跋、文献所见看《行书懒残和尚歌》卷流传经过

就现存书迹来看，《行书懒残和尚歌》

卷上遍布鉴藏家印章，卷后附有清初以来鉴赏者题跋。对注重与这卷书有关的各种资料的美术史家来说，这些印章和题跋在提供历史方面大有作用。在这些资料中，人们基本可以知悉《行书懒残和尚歌》卷自黄庭坚书成之日直到20世纪，其间差不多连续不断的来踪去迹。

一幅可靠的古代书迹，其特点之一就是画中的印章和题跋，大都不是依着明显的年代和次序排列。不过，如果细加审察，便会发现其中有某种前后一致的特质，这对人们了解书卷的历史大有帮助。《行书懒残和尚歌》卷就是属于这类例子。必须说明的是，黄庭坚书写《行书懒残和尚歌》卷时，并未题篇章之名，以致后人作了误判为《梵志诗》。至于《梵志诗》卷的标题，首见于明末董其昌（1555—1636）的跋语。后来，顾复《平生壮观》、高士奇（1645—1704）《江村销夏录》、陆时化（1714—1779）《吴越所见书画录》、顾文彬（1811—1889）《过云楼书画记》等皆以讹传讹。

《行书懒残和尚歌》卷，为古色青花栏宋藏经笺，全长纵27厘米，横430厘米，聚集了很多印记。从最早期的书者私印，到最末期鉴藏家的印章十分齐备，还有董其昌跋语一则。后隔水有同治九年（1870）吴云观款一则，拖尾有题跋、观款共16则。为了清楚起见，笔者必须按照年代次序来讨论这些印章和跋语。

由于宋元间的鉴藏家一般都不喜在书画上盖印以示己物，自黄庭坚于元符三年（1100）书成后百年间，《行书懒残和尚歌》卷的踪迹似乎不甚明了。本卷鉴藏印以南宋陈容所钤朱文长方印“福唐陈容公储”为最早。陈容，字公储，号所翁、西隅，福唐（今福建福清）人，端平二年（1235）进士，曾任平阳令、国子监主簿、朝散大夫、知兴化军等。这方朱文印钤于本卷后端，表明《行书懒残和尚歌》卷在13世纪中期曾为陈容欣赏或收藏过。又据高士奇记载，书卷尚有宋元间朱文长方印记四方：“完璧”“世宝”“尝斋”“墨宝”，钤于骑缝处。就篆刻风格而言，这些印章的确属于宋元之物，只可惜现在无法查证这些印章的主人了。

入明后，《行书懒残和尚歌》卷为浙江鄞县收藏家袁忠彻（1376—1458）所有。他在卷首钤下白文方印“袁氏珍玩子孙宝之”，在本卷骑缝处钤朱文方印“忠彻”两次。袁忠彻，字公达、静思。父袁珙因预言燕王朱棣（1360—1424）登基而在成祖朝拜为太常寺丞。袁忠彻自幼传父术，博学多闻，被封尚宝司少卿，后改中书舍人，扈驾北巡。其好藏书，筑有“瞻衮堂”藏书楼。著有《人相大成》《凤池唫稿》《符台外集》五卷等。

此后的一段时间，《行书懒残和尚歌》卷仍在浙江鄞县流传，至15世纪归书法家丰坊（1494—1565）收藏，卷末有其白文方印“丰氏存叔”、朱文方印“括阳郡图书印”。丰坊，字人叔、存礼，更名道生，字人翁，号南禺外史。嘉靖二年（1523）进士，授南京吏部主事，改南考功主事，因吏议被免官回籍。性孤僻，喜嘲谑，玩世不恭。家有万卷楼，藏书数万卷。因不善治家理财，家财丧尽，其万卷楼所藏善本书画亦先后散出。其博学工文，著有《书诀》《童学书程》等。精书法，取法黄庭坚，所书善用枯笔，腕力强劲，但笔意风韵稍乏。于此，黄庭坚书法为一个取法黄庭坚的后世书家收藏，可以说是一则艺坛佳话。或许，耳濡目染之间，丰坊书法即从《行书懒残和尚歌》卷中所得灵感而来。

《行书懒残和尚歌》卷从丰坊家散出后，去向不明。稽考高士奇《江村销夏录》记载，明代的鉴藏印尚有数枚，兹列如下。其一，卷首朱文长方印“文华殿直讲学士”，应是明前中期之物，极有可能是袁忠彻收藏前后所钤。其二，卷末朱文长方印“瞻”，印文不全，为后人重裱时割裂所致，联系袁忠彻家有藏书楼“瞻衮堂”，印文很有可能即是“瞻衮堂”。由此看来，黄庭坚本卷与董其昌跋文之间原本还有一段，装裱时已被人为裁切。其三，卷末朱文长方印“费宗裕宝籍书为家藏图书印”，费宗裕，不知何许人，《古今图书集成》之《方舆汇编山川典》第290卷第206册第29页有《宴集次费宗裕》一诗，但作者不详，云："涌金门外新亭好，得共群贤尽日娱。白藕退花秋欲近，绿筠交叶暑全无。衣浮爽气龙收雨，镜破澄光鹭点湖。回首凤城扶醉入，漏声催晚急铜壶。"从诗风判断，此诗应是明末所作。"费宗裕宝籍书为家藏图书印"表明，《行书懒残和尚歌》卷曾为费宗裕收藏过。

需要强调的是，《行书懒残和尚歌》卷所以成为名迹，董其昌的欣赏当然是个十分重要的原因。作为当时鉴定巨眼，董其昌所见古代法书名画无数，其鉴定意见颇引人重视。董跋题于本卷黄书之后，即为最早，其云：

黄文节公书世多摹本又多赝本，生平所见以此卷为灼然无疑。《梵志诗》较《寒山》更自奇崛，书亦近之。董其昌观因题。（钤印：白文方印"太史氏"、朱文方印"董其昌"）

在题跋中，董其昌充分肯定《行书懒残和尚歌》卷（利用著录时采用原题，笔者叙述时更为现名，下同）乃灼然真迹，并将之与黄庭坚晚年名作《行书寒山子庞居士诗》卷相比，极为赞叹。众所周知，董其昌一向对其小楷自视甚高，只有遇上心仪之古代名迹，才以小楷题跋。这一举动充分表明《行书懒残和尚歌》卷在董其昌心目中的地位。然遗憾的是，董其昌并未说明其所有者。根据《江村销夏录》所载之朱文方印 "云间陆氏"，《行书懒残和尚歌》卷似乎已从浙江宁波地区流入江苏松江地区。董其昌为松江华亭人，云间乃松江别称。由此判断，董其昌可能应其同乡收藏家陆某之请所题。云间陆家，为当地望族，在明代出现了陆深（1477—1544，字子渊，号俨山，累官詹事府詹事）、陆树声（1509—1605，字兴吉，号平泉，累官礼部尚书）等名流。

顺治十三年丙申（1656）三四月间，安徽徽州鉴藏家吴其贞得见《行书懒残和尚歌》卷，并写下了言简意赅的品鉴之语，后来刊行于《书画记》卷四：

书在花笺上，潇洒雄健，为公本色妙书，但此诗临摹极多，卷后董思白跋。[24]

这是在明清私家著录风气日盛之下，《行书懒残和尚歌》卷进入私人鉴藏著录的肇始，但是吴其贞并没有点及该卷的主人。言语之中，吴其贞透露了黄庭坚《行书懒残和尚歌》卷多有摹本的事实，但他根据所见所闻，断定此为黄庭坚的"本色妙书"。

在本卷上，其次是笪重光（1623—1692）作于1680年的题跋，他不仅详细叙述了自己青年时与黄庭坚书法的渊源关系，还阐明了对《行书懒残和尚歌》卷的鉴定见解：

曩丙申之秋按行南康，游庐山开先寺，见涪翁所书七佛偈于石壁，苔藓剥蚀不可读。因令工人洗涤并构亭其上，名曰护偈亭，拓得数本而归，字形如掌大。又藏写《莲经》，楷法首尾如一。曾钩勒普门品一卷行世，又收有富阳刘生《读书》《绿阴》《藏镪》诸帖，多行押书。此卷颇长，所录乃古德语，知先生之精于禅悦，发为笔墨，如散僧入圣，无裘马轻肥气味，视海岳眉山别立风格，而其运笔圆劲苍老，结体紧密，纵横处从颜柳诸公，上接羲献，故知四家虽殊势，其得法于晋唐衣钵无异也。苏米二公手迹海内争购，至今传流卷册尚多，唯蔡忠惠绝少，世亦不知求觅；而先生赝本遍天下，如董宗伯所云生平罕见真鼎信然也。此卷得于吴门归叟，不惜倾囊易之，亦以书家正法眼在此。数公有志临池，安可不奉为师承耶！永宝藏之无斁。时庚申孟冬识于虎丘之鹤涧，江上外史笪重光。（钤印：朱文椭圆印"养廉"、朱文方印"晚号奉真"、朱文方印"笪氏在辛"、白文方印"笪重光印"、朱文方印"江上外史"）

从题跋中得知，笪重光是从吴门归叟处购得《行书懒残和尚歌》卷的。归叟乃明末清初苏州收藏家归来，字希之，卷首钤其白文方印"归来印"、骑缝和卷末钤

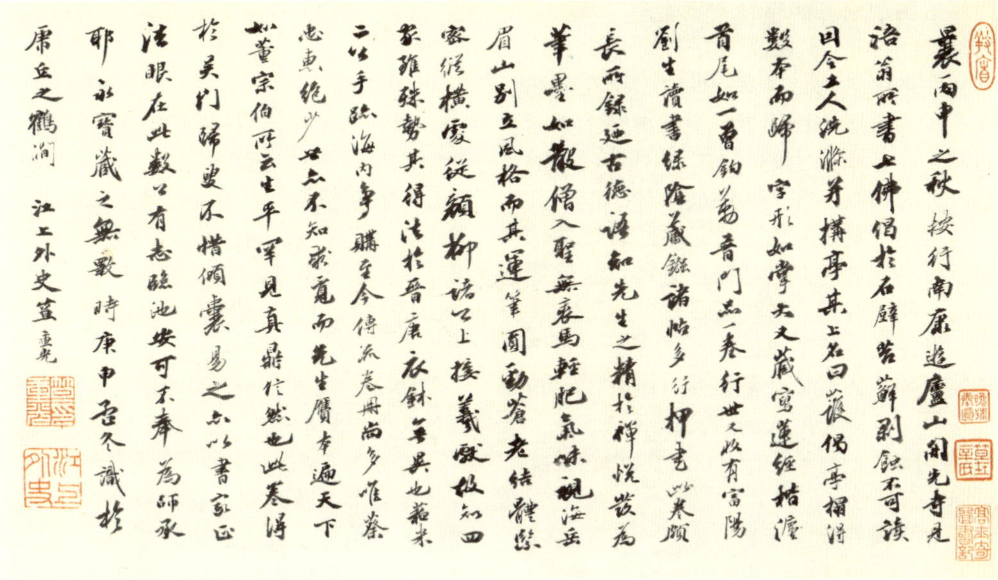

清 笪重光跋

有其朱文方印“希之”四次。其实，归来也对黄庭坚书法十分关注，曾收藏过其《草书杜甫寄贺兰铦诗》页（纵 34.7 厘米，横 69.6 厘米，北京故宫博物院藏）。

多年以来，笪重光对黄庭坚法书情有独钟，也多方寻觅，曾收藏过黄庭坚《行书教审帖》页（纵 27.1 厘米，横 43.1 厘米，台北故宫博物院藏）、《行书小子相帖》页（纵 31.3 厘米，横 33.3 厘米，上海博物馆藏）、《行楷与无咎通判书》页（纵 30.8 厘米，横 64.7 厘米，台北故宫博物院藏）、《行楷辱教帖》页（纵 27.1 厘米，横 43 厘米，台北故宫博物院藏）、《行楷山预帖》（纵 30.2 厘米，横 20 厘米，台北故宫博物院藏）等。因此，他对黄庭坚书法有着独到的鉴定经验。在得到《行书懒残和尚歌》卷后，笪重光十分兴奋，激情昂然地书写长篇跋语，并在本卷上钤盖朱文长方印“江上笪氏图书印”、白文方印“笪重光印”、白文长方印“直指绣衣御史章”、朱文方印“润州笪重光鉴定印”，以示珍视。同时，他对之重新装裱，题签“宋黄文节公真迹书梵志诗妙品，松子阁鉴藏”，并钤有朱文方印“江上外史”，只不过他的后继者在入藏之后重裱时将其题签裱于玉池。显而易见，这位清初的鉴藏家对此卷书法爱之不已，表示永宝藏之，深知其历史性的价值。

或在笪重光收藏之前，松江鉴赏家顾复也曾鉴赏过《行书懒残和尚歌》卷，记于康熙三十一年（1692）刊行的《平生壮观》之中：

> 《戎州帖》，绿兰纸，本色书，经寸而笔颇弱，自题云：元符三年七月，涪翁自戎州溯流上青衣，廿四日宿廖致平牛口庄。养正置酒弄芳阁，荷衣未尽，莲实可登，投壶奕棋，烧烛夜归。纸七接，有忠彻方印，完璧、世宝、尝斋、墨宝四朱文图书，文华殿直讲学士又方印，又鲁直二字图书，董其昌小楷四行在本身纸，后黄庭坚氏图书，又诸图书甚多。[25]

根据记载，当时的《行书懒残和尚歌》卷后只有董其昌一人题跋而已，表明了其还未经笪重光收藏。或许，顾复是在归来的书斋中一睹《行书懒残和尚歌》卷的风采，虽然他认为用笔颇弱，但认定其为“本色书”。

大约在康熙廿九年、三十年（1690—1691）间，也即笪重光去世稍前的两三年里，年届古稀的他可能感到来日无多，开始处理起自己的古书画藏品，《行书懒残和尚歌》卷亦在散去之列。也就在此时，已在浙江平湖乡间闲居的原詹事府少詹事高士奇因为某人鉴定书画而获观《行书懒残和尚歌》卷，大为赞叹，并久久不能忘怀。正如其在《江村销夏录》序言所云“间有挟卷轴就余辨真赝者，偶遇佳迹，必详记其位置行墨、长短阔隘、题跋图章以自适”[26]、“几经评阅，随见随录”[27]，高士奇对之勘察研究，认真记录了该卷上所有印记和董其昌、笪重光两人的跋文。后来，高士奇刊于康熙三十二年(1693)六月成书的《江村销夏录》卷二：

古色青栏笺，高七寸八分，长一丈二尺五寸，纸计七接，有忠彻方印，完璧、世宝、尝斋、墨宝四朱文长印，皆宋元间钤记，行书连款共七十行，董跋小楷四行在本身笺上。[28]

清 梁清标跋

就在高士奇寓目《行书懒残和尚歌》卷后不久，清初鉴藏大家梁清标（1620—1691）对之进行鉴定，时《行书懒残和尚歌》卷在被有直臣之风的左都御史郭琇（1638—1715）弹劾为高士奇死党的松江人王鸿绪（1645—1723）处。梁清标对之大为欣赏，欣然写下跋语：

山谷书佳者，余尝见数卷，兹又从俨斋司农得观此卷，老气横九州，真可宝也。俨斋近又获《诸上座》书，与此殆称双璧，神物之合如延津龙剑，快何如之！河北梁清标。（钤印：白文方印“梁清标印”、白文方印“蕉林鉴定”）

王鸿绪，初名度心，后改字季友，号俨斋、横云山人。康熙十二年（1673）榜眼，康熙二十一年（1682），转侍读，充明史总裁，累擢内阁学士、户部侍郎（即所谓“司农”）。王鸿绪精通鉴赏，书画收藏颇丰，绝非等闲之辈，经手书画大都真而精。康熙二十八年（1689），王鸿绪与高士奇等人同遭郭琇弹劾而致仕，回到松江老家[29]。

就在此前，王鸿绪刚购藏曾为孙承泽（1592—1676）所藏黄庭坚《草书诸上座》卷（纵33厘米，横729厘米，北京故宫博物院藏），梁清标也为之鉴定题跋：

涪翁此卷摹怀素书，昔尝观于退谷翁斋中，见其纸墨完好，神气奕奕，后有绍兴小玺、秋壑印记，知属宋大内所藏，尤为可宝。退谷蓄古法书颇富，此卷实为甲观。今从俨斋司农所又获展览，流连不能已。司农孜孜好古，每获宝墨，爱护如天球琬琰，予更幸此卷得所归矣。[30]

梁清标是清初鉴藏大家，其眼力世所公认。他在题跋中将《行书懒残和尚歌》卷与《草书诸上座》卷合成双璧，赞美之辞溢于言表。但是，与其在黄庭坚《草书诸上座》卷反复钤印相反，还曾收藏过黄庭坚元祐四年（1089）所作《小楷致景道十七使君尺牍并诗》册（台北故宫博物院藏）

的王鸿绪未曾在《行书懒残和尚歌》卷留下任何印款或识语。据此，《行书懒残和尚歌》卷可能不是王鸿绪所收，王鸿绪也是受人之托请前辈梁清标鉴定。由于王鸿绪未曾谈及《行书懒残和尚歌》卷的归属，不明详情的梁清标在题跋中误认为王鸿绪所有，将之与王氏所藏黄庭坚《草书诸上座》卷相提并论。

就在梁清标鉴定题跋后不久，即康熙三十年（1691）末，高士奇以白银120两的高价购藏了《行书懒残和尚歌》卷，爱不释手，小心翼翼地钤上自己的收藏印三方：白文长方印“朗润堂”、白文长方印“江村秘笈”、朱文长方印“高士奇图书记”。他像记账似的把金额书写于拖尾上：“宋黄文节公真迹值一百二十两。康熙三十一年（1692）春分后三日信天巢记”，并钤印两方：朱文长方印“高士奇图书记”、白文椭圆印“信天巢”。不仅如此，高士奇在康熙四十四年（1705）六月审定的《江村书画目》中将之列为“永存秘玩上上神品”，云：“字壹号，宋黄山谷书古德诗一卷，上上真迹。”[31] 无疑，这一切都能说明高士奇对《行书懒残和尚歌》卷是何等重视！

有必要说明的是，梁清标去世于康熙三十年（1691）八月初一，所跋必在之前。于此可以推测，高士奇极有可能是委托王鸿绪邀请梁清标鉴定后才费巨资购藏《行书懒残和尚歌》卷的。如此，似乎能说明王鸿绪未加钤盖鉴藏印的原因。遗憾的是，高士奇购藏《行书懒残和尚歌》卷之后，未在记录中增补梁清标所跋，以致《江村销夏录》康熙三十二年（1693）六月刊行时未能著录梁氏所跋，所幸他在《江村书画目》中留有“梁真定跋”之简单记载[32]。

正如高士奇所期望“永存秘玩”，《行书懒残和尚歌》卷在高士奇康熙四十四年（1705）故去后一直藏于高家的宝阁中，并传至高氏孙高岱。高岱，字石喦、石闾，号旷庵，主要活动于18世纪前期。他在玉池笪重光签条下钤有其朱文方印“旷庵”，卷上则有朱文方印“天门高岱”、白文方印“臣岱私印”、朱文方印“高岱私印”、朱文方印“旷庵”。这一现象似乎说明高岱曾对《行书懒残和尚歌》卷做过重新装裱。

期间，江苏宿迁人徐用锡（1657—1736）曾欣赏过《行书懒残和尚歌》卷，留下了白文方印“徐用锡印”。徐用锡，字坛长，号昼堂，康熙四十八年（1709）进士，官至翰林院侍读，治学以李光地为宗，著有《圭美堂集》，曾以80岁高龄参与纂修《三礼》，后因咎罢官。徐用锡鉴赏时，《行书懒残和尚歌》卷抑或就在京城高家的寓所。

根据后来陆时化的著录说明，《行书懒残和尚歌》卷在高岱之后一度归为“宋中丞家”收藏。所谓的宋中丞家可能是指曾任江苏巡抚的河南商丘人宋荦（1634—1713）后裔，“中丞”是清人对巡抚的别称，查考清代宋姓巡抚似乎只有宋荦一人而已。宋荦是康熙年间大鉴藏家，收藏有许多古代名迹。自宋荦起，宋氏后人对书画收藏一直情有独钟。乾隆四十年（1775），经高氏后裔介绍，太仓收藏家陆时化（1714—1779）从宋家购得《行书懒残和尚歌》卷。在邀请名手张玉瑞装裱后，陆时化多次题跋，不仅介绍了其购藏金额：

是卷余以纹银二百六十两得之，高氏裔外尚有中酬二十两，与原值相去远矣。乾隆乙未荷月廿一日，请名手张玉瑞装于余居之剪鉴亭，去康熙三十一年高詹事记卷尾时越八十三年矣。

而且，他还叙述了该卷递藏源流：

归氏授之笪侍御，侍御授之高詹事，詹事授之王司农，司农复归于高氏裔，高氏裔授之于陆时化，此百年来授受之源流也。

此卷始见载于《清河书画舫》，继而载之《销夏录》。

同时，陆时化还语重心长地告诫后人：

此卷沿边旧时亦用藏经宋纸，今折卸仍用能一丝不断，后人不遇名手勿轻装池。

需要说明的是，由于年代较长，陆时

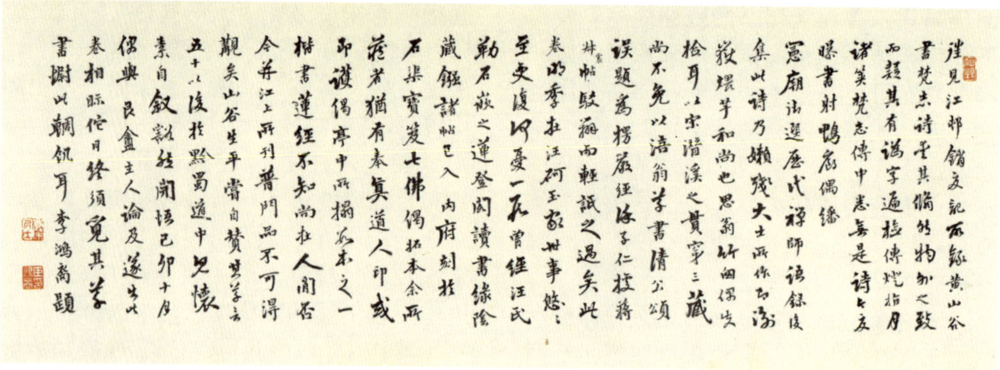

清 李鸿裔跋

化可能曾听高家后人叙说过其生动的流传经历，但对其经过未能明白叙说，似乎搞错了王鸿绪、高士奇之间的传递关系，同时也误载了《行书懒残和尚歌》卷的著录情况，《清河书画舫》所载其实并非此卷。

陆时化十分珍爱《行书懒残和尚歌》卷，不厌其烦地反复钤盖自己的鉴藏印章，在本卷上有朱文长方印“听烟阁陆氏珍藏书画印”、朱文长方印“陆润之藏”、朱文长方印“陆润之鉴藏”等鉴藏印，题跋处则有白文方印“陆时化印”、朱文方印“润之”、朱文方印“圣松散人”、朱文长方印“陆润之藏”、朱文长方印“陆”、朱文长方印“太仓陆润之藏”。乾隆四十一年（1776），陆时化将之著录于《吴越所见书画录》卷三：

古色青花栏宋藏经笺，《销夏录》载高七寸八分，今高七寸六分，《销夏录》载长一丈二尺五寸，今长一丈二尺一寸七分，俗手装池，一次则截短一寸，计七接。跨缝有忠彻方印，又完璧、世宝、尝斋、墨宝四朱文长印，皆宋元间钤记，行书连款共七十行，董跋小楷四行在本身笺上。笪侍卿跋《销夏录》载其语而未详，尺寸今量高同长一尺七寸五分。此经上今并有梁棠村续题，以后尚有宣德经丈许，尽处江村楷书宋黄文节公真迹，值一百二十两，盖朱文高士奇图书记。今宋中丞家得此，倍而余矣。[33]

由上述可见，从高士奇至陆时化递藏的83年间，《行书懒残和尚歌》卷曾被重裱了三次。当然，陆时化寓目记录时，其尚在宋中丞家。

陆时化故去，传至子陆愚卿，有其白文方印“愿吾秘玩”、朱文方印“娄东陆愚卿愿吾氏秘箧图书”、白文方印“平原愚卿”为证。

比对江苏太仓人毕沅（1730—1797）乾隆五十四年（1789）所刻《经训堂帖》，在刻帖之前，《行书懒残和尚歌》卷自陆愚卿家散去，曾为一个名为“广平”的人收藏，上有朱文方印“广平家藏”。在“广平家藏”印之上方另有朱文方印“秋崖玩赏”。查考相关资料，台北故宫博物院收藏的宋拓越州刻晋唐小楷册亦有朱文方印“秋崖玩赏”、朱文方印“广平家藏”，其钤盖方式与《行书懒残和尚歌》卷所钤大体一致，所以可初步判断应为同一收藏者所钤，但不知何人。

其后，《行书懒残和尚歌》卷转归乾隆、嘉庆年间江苏太仓鉴藏家毕泷所有。毕泷乃毕沅弟，字涧飞，号竹痴，生平亦喜爱金石书画，收藏颇丰。《行书懒残和尚歌》卷上所钤之白文长方印“静寄轩图书印”，即为毕泷收藏印章。乾隆五十四年（1789），毕沅将之编入《经训堂法书》第四册，邀请名匠钱泳、孔千秋镌刻，以求万年之传。

毕泷之后，《行书懒残和尚歌》卷去向似乎不明，但一直辗转于苏州藏家之手。道光、咸丰年间（1821—1861），江苏吴县人韩崇（1783—1860）、程桢羲都曾鉴赏过《行书懒残和尚歌》卷，他们分别留下了鉴藏印：朱文方印“韩崇之章”、朱文方印“桢羲之章”。韩崇，字符芝，官山东洛口批验所大使，太平天国起，协办团练劝捐诸事宜，加盐运使衔。其性嗜金石，亦喜收藏。程桢羲，字心柏，号漱石，斋梅寿堂，精鉴赏，喜收藏。他抑或收藏《行书懒残和尚歌》卷，亦有可能。这段时间，曾经长期任官于江浙地区的福建鉴藏家梁章钜（1775—1849）寓目，有其朱文方印“茝林曾观”。梁章钜，字茝林，号退庵，累官至江苏巡抚，署理两江总督兼两淮盐政，道光二年（1822）至道光十二年（1832）间在江苏前后任官八年。道光二十一年（1841）至去世，巡抚江苏。从以上履历中，我们大致可以了解梁章钜鉴赏《行书懒残和尚歌》卷的时间。

同治年间，《行书懒残和尚歌》卷似归安徽歙县人吴云（1811—1883）收藏。吴云，字少甫，号平斋，官至苏州知府。好古精鉴，性喜金石彝鼎，法书名画，汉印晋砖，宋元书籍，无不涉猎。所藏齐侯罍二、王羲之《兰亭序》二百种，最为珍秘。著《两罍轩彝器图释》《二百兰亭斋金石三种》，亲自绘图，尤为可贵。同治九年，他与杜文渊一同观赏《行书懒残和尚歌》卷，在前隔水留下了观款：“同治九年，岁在庚午冬十一月，秀水杜文渊、归安吴云同观于金石寿世之居”，并钤白文方印“吴云私印”。金石寿世之居乃吴云斋室，本卷另钤白文方印“归安吴云平斋审定名贤真迹”。期间，苏州鉴藏家潘遵祁（1808—1892）鉴赏该卷，留有其朱文长方印“潘顺之过眼金石书画”。在吴云、潘遵祁等人的眼里，《行书懒残和尚歌》卷无疑是一件赫赫名迹，理应呵护。

同治末年，《行书懒残和尚歌》卷归曾官至浙江宁绍道台的苏州鉴藏家顾文彬（1811—1889）所有。同治十二年（1873），引疾回乡的顾文彬筑过云楼，开始整理所收古代书画，对《行书懒残和尚歌》卷进

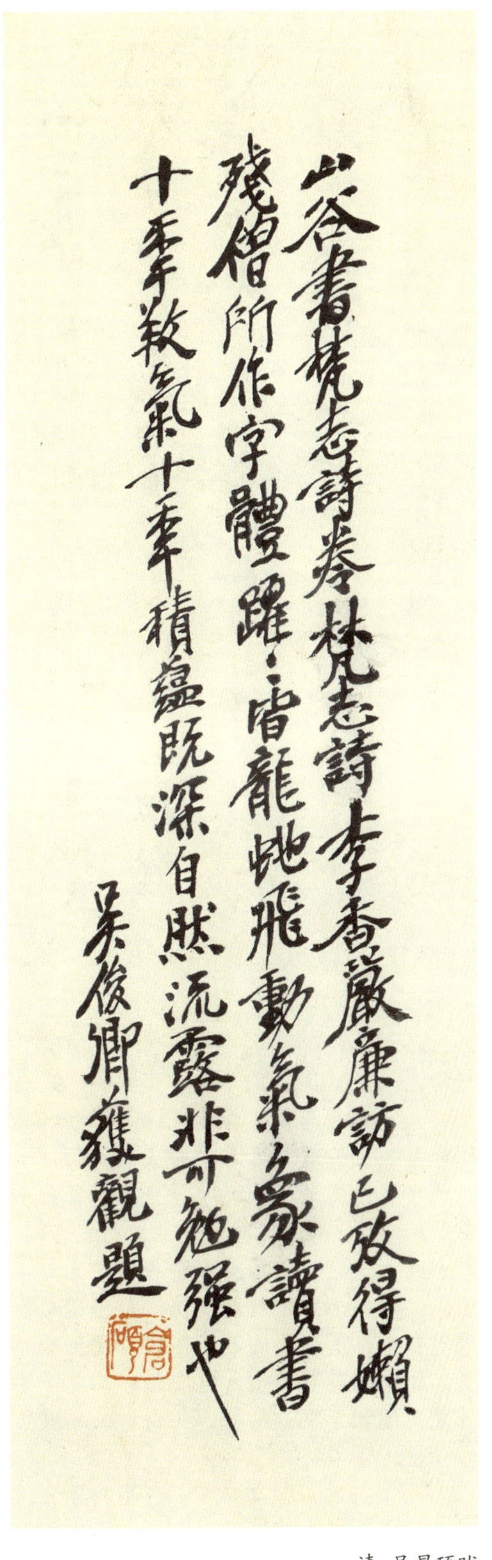

清 吴昌硕跋

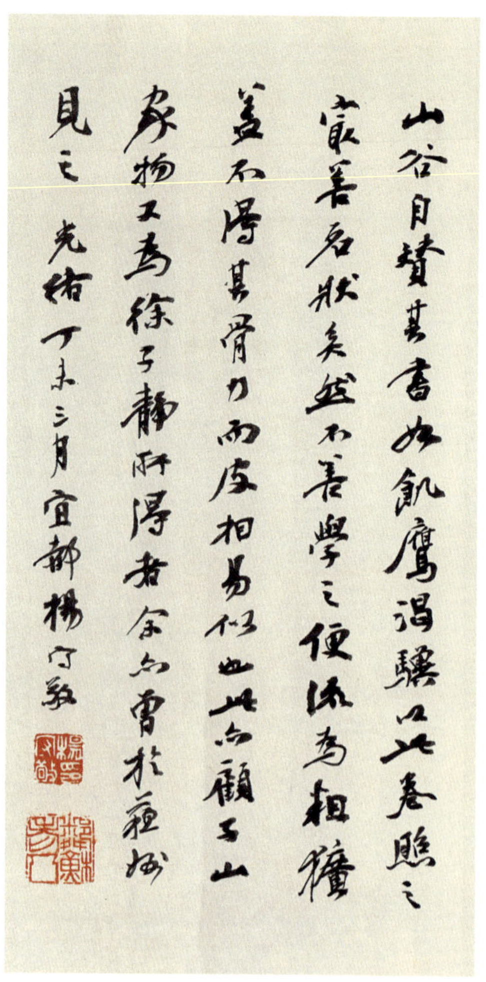

清 杨守敬跋

行考证，并加以题跋：

此卷朱存理《铁网珊瑚》、李日华《六砚斋笔记》皆载之卷末尚有大判一行，云“此字可令张法亨刻之”。张丑《清河书画舫》、高士奇《江村消夏录》所载皆同，却无大判一行，殆已为人割去耶！李日华云：“山谷书只是沉着痛快，平生以饥鹰渴骥自命，所以剽去苏米姿媚，而独全神骨，此卷又其合作也。”同治十二年癸酉仲夏艮庵识于玉几山馆。（钤印：白文方印“顾文彬印”）

不仅如此，顾文彬在书卷上钤盖朱文长方印“顾子山秘箧印”、朱文方印“子山平生真赏”，以示珍爱。光绪五年（1879）十月的一天，顾文彬与寓居苏州的曾官江苏按察使、四川中江人李鸿裔（1831—1885）讨论黄庭坚书法，兴致盎然之时，出示《行书懒残和尚歌》卷，李鸿裔应邀题跋：

往见《江村销夏记》所录黄山谷书《梵志诗》，望其翛然物外之致，而疑其有讹字，遍检《传灯》《指月》诸笑，《梵志传》中悉无是诗。今夏，曝书射鸭廊，偶翻宪庙御选《历代禅师语录后集》，此诗乃懒残大士所作，即衡岳煨芋和尚。思翁、竹窗偶失检耳，以宋潜溪之贯穿三藏，尚不免以涪翁草书《清公颂》误题为《楞严经》，徐子仁据《蒋叔震帖》驳辩而轻诋之过矣。此卷明季在汪砢玉家，“世事悠悠，至更复何忧”一段，曾经汪氏勒石嵌之莲登阁，《读书》《绿阴》《藏镪》诸帖，已入内府，刻于《石渠宝笈》。《七佛偈》拓本，余所藏者，犹有“奉真道人”印，或即护偈亭中所拓数本之一。楷书《莲经》不知尚在人间否？今并江上所刊，《普门品》不可得觏矣。山谷生平尝自赞其草书，五十以后于黔蜀道中见怀素《自叙》，豁然开悟。己卯十月偶兴，艮盦主人论及，遂出此卷相示，佗日终须觅其草书慰此朝饥耳。李鸿裔题。（钤印：白文长方印“仙根”、朱白文方印“麐居士”、白文方印“臣鸿裔印”）

李鸿裔回忆起自己先前得见《行书懒残和尚歌》卷的经历，隐约表示出某种疑虑。而后，他通过查阅《历代禅师语录后集》考证出黄庭坚所书为《懒残和尚歌》而非《梵志诗》，修正了董其昌的错误。言语之中，他对董其昌似乎颇有微词。这是自董其昌误定之后，首次进行拨乱反正。最后，他述及《行书懒残和尚歌》卷在明代的流传情况和自己所藏传黄庭坚《七佛偈》拓本，表示出对黄庭坚草书的渴慕心情。当然，他其中一点有误，此卷并非明末汪砢玉家藏本。

尽管李鸿裔言之凿凿，或因言语之中的顾虑之气，顾文彬光绪八年（1882）编成《过云楼书画记》时似乎并不认同，仍执著地坚持着自己的观点：

《苕溪渔隐》引山谷云："王梵志诗云：'梵志翻着袜，人皆道是错。乍可刺伊眼，不可隐我脚。'又云：'城外土馒头，馅草在城里。一人吃一个，莫嫌没滋味。'"知山谷喜其茗柯有理，故又手写是卷，惟卷中"兀然无一事"句，写时敚去"一"字，董思翁、笪在辛、梁退庵三跋既未拈出，高江村、陆润之两录亦未及言。余观朱性父《铁网珊瑚》亦著录王孟德家大书长卷，而惟存"兀然无事坐，春来草自生"十字。又知山谷书《梵志诗》不止是卷，故所敚"一"字，非惟他人不觉，即问诸山谷，恐亦熟于篇终二语，亦不自觉也。梵志者，隋文帝时，卫州黎阳城东十五里王德祖家有林檎生瘿如斗，三年朽烂，剖皮见一孩儿，遂收养之。因名林木梵天，后改梵志。作诗甚有义旨，见《太平广记》引《史遗》云。[34]

顾文彬通过对《铁网珊瑚》所录王孟德家藏黄庭坚大书长卷的考察，发现《行书懒残和尚歌》卷之"兀然无一事"敚去"一"字的事实。他认为"兀然无事"句敚去"一"字乃黄庭坚所写不止一卷之佐证，叹为"非惟他人不觉"。虽然立论有些勉强，但足见其良苦用心。

可能就在19世纪末，著名校勘家、江苏江阴人缪荃孙（1844—1919）得睹《行书懒残和尚歌》卷，并从文献学的角度为之考证。他查阅古籍版本，发挥了校勘的专长，考察了《行书懒残和尚歌》卷之黄庭坚题语，进而作出肯定的结论。但是，他仅对其所关心的文献问题进行了叙述，对书法本身没有任何评价。后来，他将这段考证之语收录于《云自在龛随笔》：

此云廿四日宿牛口，水行迟，犹未出戎州境。廖致平，名养正，涪翁诗有《廖致平送绿荔枝戎州第一》，即其人也。牛口亦见《东坡续集》，在《过宜宾见夷中乱山诗》后，即其地。再上即玉津县，过嘉州方至青神。十一月始由青神回戎州，与《年谱》合。[35]

顾文彬故后，曾官浙江候补道的安徽石埭人徐士恺（1844—1903）"以羊千头易得"《行书懒残和尚歌》卷，上有朱文长方印三方："徐士岂过眼""子静平生珍赏""曾在徐子静处"。徐士恺，字子静，嗜金石，精鉴别，清秘之藏足与吴云两罍轩相抗。晚寓吴下，与诸名流考订金石，刻有《观自得斋丛书》。他与金石书画家吴昌硕、万中立（字梅崖，湖北汉阳人）等人往来密切，其若干鉴藏印即为吴昌硕所刻。

光绪二十七年（1901）十二月，刚得《行书懒残和尚歌》卷不久的徐士恺邀请江苏武进鉴赏家费念慈（1855—1905）鉴赏并题签包首："黄文节梵志诗，辛丑十二月二十七日灯下，西蠡记，是日立春。"当时，徐士恺可能对《行书懒残和尚歌》卷进行了重新装裱。费念慈，字屺怀，号西蠡，光绪十五年（1889）进士，曾官编修，后以事被劾而放归，寄居苏州。工书善诗，著有《归牧集》。现今，《行书懒残和尚歌》卷上钤有朱文方印"西蠡经眼"，表明了费念慈辛丑年冬天的确欣赏过。

几个月后，仍处在得宝物而兴奋之中的徐士恺携《行书懒残和尚歌》卷至上海，拜访曾官翰林院编修、商部主事的安徽合肥金石收藏家龚心铭（?—1938后）。徐士恺向他的这位安徽姻亲叙述了得书之经过，言谈之中不时流露出得意之感，龚心铭欣然题跋：

黄文节公书《梵志诗》卷，纸是硬黄，向藏吴门顾子山家。徐子静姻丈以羊千头易得之，携至沪上，出共欣赏。铭目中所见公书，此为第一。去年，在京见米友仁《云山墨戏图》卷，亦有董文敏题识，系内府流传人间者，与此匹敌。生平所见书画，叹观止矣。壬寅孟夏合肥龚心铭获观并识。（钤印：朱文方印"铭"、白文方印"心铭小印"）

在题跋中，龚心铭对《行书懒残和尚歌》卷推崇有加，直曰"所见公书，此为

第一”，并回忆去年所见清宫旧藏米友仁《云山墨戏图》卷，直叹目睹宝物之幸运。

次月，安徽贵池青年藏书家刘世珩（1875—1937）作客徐家。徐士恺出示《行书懒残和尚歌》卷，两人兴致勃勃地品评欣赏，刘世珩慎重地题上观款：

光绪壬寅五月廿有八日，贵池刘世珩观，时寄寓吴中观自得斋。

或许就在是年，徐士恺也曾邀请其友吴昌硕、万中立鉴赏。《行书懒残和尚歌》卷俨然成了他们交游的见证。事后，万氏钤盖朱文长方印“某厓墨缘”、朱文长方印“万中立记所见”。而吴昌硕经过一番观摩之后，留下了一段题识：

山谷书《梵志诗》卷。《梵志诗》，李香岩廉访已考得懒残僧所作，字体跃跃，皆龙虵飞动气象，读书十季养气十季，积蕴既深，自然流露，非可勉强也。（钤印：朱文方印“仓硕”）

在跋语中，吴昌硕首先肯定先前李鸿裔的考证，然后从分析书法风格，并从书法创作者的角度提出了学书的一些见解，“读书十季养气十季”，可谓是真知灼见，显示出他对黄庭坚书法的透彻理解。

徐士恺之后，《行书懒残和尚歌》卷一直辗转于苏沪之间，但收藏者不明，抑或仍在徐氏后人手中，不得而知。光绪丁未（1907）三月，金石学家杨守敬（1839—1915）获观题跋：

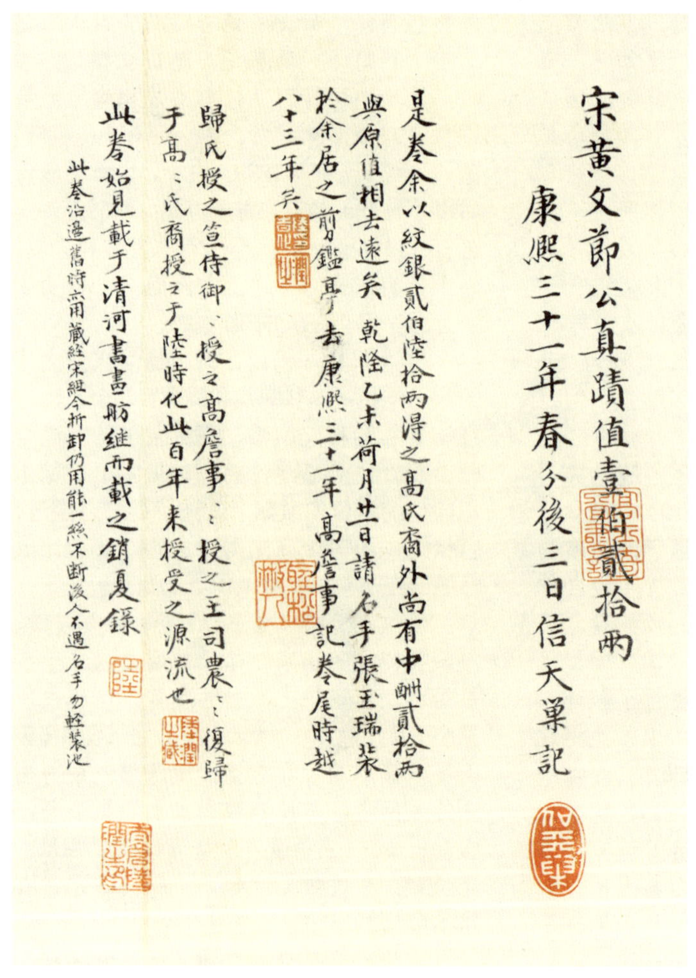
宋黄文節公真蹟值壹伯貳拾两
康熙三十一年春分後三日信天巢記
是卷余以紋銀貳伯陸拾两得之高氏，高氏裔外尚有中酬貳拾两，與原值相去遠矣。乾隆乙未荷月廿日請名手張玉瑞装於余居之剪鑑亭，去康熙三十一年高詹事記卷尾時越八十三年矣。
歸氏授之宣侍御，侍御授之高詹事，詹事授之王司農，司農復歸于高，高氏裔授之于陸時化，此百年來授受之源流也。
此卷始見載于清河書畫舫，繼而載之銷夏錄。
此卷沿邊舊時亦用藏經宋紙，今拆卸仍用，能一絲不斷，後人不遇名手勿輕装池。

清 高士奇、陆时化跋

山谷自赞其草书如饥鹰渴骥，以此卷照之，最善名状矣。然不善学之便流为粗犷，盖不得其骨力而皮相易似也。此亦顾子山家物，又为徐子静所得者。余亦曾于苏州见之。光绪丁未三月宜都杨守敬。（钤印：白文方印“杨守敬印”、朱文方印“邻苏老人”）

与吴昌硕一样，书法家出身的杨守敬欣赏《行书懒残和尚歌》卷之后，为黄庭坚奇崛书风所折服，也从学黄书的角度提出了自己的忠告。同时，杨守敬表示，他早先在苏州得见，或在顾文彬处，或在徐士恺处，此应是他第二次所见，但他并没有述及当时的收藏者。

次年春天，正在中国访问的日本文部大臣犬养毅（1855—1932）[36]、时任福建铁路总办的陈宝琛（1848—1935）[37]相继获观，并题上观款：

明治戊申孟春敬观，犬养毅厚颜题名。

光绪三十四年三月，闽县陈宝琛观于江宁节署。

其后，有黄以霖[38]、沈邦宪、萧绍棻等人亦相继留下观款或识语：

宣统三年二月，宿迁黄以霖敬观。

宋四家书势奇兀，天骨开张，当首推涪翁。此卷风格遒劲，为山谷生平杰作。殅窗冻解，瓶梅送馥，缔观妙迹，殊快于心。嘉禾沈邦宪。（钤印：朱文方印“时宁”）

泰和萧绍棻敬观。

民国年间，《行书懒残和尚歌》卷流至北京，最终归完颜衡永（1881—1965）所有。衡永是《行书懒残和尚歌》卷的最后一位收藏者。其家藏精富，与溥儒、张伯驹等多有过从的完颜衡永在得到《行书懒残和尚歌》卷后，珍爱无比，反复钤印：朱文方印“衡启永固”、朱白文方印“衡永长寿”、朱文方印“酒仙心赏”、朱文方印“酒仙长物”、朱文方印“酒仙鉴藏”、朱文方印“衡酒仙家珍藏”。而且，他似乎不像他的前辈们一样广邀同好鉴赏题跋，多年来一直密不示人，只有少数人得见。擅长书画的道光皇帝曾孙溥伒（1893—1966）便是一位幸运者，他在卷末留下了他的堂号章：白文方印“双梅花簃”。1949年后，由于时事变迁，《行书懒残和尚歌》卷一度收归国家。据徐邦达的叙述，他当年就在北京市文物局看到了它，但他对此卷存有异议[39]。

这一颇长的叙说，显示出书外的充分证据。我们可以完整地追溯到这卷书迹自黄庭坚题识、印款，一直到今天的历史。期间，《行书懒残和尚歌》卷所享的声誉也是显而易见的，很少古代书迹像它一样拥有如此完整的记录可考。而且，这卷书法不但与南宋画龙名家陈容有关，亦与明清以来的著名鉴藏家袁忠彻、丰坊、董其昌、归来、笪重光、高士奇、王鸿绪、梁清标、陆时化、顾文彬、徐士恺等颇有关联，同时也与近代金石学者李鸿裔、缪荃孙、杨守敬和政治家如日本首相犬养毅、宣统帝师陈宝琛联系在一起，其经历不可不谓神奇。就年代次序来说，历史亦颇合理，并无严重的出入。至于纸质、织锦、印章、题跋和装裱等证据，亦很可信。凡此种种因素，从传统的中国鉴赏学着眼，皆可证实《行书懒残和尚歌》卷应为黄庭坚真迹。这些印章和题跋顺序明白无误地为我们提供了极为重要的端倪，因为这些证据使我们明了历代鉴藏家对这卷书法及其书家黄庭坚本人的各种见解，无不具有启迪意义。

注释：

[1] 任渊《山谷内集诗注》，文渊阁《四库丛书》册1114，上海：上海古籍出版社1987年版，第19页。

[2] 诗云：王公权家荔枝绿，廖致平家绿荔枝。试倾一杯重碧色，快剥千颗轻红肌。拨醅蒲萄未足数，堆盘马乳不同时。谁能同此胜绝味，唯有老杜东楼诗。

[3]（宋）赞宁《宋高僧传》卷一九，北京：中华书局1986年版，第491—492页。

[4]（唐）袁郊《甘泽谣》，见宋李昉等《太平广记》，北京：中华书局1961年版，第640页。

[5]（宋）黄庭坚《黄庭坚全集・正集》卷一二。

[6]（宋）黄庭坚《黄庭坚全集・正集》卷二二。

[7]（宋）黄庭坚《黄庭坚全集・别集》卷二。

[8]（宋）黄庭坚《黄庭坚全集・补遗》卷九。《重书法轮古碑跋》云：“明本名惠远，思大禅师之孙，与虞世南、李百药、岑文本为方外之友，三人皆为貌作碑铭，幸岑中书之文仅存，又为不解事僧传于石貌，败剥之几不可读矣。而法轮寺住持禅师景齐来求予刊定，且乞书而刊之。师金蒋山中人，尝入予方外之师晦堂心公之室，谓我为同门。盖尝参《字说》于王荆公，其人通达辨识，欲有所为，人不能泥也。故欣然为之书。法轮寺自晋至唐贞观中，虽既废复兴，皆号龙云寺；

中间改号金轮，而无文记可寻，意武后时所改耳。其号法轮则太平兴国五年校书也。崇宁三年二月丙寅修水黄庭坚书。”

[9] 任渊、史容、史季温注，黄宝华点校《黄庭坚诗集注》卷一九，上海：上海古籍出版社2003年版，第470页。

[10]（明）张丑《清河书画舫》卷九，第26页上，文渊阁《四库全书》册817，台北：商务印书馆，第354页。张丑还将之著录于《书画见闻表》《南阳书画表》卷上，文渊阁《四库全书》册817，台北：商务印书馆，第614、623页。

[11]（明）汪砢玉《珊瑚网》卷五，第3页下至5页上，《黄涪翁正书法语真迹》，《影印钦定四库全书》册818，台北：商务印书馆1996年版，第70—71页。汪砢玉不仅著录该卷原文，还记载了浙江嘉兴李日华和自己的题语，透露了其入藏经过：其一，山谷行书，当三钱大，计五百五十余字，皆禅翁淡虑任真、翛然自得之语。书法清遒超朗，知其胸不挂一尘也。后擘窠大书一段，又大判一行，山谷书只是沉着痛快，平生以饥鹰渴骥自命，所以剽去苏米姿媚，而独全神骨，此卷又其合作也。日华。其二，右鲁直所书法语，大如薝卜华，后年月字，至末每行一字，字几并头菡萏，在宋白楮上，楮高尺余，长二丈，绝无接缝，想公欲毕此纸，故大挥足之耶？时崇祯壬申冬，盛友念修欲余嘉定盆树，姑以此卷相易。成林独树，入画者约百本，盆俱北定均州，龙泉青东磁，宣德填白，嘉靖回青不一，石俱灵壁将乐，英昆种种，愚父子得之于练川陈情甫辈，供玩数十年矣。今拟北游，恐培灌失课，如天启丁卯之变，致枯瘁不少，遂割爱易去，亦喜日夕对山谷老人墨彩也。及余居莲滨，遂钩其“莲登”二字，以名草堂。又取弄芳阁，用颜小眺处，若世事悠悠至更复何忧一段。昔年郁伯承尝勒石，今竹懒翁假阅，着语然未题卷，意将面商之耳。奈未几受贫累，复质好事家，可胜惋惜。因忆癸亥秋，寓金台，过吴蹇叔斋头，得观山谷楷书《莲经》，为吴文端公所藏，董玄宰宗伯跋之，有云：兄事苏而弟蓄米，真不啻解衣获珠，开花见佛，如桃源渔父，一见不再见，何如法语久伴琴樽，更开松扉竹槛中眉目也，复何恨。石林中人汪砢玉，识于小窗濠乐处。

[12] 另外，赵琦美（1564—1624）在《铁网珊瑚》中记载：“元符三年七月，涪翁自戎州溯流上青衣，廿四日宿廖致平牛口庄，养正置酒弄芳阁，荷衣未尽，莲实可登，投壶奕棋，烧烛夜归。此字可令张法亨刻之。兀然无事坐，春来草自青，此卷在郡中王孟德家。大书长卷，惟此数字茧纸光莹，墨浓如漆，后断阙其文，亦无一跋。”（赵琦美《铁网珊瑚》卷四，第13页下至14页上，《山谷大书》，《影印钦定四库全书》册815，台北：商务印书馆，1996年版， 第371—372页）当时，赵琦美所录《楷书懒残和尚歌》卷前文与自跋已被分开，所谓吴郡王孟德家的可能即是张丑提及的严嵩所藏《草书懒残和尚歌》卷，而自跋抑或就是中国国家博物馆所藏黄庭坚《牛口庄题名卷》（即自跋，纸本，纵25厘米，横1004厘米）。徐邦达也有如此推测。但是，徐邦达在叙述过程中将中国国家博物馆所藏题名卷与汪砢玉所载相提并论，其实不然。据李日华所云，汪砢玉所藏乃行书，计五百五十余字，高尺余，长二丈，绝无接缝，与中国国家博物馆所藏题名卷差异显而易见，可见两者可能并非一物。众所周知，徐邦达鉴定甚严，擅长运用古代文献考证，要求近似苛刻。他即利用文献有草书之著录将《行书懒残和尚歌》卷否定，认为其“作伪者并没有见到过草书原迹、而是据原文以意仿书的”，实乃未曾看到另有行书之记载所致（徐邦达《古书画过眼要录》（晋隋唐五代宋书法贰），第405页）。后来，他又在《古书画鉴定概论》中也将之定为意仿之作（徐邦达《古书画鉴定概论》，北京：紫禁城出版社2005年版，第65页）。然而，通过综合比对文献资料，我们可以断定，黄庭坚当年创作《懒残和尚歌》卷，并非仅仅一件，也不局限于一种书体。为了精益求精，尤其诸如《行书懒残和尚歌》卷一样的云门大卷，书法家们一般在创作中从构思到经营多要书写多次，这是不足为奇的。有时，书法家出于兴趣，书写各种书体，并从中拣选满意者馈赠好友，也是常有之事。或许，《行书懒残和尚歌》卷当作如是观。

[13]（宋）杨万里《诚斋集》卷九九，《跋东坡小楷心经》。

[14]（宋）苏轼《苏轼文集》卷七〇，《记黄鲁直墨》。

[15]（宋）黄庭坚《山谷题跋》卷三，《书右军文赋后》。

[16]（宋）黄庭坚《黄庭坚全集·别集》卷一二，《唐道人编余草稿》。

[17] 康有为《广艺舟双楫》卷六，《论书绝句第二十七》。

[18] 潘伯鹰《中国书法简论》卷下，《九·苏黄米蔡》。

[19]（宋）黄庭坚《山谷题跋》卷三，《论写字法》。

[20] 水赉佑《黄庭坚书法史料集》，上海：上海书画出版社，1993 年版，第 8 页。

[21]（宋）苏轼《东坡题跋》卷四。

[22]（宋）徐利明《中国书法风格史》，郑州：河南美术出版社 1997 年版，第 334 页。

[23] 参阅楚默《黄庭坚艺术论》，上海：上海三联出版社 2008 年版，第 229—230 页。

[24]（清）吴其贞《书画记》卷四，《黄山谷参悟诗卷》，北京：人民美术出版社，第 345—346 页。

[25] 顾复《平生壮观》卷二，《续修四库全书》册 1065，上海：上海古籍出版社，1995 年版，第 250 页。

[26]（清）高士奇《江村销夏录》，“序言”，卢辅圣主编《中国书画全书》第七册，上海：上海书画出版社 1994 年版，第 988 页。

[27]（清）高士奇《江村销夏录》，“凡例”，《中国书画全书》第七册，第 989 页。

[28]（清）高士奇《江村销夏录》卷二，《宋黄文节公书梵志诗卷》，《中国书画全书》第七册，第 1012 页。

[29] 郭琇弹劾高士奇等人奏疏云：高士奇出身微贱，其始也徒步来京觅馆为生，皇上因其字学颇工，不拘资格，擢补翰林，令入南书房供奉……久之羽翼既多，遂自立门户，皆王鸿绪为死党，科臣何楷为义兄弟，翰林陈元龙为叔侄，鸿绪胞兄顼龄为子女姻亲，俱寄以心腹，在外招揽……王鸿绪、陈元龙鼎甲出身，亦俨然士林之翘楚者，竟不以为辱，苟图富贵，伤败名教，岂不玷朝班而羞当世士哉？（《清史列传》卷十，第 14—15 页。九月十八日，康熙皇帝谕：高士奇着休致回籍。本内所有官员着休致回籍（《康熙起居注》，北京：中华书局 1984 年版，康熙二十八年九月十八日，第 1901 页）。康熙三十三年（1694），王鸿绪、高士奇皆奉召回京修《明史》，官复原职。当然，这是后话。

[30] 图见王连起主编《故宫博物院藏文物珍品大系·宋代书法》，上海：上海科技出版社 2007 年版，第 68 页。

[31]（清）高士奇《江村书画目》，《中国书画全书》第七册，第 1073 页。

[32] 同上。

[33]（清）陆时化《吴越所见书画录》卷三，《宋黄文节梵志诗卷》，《续修四库全书》册 1068，上海：上海古籍出版社 1995 年版，第 118—119 页。

[34]（清）顾文彬《过云楼书画记》卷一，《黄文节梵志诗卷》，第 10 页下至 11 页上，《续修四库全书》册 1085，上海：上海古籍出版社 1995 年版，第 172 页。

[35]（清）缪荃孙《云自在龛随笔》卷一，北京：商务印书馆 1958 年版，第 16 页。

[36] 犬养毅（1855—1932），号木堂，日本冈山县市川人，1890 年当选第一批众议院议员，1898 年后，出任文部大臣。因 1913 年在第一次护宪运动中发挥了重大作用，与尾崎行雄被并称为“宪政之神”。与孙中山友善，支持其领导的民主革命。1931 年 12 月，出任日本第 29 任首相，次年 5 月，遇刺身亡。

[37] 陈宝琛（1848—1935），字伯潜，号弢庵、陶庵，福建闽县人。同治戊辰（1868）进士，授翰林院庶吉士，累官至内阁学士兼礼部侍郎。光绪十年（1884），因过失罢官家居。宣统元年（1909），奉召入京，任总理礼学馆事宜，后补授内阁学士兼礼部侍郎。

[38] 黄以霖（1856—1932），字伯雨，江苏宿迁人。光绪辛卯（1891）举人，历任郧阳知府候补道，署湖南提学使兼署布政使等职。辛亥革命后，无意仕途，迁居上海，致力于慈善事业。

[39] 徐邦达《古书画过眼要录》（晋隋唐五代宋书法贰），北京：紫禁城出版社，2006 年版，第 405 页。

（作者系南京博物院古代史研究所副研究馆员）

換無事何須論一段直心無散亂他事不須斷過去已過去未來何用算兀然无事何曾有人喚

北宋 黄庭坚 行书懒残和尚歌卷（原题《黄文节书梵志诗》）局部之一 27cm × 430cm

來展脚眠愚人
以為笑智者謂
之然非愚亦非智
不是玄中玄要去
如是去要住如是
住身披一破衲脚
著娘生袴多言

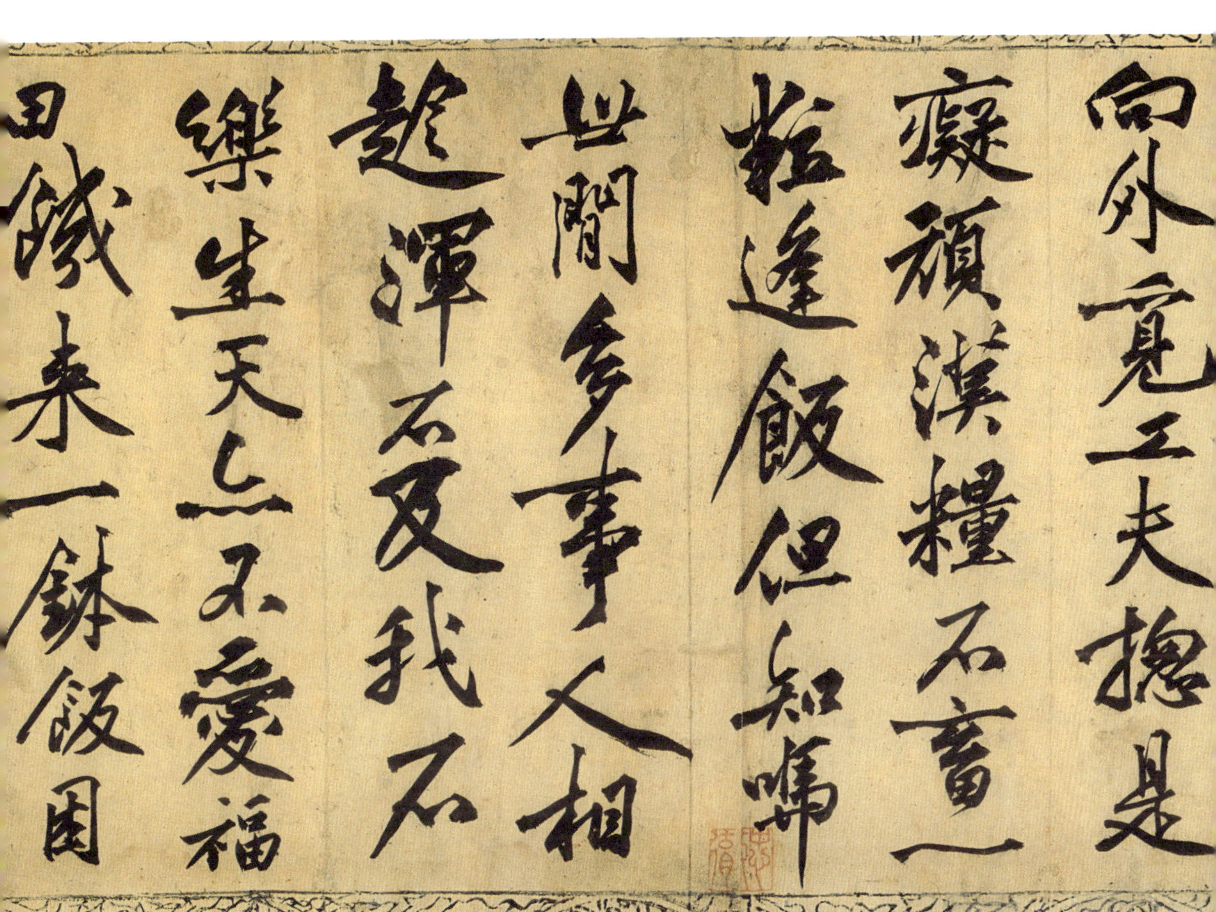

北宋 黄庭坚 行书懒残和尚歌卷（原题《黄文节书梵志诗》）局部之二 27cm × 430cm

正是娘生面劫
不可動搖个中
無改變無事何
須讀文字削除
人我本冥合个
中意種〻勞筋
骨不如林下睡

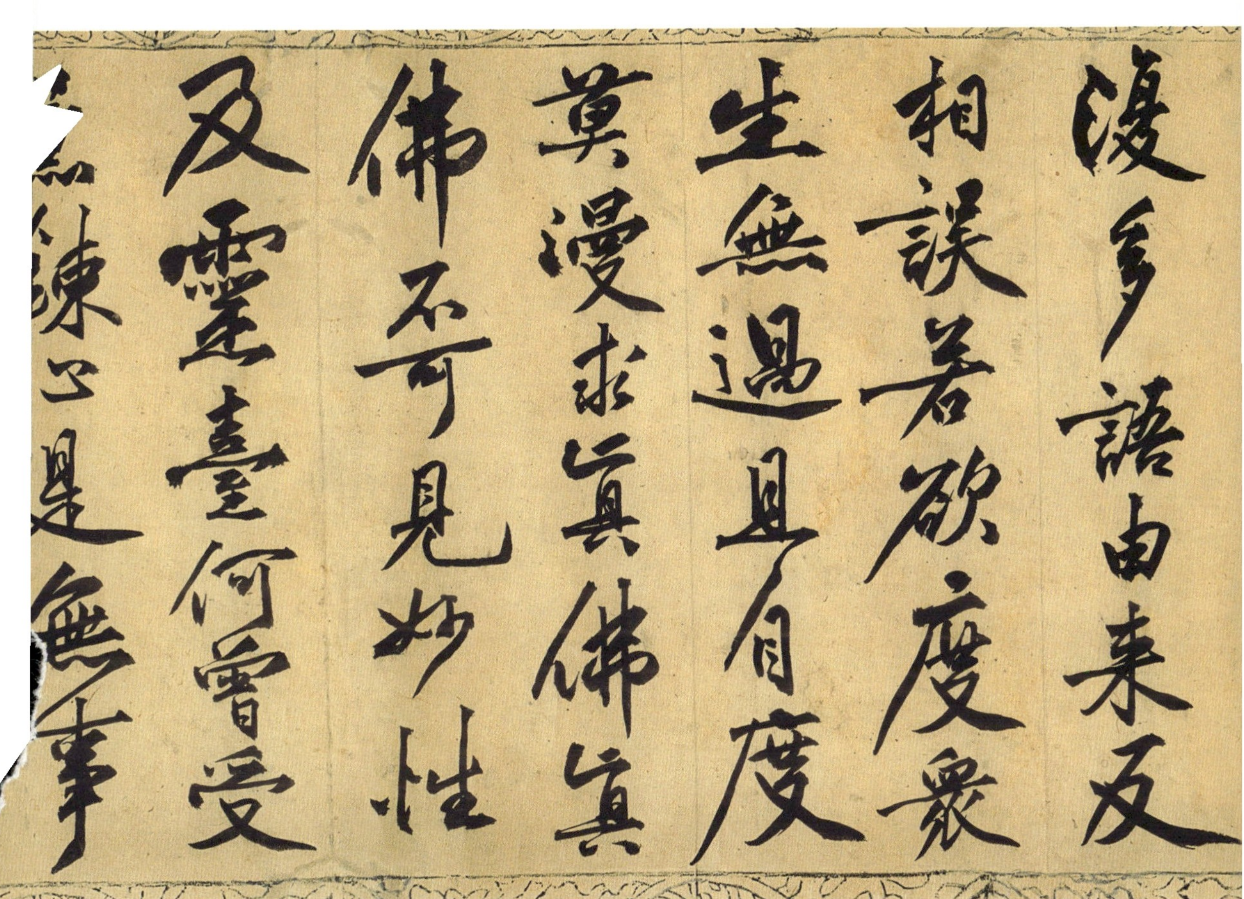

北宋　黄庭坚　行书懒残和尚歌卷（原题《黄文节书梵志诗》）局部之三　27cm × 430cm

遇直與細極毫末大無方所本自圓成不勞機杼世事悠悠不如山丘青松蔽日碧澗常秋

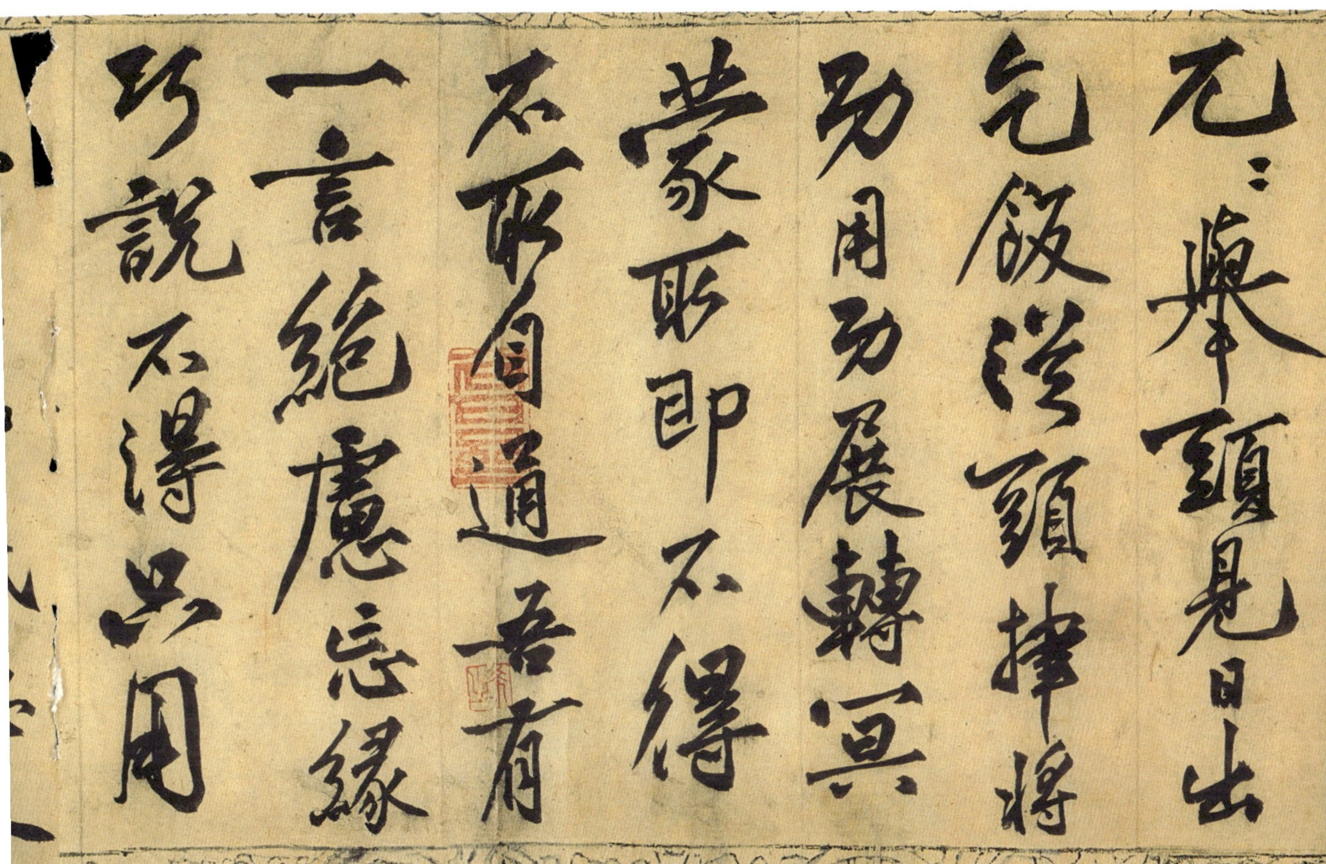

北宋 黄庭坚 行书懒残和尚歌卷（原题《黄文节书梵志诗》）局部之四 27cm × 430cm

只寧萬法皆爾
本自无生兀然
無事坐春来
草自青
元符三年七
月涪翁自戎
州泝流上青

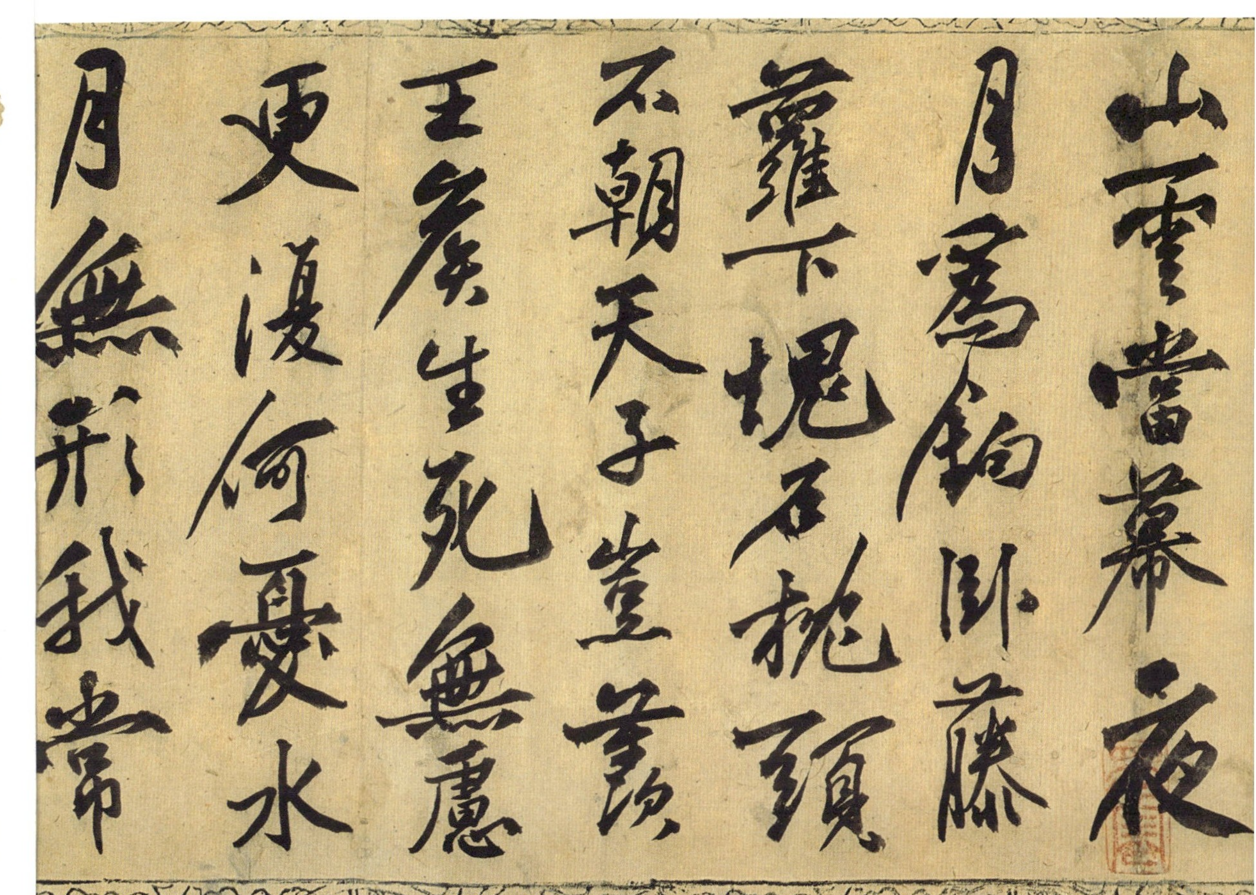

北宋 黄庭坚 行书懒残和尚歌卷（原题《黄文节书梵志诗》）局部之五 27cm×430cm

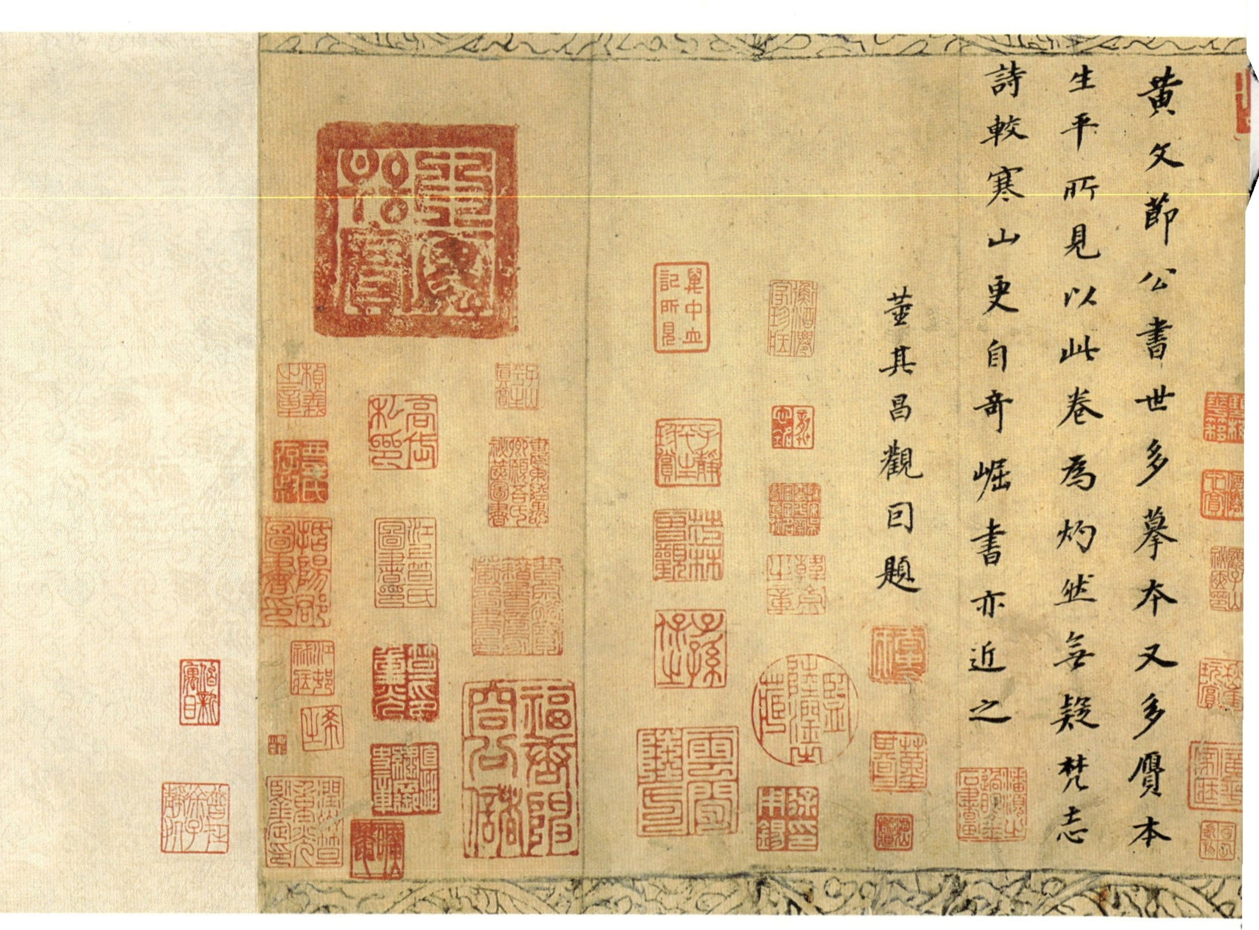
黄文節公書世多摹本又多贋本
生平所見以此卷為灼然無疑梵志
詩較寒山更自奇崛書亦近之
董其昌觀因題